高校德育成果文库

GaoXiao DeYu
ChengGuo WenKu

思政活动课程建设案例集

有爱篇

崔戴飞　徐浪静　主编

光明日报出版社

图书在版编目（CIP）数据

思政活动课程建设案例集．有爱篇 / 崔戴飞，徐浪静主编．-- 北京：光明日报出版社，2020.6（2022.4 重印）

ISBN 978-7-5194-5757-0

Ⅰ.①思… Ⅱ.①崔…②徐… Ⅲ.①高等学校—思想政治教育—课程建设—案例—中国 Ⅳ.①G641

中国版本图书馆 CIP 数据核字（2020）第 086493 号

思政活动课程建设案例集．有爱篇

SIZHENG HUODONG KECHENG JIANSHE ANLI JI. YOUAI PIAN

主　　编：崔戴飞　徐浪静

责任编辑：陆希宇　　　　责任校对：袁家乐

封面设计：中联学林　　　　责任印制：曹　诤

出版发行：光明日报出版社

地　　址：北京市西城区永安路 106 号，100050

电　　话：010-63139890（咨询），010-63131930（邮购）

传　　真：010-63131930

网　　址：http://book.gmw.cn

E - mail：gmrbcbs@gmw.cn

法律顾问：北京市兰台律师事务所龚柳方律师

印　　刷：三河市华东印刷有限公司

装　　订：三河市华东印刷有限公司

本书如有破损、缺页、装订错误，请与本社联系调换，电话：010-63131930

开　　本：170mm×240mm

字　　数：261 千字　　　　印　　张：16

版　　次：2020 年 6 月第 1 版　　　　印　　次：2022 年 4 月第 2 次印刷

书　　号：ISBN 978-7-5194-5757-0

定　　价：95.00 元

编委会

简 介

长期以来浙江省衢州职业技术学院致力于把学生思想教育贯穿学校教育全过程，特别是学校开展以《悉尼协议》为范式的高水平专业建设与改革以来，我们将学生思想政治教育融入人才培养方案，试图将学生的思想政治教育活动以标准课程的模式固化下来，成为学校思政课程的重要组成部分，并通过探索构建专业教育与通识教育相结合、第一课堂与第二课堂相融通的思政教育综合体系，实现知识传授与价值引导的有机统一。

《职业院校思政活动课程建设案例集》是在对我校思想政治教育中的文化基因和价值内涵进行深入挖掘的基础上形成的。其中，“有爱篇”凝练了“衢职有爱”的教育品牌，构建了通识课程、活动课程和潜在课程相融合的“有爱”教育体系，突出了精准关爱和“让校园充满爱”的教育理念。

序

“立德树人”是高校的立身之本，是我国每一所学校的神圣使命与职责担当。长期以来，浙江省衢州职业技术学院致力于把学生思想教育贯穿学校教育全过程，特别是学校开展以《悉尼协议》为范式的高水平专业建设与改革以来，我们将学生思想政治教育融入人才培养方案，试图将学生思想政治教育活动以标准课程的模式固化下来，成为学校思政课程的重要组成部分，并通过探索构建专业教育与通识教育相结合、第一课堂与第二课堂相融通的思政教育综合体系，实现知识传授与价值引领的有机统一。

《思政活动课程建设案例集》是在对我校思想政治教育中的文化基因和价值内涵进行深入挖掘的基础上形成的，其中，“有爱篇”凝练了“衢职有爱”教育品牌，构建了以通识课程、活动课程、潜在课程为主的“衢职有爱”教育体系，突出了精准关爱和“充满爱的校园”文化建设。

在全校师生的共同努力下，“有爱”文化在我校不断深化。“3221”联系制度营造了“全员关爱”的良好氛围；“爱在衢职”系列活动提升了“精准关爱”的质量；“橙色公益”行动则将我们的“有爱”文化送出了校园，回馈给社会。近年来，我校“有爱”文化推广卓有成效，校园里有爱有礼、互帮互助的故事层出不穷，受到了社会各界的积极关注，被省、市各级媒体广泛报道。

“衢职有爱”已成为校园文化中最温暖人心的组成部分，希望在“有爱”文化的日渐熏陶下，我们全校师生都能拥有“爱”、感恩“爱”、奉献“爱”。

崔戴飞

二〇一九年夏

目　录
CONTENTS

导论：爱，最温暖的道德力量

鲁迅曾说“教育是植根于爱”，这句话点出了教育领域最重要的核心课题，那就是“爱”。2018年9月10日，习近平总书记在全国教育大会上对教师队伍建设提出了重要要求，他强调“做老师就要执着于教书育人，有热爱教育的定力、淡泊名利的坚守”。什么叫“热爱教育”？就是许多教师在课堂上兢兢业业，用一辈子备一堂课，将一生献给教育事业；就是在学生遇到危难时，老师们能挺身而出。这些都是源于对学生及教育的爱。高尔基曾说过：“谁爱孩子，孩子就爱谁。只有爱孩子的人，他才可以教育孩子。”由此可见，教育不仅是知识传授，更是心与心的交流。

“爱”的重要及价值，古今中外的哲学家已经有了很多论述。例如柏拉图在《飨宴篇》所推崇的心灵与精神上的爱情；亚里士多德在《尼各马可伦理学》主张友爱与德性紧密相连，认为善良和令人快乐的东西才是值得爱的；孔子推己及人的仁爱观；孟子提出入世立人的“亲亲而仁民，仁民而爱物”，并以“仁者无敌”揭示出“爱”的无限影响力；等等。

在此基础上，我们不妨对“爱”进行进一步的归纳。“爱”的基础是人性之需及道德之善，“爱”的目标是从爱自己到爱国家民族，“爱”的影响是从利他中展现“仁者无敌”的作用及反馈。由此可见，要引导师生践行社会主义核心价值观，就需要将其“植根于爱”。一个懂得爱国家的人，必然会孜孜努力地为国家实践“富强、民主、文明、和谐”；一个懂得爱社会的人，必然会恪尽职守，遵循“自由、平等、公正、法治”原则；而能懂得爱己爱人者，必定在生活中勠力实行“爱国、敬业、诚信、友善”准则。

2013年习近平总书记提出的“精准扶贫”战略思想，就是仁者之心、“大爱”情怀的展现。2017年10月，党的十九大进一步明确了将“精准扶贫”落实于“优化教育事业”上，主张“推动城乡义务教育一体化发展，高度重视农村义务教育，办好学前教育、特殊教育和网络教育，普及高中阶段教育，努力让每个孩子都能享有公平而有质量的教育。”这就是将“爱落实于教育”的具体表现。

我校坚定奉行“爱的教育”，以中国特色社会主义核心价值观为核心，在活动课程、潜在课程和通识课程中，开展“衢职有爱”教育的各项实践活动，既是对党和国家关于“以生为本、精准关爱”、精准扶贫政策的积极响应，也是学校为培养中国特色社会主义合格建设者，具备爱与关怀精神的匠心型人才而做的努力。而实践“衢职有爱”教育行动的理论依据是什么呢？本论将分别从“道德教育塑造爱”“家国情怀引领爱”“公益活动践行爱”3个方面展开论述。

一、道德教育塑造爱

孟子曾说过：“君子所以异于人者，以其存心也。君子以仁存心，以礼存心。仁者爱人，有礼者敬人。爱人者，人恒爱之；敬人者，人恒敬之。”（《孟子·离娄下》）孟子提出了能爱他人的人，就是“仁者”，而能恭敬他人的人，则是“有礼者”。可见，在儒家对爱的阐释中，足以说明爱的核心基础是“仁”。

对道德的重要价值的论述，亚里士多德认为“具备圆满的德行的生活才是一个值得过的、理想的或幸福的生活。”人本主义学者马斯洛在需求层次理论（Maslow’s hierarchy of needs）中提出，人的需求的最高层次是“自我实现”，其中包含了道德、发挥潜能、创造等。他认为人是万物之灵，“自我实现”是人性本质的理念，个体之所以存在，之所以有生命意义，就是为了“自我实现”。陶行知也说“道德是做人的根本。根本一坏，纵然你有一些学问和本领，也无甚用处，并且，没有道德的人，学问和本领愈大，就能为非作恶愈大”。可见道德的重要。

社会主要矛盾的解决，必须将公民道德建设摆到更加重要的位置，深入实施公民道德建设工程，推进社会公德、职业道德、家庭美德、个人品德建设，激励人们向上向善、孝老爱亲，忠于祖国、忠于人民。我校开展“衢职有爱”教育行动，其根本目的就是为了教育引导学生践行社会主义核心价值观，提升学生的道德水平。我校积极开展思想政治理论教育活动，鼓励引导学生积极参加社会志愿服务，如开设“爱心超市”，按照服务时长为参与志愿服务的同学兑换相应的生活学习用品，从而引导更多学生、更加广泛地参加志愿服务；为培养学生的感恩意识，开展了以“励志、感恩、成才”为主题的“感恩季”活动，其中“感恩父母情，留爱不留债——爱的账本”活动受到了师生、家长的一致好评；“中国古典诗词中的品格与修养”课程，以蕴含着丰富人文审美意蕴的古典诗词为媒介，在引导学生品鉴诗意美的同时，培养和陶冶学生的美好情操与高尚人格。

二、家国情怀引领爱

“爱”的重要目标应该是什么呢？苏霍姆林斯基曾提到“热爱祖国，这是一种最纯洁、最敏锐、最高尚、最强烈、最温柔、最有情、最温存、最严酷的感情。一个真正热爱祖国的人，在各个方面都是一个真正的人。”从中不难看出，要做一个真正的人，就必须把爱自己的祖国作为“爱”的最重要目标。为什么要这么说？因为“覆巢之下无完卵”，个人之爱、家庭之爱的圆满都必须要寄托于国家安稳之下。

如何将“祖国之爱”落实于教育当中？2018 年全国教育大会首次将教育定位为“国之大计、党之大计”，并将“立德树人”融入思想道德教育、文化知识教育、社会实践教育之中。我校“3221 教职工联系学生寝室”活动，就是紧紧围绕“立德树人”这一根本任务，走出了传统管理模式，通过“3221”师生联系制度①，充分发挥了基层党组织的战斗堡垒作用和广大党员干部的先锋模范作用，教育引导学生进一步增强爱党爱国意识。

党的十九大报告指出，要提高保障和改善民生水平，加强和创新社会治理。只有当每个国民都能享有公平的优质教育，才能稳固国家的基石。在 2015 年减贫与发展高层论坛上，习近平总书记强调要“健全学生资助制度，使绝大多数城乡新增劳动力接受高中阶段教育、更多接受高等教育”的重要行动策略。

---

① “3221”联系制度是指：校领导三联系，即联系 1 个二级学院、1 个学生班级、1 个学生寝室；机关部门领导二联系，即联系 1 个学生社团和 1 个学生寝室；二级学院领导二联系，即联系 1 个学生班级和 1 个学生寝室；普通党员一联系，即联系学生寝室。

我校紧跟国家政策，从2016年起，就推出了“爱的私人订制”活动，尊重经济困难学生的个体差异，做到以“爱”化人，将爱的教育融入学生思想政治教育的全过程，让学生感受到国家对他的关爱，同时引导学生要懂得感恩，以爱回馈国家和社会。信息工程学院积极构建“三横三纵一平台”的精准关爱体系，对家庭困难学生以信息数据分析的方式长期“追踪”“关注”“资助”“关爱”，充分展现了关爱扶贫的精准度。

三、公益活动践行爱

苏霍姆林斯基在《培养集体的方法》一书中提出：“人对各种思想的态度是教育的最重要的因素”。他认为，一个人的精神面貌，思想言行是否一致，是否参加社会活动，是否遵守纪律，是否懂得自己对社会、对人民、对集体应负的责任等，这一切都取决于他有什么样的思想。也就是说，要能对自己、对社会、对人民、对集体承担应负之责，关键在思想态度，而思想态度所重者就是知其价值所在。那对于“爱”而言，它的价值又何在？匈牙利爱国诗人裴多菲·山多尔（Petőfi Sándor）曾说过“生命的多少用时间计算，生命的价值用贡献计算”。由此可知，付出贡献越多的人，其生命也就越有价值，而“爱的价值”或许可以从其对他人、社会的付出和贡献来探究。

2016年12月12日，习近平总书记在会见第一届全国文明家庭代表时也强调了对社会做贡献的重要性，他说：“要积极传播中华民族传统美德，传递尊老爱幼、男女平等、夫妻和睦、勤俭持家、邻里团结的观念，倡导忠诚、责任、亲情、学习、公益的理念，推动人们在为家庭谋幸福、为他人送温暖、为社会做贡献的过程中提高精神境界、培育文明风尚”。可见为他人、社会送温暖做贡献的公益实践，就是“爱的价值”的重要体现。

我校坚持立德树人，积极开展“衢职有爱”教育公益实践活动，将社会实践与志愿服务纳入学生素质拓展学分中。例如我校医学院护理专业依托天使文化品牌，组建“天使之爱”品牌志愿服务队，以培养“五心”天使为基础，增强学生与社会的互动，与医院、社区、养老机构等共同搭建社会志愿实践平台；以“奉献、友爱、互助、进步”为核心精神，发挥大学生的知识技能，致力于奉献社会。另外，我校积极践行“培养身心健康、爱与关怀、尚德弘毅匠心型人才”的育人理念，组织学生积极开展爱的“童”心圆志愿服务行动，帮扶助力残疾、留守、流动、学困等弱势儿童的健康成长。

“衢职有爱”教育已成为校园文化中最温暖人心的部分，学校通过“3221”师生联系制度、“爱在衢职”系列活动、“橙色公益”实践行动等丰富多彩的活动，让全校师生在“有爱”文化的熏陶下，拥有“爱”、感知“爱”、学会“爱”。在全校师生的共同努力下，“有爱”文化在我校不断深化。“3221”联系制度营造了“全员关爱”的良好氛围，自2010年联系活动启动以来，每年所有新入校学生的寝室均有教师联系，联系比例达到100%；“爱在衢职”系列活动提升了“精准关爱”的质量，信息工程学院“三纵三横一平台”精准关爱体系，每年精准关爱150余名学生，精准关怀比例为100%；“爱的私人订制”活动启动以来，2016年、2017年分别为81名、101名家庭经济特别困难的学生送去暖暖的爱意，分别占此类学生的63%、65%；“橙色公益”实践行动则将我们的“有爱”文化送出了校园、回馈给社会，开展以来，2016年至2018年，依序帮扶聋哑青少年32人、87人及126人，分别占需帮扶聋哑青少年的21%、56%及81%。

在“大爱”精神的引导下，学校涌现出了一批感动校园人物和最美学子，学校李永刚老师被追授为首届浙江省“最美教师”，学生周心怡被授予浙江省第二届“感动校园人物”，由学生祝黎欣为代表的我校护理专业毕业生参加的“万少华团队”被评为2015年度“最美浙江人、青春领袖”和“浙江骄傲”年度人物称号，受到中宣部的表彰。学校获得浙江省志愿服务项目大赛银奖、浙江省“红十字达标校”、浙江省“红十字奉献服务奖”、衢州市文明创建志愿服务工作先进单位、衢州市“志愿者服务加油站”、衢州市“十佳万少华式的志愿团队”等多项荣誉。近年来，我校“有爱”文化推广卓有成效，校园里有爱有礼、互帮互助的故事层出不穷，受到了社会各界的广泛关注，被省、市各级媒体积极报道。

综上所述，“衢职有爱”教育是以中国特色社会主义核心价值观为内涵，以道德教育塑造爱，以家国情怀引领爱，以公益活动践行爱，从而体现了高职院校“立德树人”的育人宗旨。

活动课程篇

拥有爱

立德树人　寝室有爱

——3221 教职工联系学生寝室活动

一、活动设计理念

教育的首要任务就是“立德树人”，人民教师能否帮助学生扣好走向社会的第一粒扣子，当好学生风清气正的引路人，是所有高校都不得不思考和解决的一个问题。当前，衢州市委正在全力推进基层党组织“全领域建强，全领域提升”示范市的创建工作，衢州职业技术学院也以此为契机，计划进一步深化我校“立德树人　寝室有爱——教职工联系学生寝室”活动，努力推动立德树人全员化，全面构建“三全育人”工作体系，这一工作体系的展开也体现了我校校训“尚德弘毅，知行合一”的办学理念与工作作风。

衢州职业技术学院将“尚德弘毅，知行合一”作为校训，并且将“尚德弘毅”置于校训之首，寓意学校将“立德树人”作为本校办学的首要任务，同时引导学生“知行合一”，致力于培养德智体美劳全面发展的人才。学生寝室，是大学生学习、生活、交流的重要场所，也是大学生日常进行自我管理、自我教育、自我服务的所在。然而，目前高校寝室教育管理工作大多浅尝辄止，导致校内部分学生寝室环境脏乱差，甚至存在学生在寝室喝酒、赌博、滋事闹事等不文明现象。因此，高校学生寝室管理不能仅仅停留在规章制度的硬性约束层面。为了满足高校立德树人，对学生进行思想政治教育的工作需要，也为了充分发挥高校基层党组织的战斗堡垒作用和教师群体的先锋模范作用，衢州职业技术学院积极探索高校思想政治教育工作进学生寝室的实现路径，打破了传统的院系和班级管理界限，聚焦学生寝室这一重要阵地，积极开展“立德树人，寝室有爱——教职工联系学生寝室”活动，探索新形势下高校学生思想政治教育工作的有效载体和新模式，充分发挥每一位教职工在高校学生思政教育中的积极作用，将学生寝室变为大学生的第二课堂。可以说，我校教职工联系学生寝室这一活动，不仅能够推动学生寝室教育管理工作的长足进步与深入开展，还有助于高校“立德树人”办学任务的完成。对在大学校园普遍存在的师生接触少、师生关系疏离、学生公寓管理难度大等实际问题，这一活动都能够给出切实有效的解决思路与方案。

我校教职工联系学生寝室制度自2010年始在全校范围内开展进行，该制度最早参与的教师群体是全体的教职工党员；2012年，全校非党员女教职工也参与其中；2015年，根据该项制度的发展需要，全校所有教职员工都参与到了联系学生寝室活动中。期间涌现出了众多感人事迹，极大地拓展了我校教职工联系学生寝室制度的内涵，促进了教职工联系学生寝室这项工作的良性发展，彰显了教职工在人才培养工作中的积极作用。目前，我校正致力于“分级管理、层层履责、责任到人、横向到边、纵向到底、纵横交错、全面覆盖”的学生公寓网格化联系管理模式的探索，以进一步提高教职工联系学生寝室工作的针对性和实效性。

本项活动主要特点有6个方面。

（一）以学生寝室为阵地，创新高校育人的课堂形式

有调查结果显示，我国高校中约48%的大学生会选择空闲时间都待在寝室，由此可见，学生寝室是大部分大学生在大学生活阶段逗留时间最长，且最为固定的场所。因此，将学生的思想政治教育从课堂搬进寝室，符合思想政治教育工作以学生为本的精神以及我校“立德树人”的育人追求。教职工联系学生寝室活动坚持学生走到哪里，思想政治教育就做到哪里，不仅仅局限于课堂这一单一场所，是创新高校育人课堂形式的表现。

（二）全体教职工参与联系学生寝室活动，强化教师育人意识

教职工联系学生寝室活动最初参加的只有党员教职工群体，后来逐渐扩大到全校教职工群体，切实实现了联系学生寝室工作的全员化。在实施过程中，以“一访、两联、三谈”作为教职工联系学生寝室的工作原则，能够很好促进

教职工与学生的经常性联系，确保学生在校园的每个关键节点都能及时得到老师的指导与帮助，强化广大教师的育人意识，拓展服务领域，提升育人成效。

（三）利用信息化创新联系方式，实现关怀教育学生的长效性

对于毕业生寝室，因外出实习等原因，不硬性要求教职工实地走访联系学生，利用信息化背景下“互联网+”的优势，教职工联系学生寝室活动有效地突破了时间和空间的限制，形成了教职工联系大一至大三学生寝室的长效机制，将对学生的关怀与教育贯穿于大学生涯的全过程。

随着QQ、微信等互联网社交软件的兴起，教职工联系学生寝室活动不断创新教师与联系寝室学生间的联系方式，组建起教师与所联系学生之间的群组，突破时空的限制，与所联系寝室学生保持全过程、无界化的沟通交流。尤其是对于可能在外实习的毕业生来说，联系教师可以利用社交软件远程为学生择业、就业提供最新资讯以及相关指导，帮助其为进入社会做好足够的心理准备以及技能准备。

（四）注重培育学生德智体美劳的全面发展，实现全方位育人

教职工联系学生寝室活动的内容涉及学生专业技能的培养、文明素质的提升、健康体魄的锻炼、健康人格的养成这4个方面的内容。教职工联系学生寝室活动的本质在于实现全方位育人，重在提高学生的综合素质，意在培养出具有一定职业技能、身心健康并且综合素质高的人才，不断提高我校学生的就业竞争力和综合能力。

（五）寓育人目的于形式多样的联系活动之中，构建新型师生关系

教职工联系学生寝室活动进一步强化了我校全体教师的育人意识，有利于我校构建亦师亦友的新型师生关系，达到服务学生的最终目的。同时，不断丰富创新联系活动的形式与内容，使参加联系活动的教师积极参与到学生的学习、生活以及文明修身的指导中来，把课堂教学与文明指导、生活关心等紧密结合起来，这样既能够在活动中不断拉近师生距离，升华师生关系，还能够更加充分地发挥教师对学生的潜移默化和教育引导作用。

（六）将党支部建在公寓网格上，用党建引领学生公寓管理

为确保教职工联系学生寝室工作真正抓实抓细，将育人目的落到实处，本校正在积极探索“网格化管理，组团式服务”的学生公寓党建模式，积极推进党团组织进公寓，充分发挥党团组织在学生公寓管理中的引领统率作用。

二、活动方案、工作计划

为进一步密切师生关系，提高为学生服务的质量，有效推动教职工联系学生寝室活动的深入开展，我校制定了以下工作计划（如图 1－1 所示）。

（一）联系内容

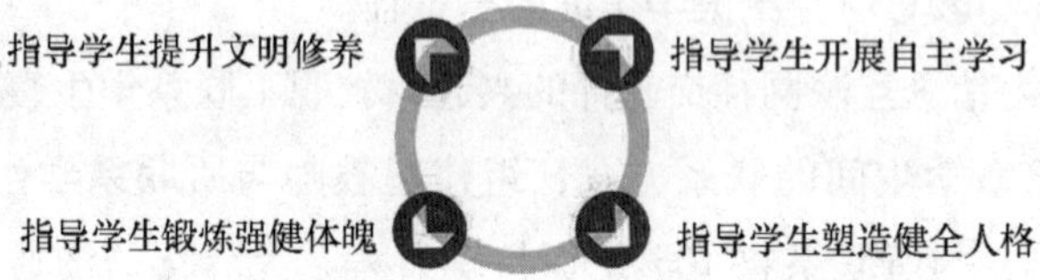

图 1－1 教职工联系学生寝室联系内容框架图

1. 指导学生开展自主学习

指导学生制定学业规划，明确学习奋斗目标；提醒学生自习时间不玩电脑、手机游戏，不旷课、迟到、早退，多进图书馆阅读学习，养成良好的学习习惯；传授科学高效的学习经验与方法，及时为学生提供最新专业技能考试信息；指导学生加强对音乐艺术等通识课程的选修学习，积极参加读书沙龙、主持演讲比赛等，努力提升自己听说读写和沟通交流方面的能力和素养。大一新生以帮助其制定学业规划，明确自己的学习目的，尽快适应大学生活，进入大学学习的节奏状态为主，指导学生端正学习态度，遵守课堂纪律，自觉自主学习专业知识技能、开展人文经典阅读等；大二、大三学生以督促其努力学习专业知识，扎实专业技能为主，指导学生积极参加专升本考试、高学历函授（自考）、英语等级考试、技术资格证书考试、各类职业技能比赛等，提前为专升本、就业做好知识储备与心理准备。

2. 指导学生提升文明修养

指导所联系寝室的学生积极开展文明创建活动，在思想行为上，提醒学生要尊敬师长、团结同学，学会主动与人打交道，注意言谈举止、仪表仪态，增强学生的文明礼仪意识；在卫生习惯上，提醒学生不违规使用大功率电器，不带熟食进寝室，保持寝室干净整洁，地面无烟蒂、无痰迹，床铺、书桌及物品摆放整齐，养成不随地吐痰、不乱扔垃圾的良好习惯；在生活方式上，指导学生健康生活，养成健康饮食、早睡早起的生活习惯，文明上网，正确辨别网络信息的真伪，不盲听盲信盲从，不做键盘侠，不对他人施加网络暴力，控制自己的网上言论，文明理性发声，营造良好、和谐、文明、健康的网络环境。

3. 指导学生塑造健全人格

深入了解所联系寝室学生的学习、生活、家庭情况以及存在的问题和困难，及时掌握学生的基本情况、思想动态，发现苗头性问题，为学生答疑解惑，并通过相关渠道反映学生的一些特殊情况和问题困难；了解与发掘所联系寝室学生的兴趣爱好与能力特长，引导学生正确利用课余时间，“走出寝室，走下网络”，利用课余时间进一步发展自己的兴趣爱好；指出沉迷网络虚拟世界的危害，帮助学生正确认识网络的工具性功能，将其作为学习的工具，而不能沉沦于网络营造的虚假世界之中，虚度光阴；指导学生深入思考“大学三年将如何度过”“三年后的目标是什么”“自己的优缺点是什么”“职业理想是什么”等人生问题，帮助学生明确人生奋斗目标，走出迷茫；指导学生正确认识“人是各种社会关系的总和”，使其积极参加校园文体活动、社会实践活动以及志愿服务活动，加强与同学、老师、父母、朋友的交流沟通，学会开放包容、感恩回馈，处理好爱情与友情、亲情的关系。

4. 指导学生锻炼强健体魄

指导学生确立“健康第一”理念，鼓励学生积极参加早晚锻炼、体育比赛活动，坚持“每天阳光运动1小时”，强健体魄，提升身体素质。

（二）联系方式

教职工联系学生的方式主要有以下几种，如图1－2所示。

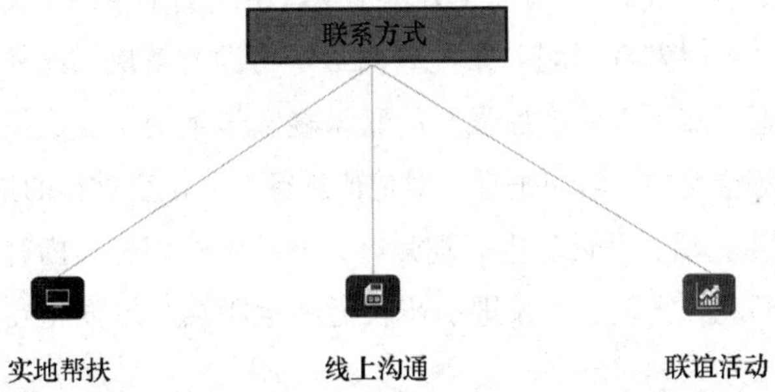

图1－2　教职工联系学生寝室联系方式框架图

1. 教职工实地走访学生寝室，现场指导，精准帮扶，及时解决学生存在的问题。

按照“一访”“两联”“三谈”（如图 1－3）的要求，每月至少实地走访学生寝室 1 次，就开展自主学习、提升文明修养、塑造健康人格、锻炼强健体魄等四方面的内容对学生进行现场指导。

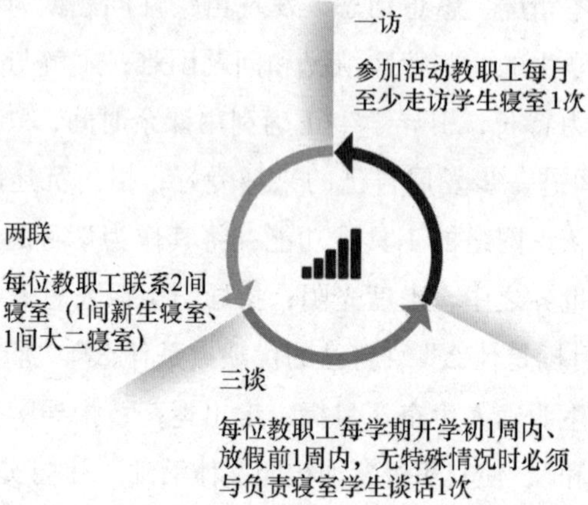

图 1－3　“一访”“两联”“三谈”架构图

2. 利用信息化时代互联网优势，充分发挥“互联网＋”的作用，实现教职工与学生的全过程、无界化的网络交流。

每位教职工既可以利用手机社交软件与所联系学生建立线上群组，如微信群或 QQ 群，突破时间、空间的障碍与所联系寝室的学生保持随时随地的沟通；同时，教职工也可以与单个学生进行线上沟通，并且可以通过关注所联系寝室学生的朋友圈、QQ 空间状态等，全方位了解联系寝室学生的生活学习情况及其思想动态变化，及时发现问题并第一时间给予帮助与解决；此外，教职工也可以通过线上沟通交流，进一步加强对所联系寝室学生的学业成绩、身体健康状况、心理状况等情况的了解与把握，对他们进行全方位全过程的指导。

3. 贴近学生生活，贴近学生兴趣爱好，开展形式多样、内容丰富、趣味性强的联谊互动活动，寓教于乐，进一步拉近师生距离、加强相互了解、增进师生感情。

贴近学生生活，采取形式多样、内容丰富的活动，用活动带动教职工联系学生寝室工作的开展。

（1）创建学生文明寝室，树立文明卫生意识

在学生文明寝室创建过程中，我院对学生公寓以社区为单位进行责任包干到位，同时为每一个参与活动的教职工配备了卫生工具 8 件套，大家“撸起袖子加油干”一同投入到学生文明寝室创建的活动中。

（2）以联系活动为载体，推动“两馆文化”建设

教职工深入学生寝室，可以以世界读书日为契机，赠送同学们《平凡的世界》《读大学究竟读什么?》等书，通过联系活动开展“读书沙龙，好书分享”活动，营造“多读书，读好书，好读书”的浓厚学习氛围，让同学们更具文化修养。

在联系活动中以教职工联系学生寝室趣味运动会为载体，开展“三走”主题活动，使大学生“走下网络、走出宿舍、走向操场”。通过活动让同学们更具强健体魄，推动了我校“两馆文化”建设。

（3）开展诚信考试，彰显诚信作风

教职工需要深入学生寝室，宣传“诚信考试”，呼吁全校学生在学生公寓门口的横幅上面进行签名，诚信考试、从我做起，共同营造优良学风考风。

（4）倡导善意回帖，共创和谐网络环境

教职工深入学生寝室，通过与学生谈话，拉家常，积极回应学生提出的问题，关注学生的思想动向，积极回应学生重点关注的问题，有效引导学生的舆论导向，特别关注网络热点事件在学生中间的反映，引导学生文明上网以及理性看待社会发展中的问题，善意回帖、克制网络暴力，增强虚拟空间中的自律性，做到“不听谣、不信谣、不传谣”。

此外，还可以通过教职工与学生一同进餐等活动，调动学生的热情，在欢声笑语中拉进教职工与学生之间的距离，融洽师生间的关系，使师生关系可以在活动中得以升华，更好地达到育人的效果。

三、活动成果

教职工联系学生寝室活动自 2010 年启动以来，联系学生寝室的教职工群体逐渐从党员扩大到全体教职工，我校 2015 年发布《教职工联系学生寝室工作手册》，将 2015 级新生寝室全部纳入联系寝室范围之中，自 2017 年起，我校教职

工联系的学生寝室占全校学生寝室的比例达到100%。

截至2018年下半年，全体教职工联系2017级、2018级学生寝室共729间，16级毕业生寝室363间，3221联系活动关联的人数共计6500余名学生，除了大三在校外实习的毕业生寝室，已实现将联系范围覆盖至全校，通过教职工联系学生寝室活动受到关怀的学生人数占住宿生的比例达到100%。具体如图1－4所示。

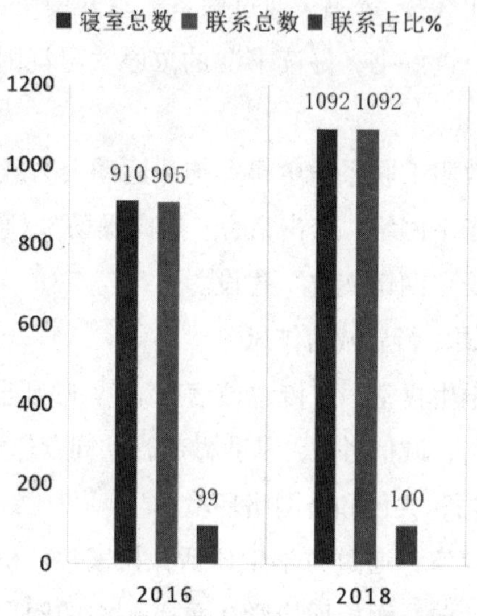

图1－4　2016年、2018年学生寝室总数及联系学生寝室占比

近年来，我校坚持以教职工联系学生寝室工作为抓手，着力发挥全体教职工在联系服务学生、助推学生成长成才中的作用，使学生在联系服务中受到切切实实的关怀和诚心诚意的帮助，收到了良好效果，促进了师生关系的融洽、校园的和谐稳定。

主要成果表现为：

1. 融洽了师生关系。通过多次的沟通交流，共同参加一些有意义的活动，师生增进了彼此之间的了解，学生管理工作的瓶颈也更容易突破。从抽查的工作手册和平时到学生中了解的情况看，女教职工妈妈式的关心为大多数学生所接受，学生也会主动地寻求帮助。

2. 促进了事业发展。崔戴飞书记联系机电工程学院后，经常深入该院，与师生一起讨论学院的发展前景，凭借自己的管理经验和自身的企事业单位资源，帮助机电工程学院理清发展思路，筹建了第一个由企业冠名的实名制学院——开山学院，落实了我校“工学结合，校企合作”的办学方针，为机电工程学院的特色发展打下了坚实基础。

3. 改变了公寓面貌。走进学生寝室中的“不合格寝室”和“极差寝室”，才知道并不是所有的学生都会把管理条例和例行检查当回事，室内藏污纳垢照样可以进出自如。现在，联系老师经常进学生寝室，学生自然就不能如此随心所欲了。例如，2012 年，1 幢公寓环境焕然一新，一年中在全部学生公寓综合检查中优秀等级的占 50% 以上，在全年学生公寓综合检查过程中无使用大功率电器记录，无发生被盗事件。

4. 扩大了我校影响。近年来，“3221”联系制度在校外通过浙江日报、浙江教育报、衢州日报等多家媒体报道，被列入省教育系统创先争优活动优秀长效机制，在全省高校党建工作座谈会上做经验交流，是 6 所高校代表中唯一一所高职院校，扩大了我校的社会影响力。

（一）学生反馈

教职工联系学生寝室活动拉近了教师与学生之间的距离，密切了彼此间的关系。2014 年，艺术学院的学生得知李永刚老师去世的消息之后，连夜制作了《消失的信封》，以这一部小短片表达了沉痛的心情，并以此纪念李老师。

学生制作《消失的信封》视频怀念李永刚老师

(3) 媒体报道

近年来，“立德树人　寝室有爱——教职工联系学生寝室”活动在校外通过浙江日报、浙江教育报、衢州日报等多家媒体报道，被列入省教育系统创先争优活动优秀长效机制，在全省高校党建工作座谈会上做经验交流，是6所高校代表中唯一一所高职院校。

教职工联系寝室活动引媒体关注

2 要闻

郁达夫小说奖颁奖

杭州廉政教育寓教于乐

献血屋里热流涌

舟山钓鱿船 开赴大西洋

三门征兵 阳光政审

老师进寝室与学生交朋友

2010 年 12 月 08 日《浙江日报》报道衢州职院建立教职工党员联系学生制度：老师走进寝室与学生交朋友

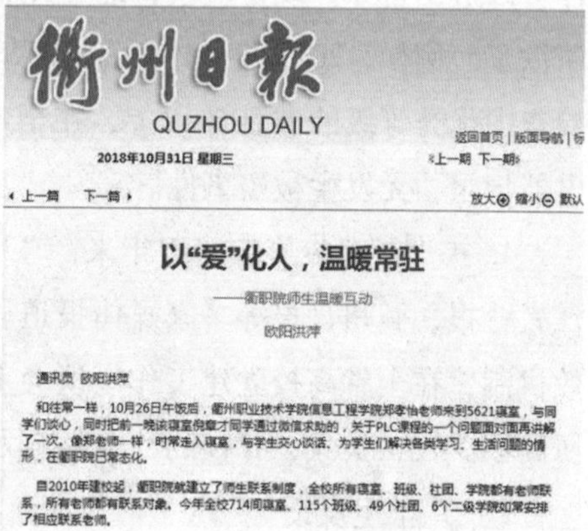

衢州日報

QUZHOU DAILY

返回首页 | 版面导航 | 标

2018年10月31日 星期三

«上一期 下一期»

‹ 上一篇　下一篇 ›

放大⊕ 缩小⊖ 默认

以“爱”化人，温暖常驻

——衢职院师生温暖互动

欧阳洪萍

通讯员 欧阳洪萍

和往常一样，10月26日午饭后，衢州职业技术学院信息工程学院郑孝怡老师来到5621寝室，与同学们谈心，同时把前一晚该寝室倪章才同学通过微信求助的，关于PLC课程的一个问题面对面再讲解了一次。像郑老师一样，时常走入寝室，与学生交心谈话、为学生们解决各类学习、生活问题的情形，在衢职院已常态化。

自2010年建校起，衢职院就建立了师生联系制度，全校所有寝室、班级、社团、学院都有老师联系，所有老师都有联系对象。今年全校714间寝室、115个班级、49个社团、6个二级学院如常安排了相应联系老师。

2018 年 10 月 31 日《衢州日报》教育版报道“教职工联系学生寝室”活动

四、活动照片

“立德树人　寝室有爱——教职工联系学生寝室”活动照片集锦

“读大学，究竟读什么”主题读书沙龙

浙江省大学生文明寝室情景剧大赛喜获三等奖

校领导走访新生寝室

校领导走访新生寝室

教职工联系学生寝室趣味运动会

教职工联系学生寝室趣味运动会

五、师生心得

(一) 学生心得

2017 级计算机应用技术 1 班高同学说:

“学生寝室是大学生独立生活的起点,‘一屋不扫何以扫天下’,‘脏乱差’的寝室怎么可能培养出优秀的人才?”

2017 级计算机应用技术 2 班李同学说:

“学校举办的教职工联系学生寝室趣味健身活动极大地调动了我们的参与热情,让我们能在锻炼身体的同时愉悦心情、缓解压力,同时增进了与老师之间的相互交流,丰富了课余生活,营造了积极向上、欢乐和谐的校园文化氛围。”

2018 级机制 1 班管同学说:

“开学初听了联系老师的一席话,我们更加自信了,老师为我们今后的人生指路导航,我们一定不辜负老师的嘱托,刻苦学习,实现属于自己的人生梦想。”

2018 级机制 2 班胡同学说：

“走进宿舍，一室温情。和联系老师在开学初进行了一次谈话，明白了我们要保持好的状态，以满满的正能量去感染他人。并且要在大一期间打好基础，用知识武装自己，便于以后走上工作岗位，更好地和同事们进行沟通交流。最后老师还鼓励我们在家庭情况允许的条件下，能够选择全日制专升本通道，继续深造，重新对自己的人生起点定位，创造更加美好的幸福生活。”

（二）教师心得

衢州职业技术学院校党委书记崔戴飞说：

“广大教师要做学生锤炼品格的引路人，做学生学习知识的引路人，做学生创新思维的引路人，做学生奉献祖国的引路人。衢职院遵循习总书记对教师四个引路人的职业要求，以‘爱’化人，让师生间的相互关爱和温暖常驻。”

六、推广经验分享

（一）活动特色

由于大学教学多为走班选课制度，对大学生来说，班级更多的只是一种虚拟称呼，这也从客观上造成大学生在课堂上交流时间不足的情况。相比课堂的时间，大学生在寝室的时间会更久。加之教学模式的改革也使得大学生实习期加长至半年甚至一年，在此期间也增加了大学生原有支部对其成员的管理难度。

因此，我们必须转变观念，从传统的管理模式中走出，紧紧围绕立德树人根本任务，通过全面深化“3221”联系工程，进一步增强党支部的战斗堡垒作用和党员的先锋模范作用，促进广大党员干部树立全心全意为人民服务的宗旨观念，密切党群、干群与师生关系，积极构建“全员、全过程、全方位”的“三全”（如图 1－5 所示）育人工作体系，推动党建工作与教育教学、人才培养工作深度融合，不断提升人才培养质量，引领学校各项事业的全面发展。

图1-5 教职工联系学生寝室活动"三全"育人框架

（二）活动优点与不足

建立学生公寓党组织对学生公寓建设有着不可取代的重要作用，学生公寓在提升校园文化建设和谐校园方面以主要集合单位的面貌出现后，高校党建工作的重心会自动转向以学生公寓，以公寓为单位开展各式各类的党建活动，促进党建工作的顺利开展。我校开展的教职工联系学生寝室示范群建设就是走出传统管理模式的探索与尝试之一。

1. 以学生寝室为阵地，开辟高校育人"第二课堂"；

2. 全体教职工纳入联系范围，进一步强化高校教师立德树人的使命感与育人意识；

3. 不断创新联系方式，丰富联系内容，寓教于乐，拉近师生距离，构建新型师生关系；

4. 利用信息化背景下"互联网+"的时代优势，建立线上群组，突破教职工联系学生的时空界限，同时利用网络及时将最新的思想观念灌输给学生，建立全方位、全过程的育人体系。

5. 确保育人目的落到实处，教职工联系学生寝室工作能够真正发挥党组织的引领统率作用，党建引领公寓管理，确保教职工联系学生寝室工作能够真正落脚于细节。

然而"教职工联系学生寝室"工作在现实中容易因为教职工平时工作的繁忙等其他客观因素而沦为形式，因此需要在学生公寓建立党团员活动中心、党团工作室，制定相应的值班、轮班制度，建立学生公寓党支部，用党建工作来引领教职工联系寝室活动的长效开展，同时也要注重加强学生自治以配合教职工联系学生寝室工作的顺利进行。

（三）活动持续改善的建议

在学生公寓内借鉴“网格化管理，组团式服务”的党建模式，纵横交织地开展教职工联系学生寝室的相关活动与工作。

首先，将“支部建在网格上”。将学校党建工作与学生教育管理工作相结合，既能使党建统领全校学生公寓的管理，发挥党组织的战斗堡垒作用，对公寓管理工作进行总的统领；同时，又能在各网格支部中发挥出优秀党员教职工与学生党员的模范带头作用，由点及面，使教职工联系寝室工作更上一层楼，确保联系效果落到实处。

其次，各网格内的教职工成员要高度重视联系学生寝室的工作，认真落实网格工作方案，做到精心组织，认真工作，确保教职工联系寝室，关爱学生这一工作内容抓紧抓实抓出成效。

再次，加强网格绩效考评。一是加强上级监督。公寓党工委要督查各公寓网格，各公寓网格要监查各楼层网格的日常运行情况，不断完善和优化网格化监管体系。二是定期考核评价。各网格每年对本网格运行情况进行自评，同时其他网格可对其进行他评，结合两者研究制定并落实改进措施。

再次，发动宣传，强化典型塑造。教职工联系寝室工作需要全体师生人人参与，公寓网格成员要加大联系寝室立德树人的宣传工作力度，充分利用各类宣传品，认真做好教职工联系学生寝室活动的宣传动员工作，积极为这一工作创建良好的舆论氛围。

最后，强化协调联动整体性工作。学生公寓区按照学校的统一安排和部署，加强对各个学生公寓网格内责任教职工的工作指导，提高其关爱与育人的业务能力；统筹协调学校各相关部门，共同推进教职工联系学生寝室工作的开展，并形成长效机制；适时开展网格化管理责任落实情况的监督检查，尤其是检查记录台账，对工作中存在的问题及时补缺补漏，督促各有关单位认真履行好职责，做好网格区域内各教职工联系寝室的工作，确保取得关爱学生、立德树人的实际成效。

附件1－1

“教职工联系学生寝室趣味运动会”活动方案

一、活动宗旨

为深入学习贯彻党的十九大精神和习近平新时代中国特色社会主义思想，推进“3221”和教职工联系学生寝室活动的深入开展，进一步关爱学生，密切师生关系，经研究决定举办教职工联系学生寝室趣味运动会。

二、活动主题（目标）

关爱学生，密切师生关系

三、办理单位

主办单位：校体委、校工会

承办单位：公体部

四、时间，地点

2018年5月9日（周三）下午14：00在学校运动场举行。

五、参加对象

全校师生

六、竞赛项目

（一）集体跳绳

（二）巨型铅笔

（三）托球跑接力

（四）龟兔赛跑

七、参加办法

1. 由各分工会组织老师和学生参加。以学生寝室为单位组队，运动员必须是联系寝室学生和联系学生寝室的教职工。

2. 以学生寝室为单位，每个学生寝室限报2个项目。

3. 以寝室学生性别进行分组。

4. 每个分工会可报领队1人（指定1名具体负责人，5月3日中午12：10在图书馆二楼教工之家召开具体负责人会议）。

八、竞赛办法

（一）集体跳绳

比赛办法：采用抽签的办法决定比赛顺序，每队6人（5名学生、1名教职工），比赛时间1分钟，由发令员发令比赛开始，运动员集体双脚过绳记一次，连续重复跳绳。如规定时间内出现间断，可继续跳，不扣分。在规定时间内，按跳过次数多少计算成绩，次数多者名次列前，如有两队或两队以上次数相等，则采用相等次数的队复赛1分钟的办法决定名次。

（二）巨型铅笔

1. 参赛人数：每队6人（5名学生、1名教职工）。

2. 比赛办法：铅笔必须翻滚前进，六人同心协力在规定线路进行比赛，赛程30米，铅笔整体过线停表，用时少者为胜。

（三）托球跑接力

1. 参赛人数：每队6人（5名学生、1名教职工）。

2. 比赛办法：乒乓球必须放在乒乓球拍的中间，不得用手固定，每个人每次只能托一个球，从起点到终点（10米）球不掉在地上并放入指定位置算有效球，另外一人再从筐中捡起球进行接力。如果球在托送途中掉到地上，选手必须回到起点重来，以6位选手全部运送完球，所用的时间最少的为胜利。

（四）龟兔赛跑

1. 参赛人数：每队5人（4名学生、1名教职工）。

2. 比赛办法：比赛开始前，参赛人员站到器材内，裁判发令后各队人员迅速抬起道具往前移动，赛程30米，器材整体过线停表，用时少者为胜。

九、名次及奖励

以寝室为单位男、女各取前8名，并给予一定的物质奖励，参赛队少于12个队按60%录取名次。

十、报名时间

请各分工会于2018年4月24日前将报名表电子版发胡雨桐OA，联系电话：×××××××。

十一、裁判员、工作人员由工会统一安排。

十二、要求

1. 各分工会认真组织参加。

2. 组织赛前的练习，注意安全避免运动损伤。

3. 比赛时提前20分钟到场。

附件1－2

学生文明寝室创建规范

一、学生寝室内务卫生基本规范

1. 四个统一：被盖折叠摆放统一、洗漱卫生用品摆放统一、鞋袜书籍等物品摆放统一、衣服蚊帐挂置统一。

2. 四个整洁：门窗玻璃整洁、地面和墙面整洁、床上卧具整洁、个人用品整洁。

3. 空气清新无异味，卫生间与洗漱间无污垢。

4. 寝室门口无积水，无垃圾，无雨伞等障碍物。

5. 寝室要制定值日安排表，坚持“日日一小扫，周周一大扫”，值日生负责制。

二、学生寝室安全基本规范

1. 寝室成员安全责任意识强，自觉遵守相关安全规定。

2. 不存放或使用大功率电器，如电炉、电磁炉、电饭锅、电热壶、电热杯、电热毯、煮蛋器等。

3. 不在寝室内存放易燃、易爆、易腐蚀、剧毒及具有放射性等危险的物品。

4. 无私拉乱接现象。私拉乱接现象包括：(1) 电吹风、夹发棒、电暖宝未拔离插座；(2) 电线及插线板绕到床档、床上或床下。

5. 寝室成员不在寝室内使用明火（如点蜡烛、焚烧)。

6. 寝室成员不在寝室内留宿外来人员。

7. 寝室成员无故不早出晚归、夜不归宿。

8. 寝室成员不攀爬栏杆、围墙、窗台、阳台。

9. 无特殊情况，寝室成员不动用楼道的消防栓、消防凳、灭火器、安全指示牌等消防安全设施。

10. 寝室成员不在公寓内发小广告。

三、学生寝室文明礼仪基本规范

1. 寝室关系融洽，积极向上向善。

2. 寝室成员不随地吐痰，不在公寓内吸烟。

3. 寝室成员不乱扔杂物、泼污水。

4. 寝室成员爱护寝室内设施设备。

5. 寝室成员有良好的环保节能意识，不浪费水电等。

6. 寝室成员讲究文明礼貌，待人和气。

7. 寝室成员遵守作息制度，不喧哗，不吵闹，不影响他人休息。

8. 寝室成员不在寝室内打牌、赌博、打架等。

四、学生寝室文化布置基本规范

1. 寝室成员信息单制作规范，富有二级学院特色。

2. 文化布置内容必须积极向上，健康活泼，体现良好的精神风格。

3. 装饰布置合理，富有美感，风格鲜明，整体效果好。不得擅自移动床、书柜、衣柜等基础设施。

4. 文化布置具体形式不设定，由各寝室自行决定。禁用双面胶或其他有损墙壁的材料，可用少量的胶水、胶布粘贴装饰品到墙壁上，不得大面积粘贴。

5. 寝室装扮限寝室内，寝室门口不得装饰。寝室防盗门不得粘贴装饰品。

6. 寝室值日安排表、寝室公约等统一张贴在电扇开关上方。

圆梦微心愿　让爱驻心间

——“爱的私人订制”活动

一、活动设计理念

“精准扶贫”的重要思想最早是在2013年11月提出的，习近平总书记到湖南湘西考察时首次作出了“实事求是、因地制宜、分类指导、精准扶贫”的重要指示。2015年10月16日，习近平在2015减贫与发展高层论坛上强调：“中国扶贫攻坚工作实施精准扶贫方略，增加扶贫投入，出台优惠政策措施，坚持中国制度优势，注重六个精准，坚持分类施策，因人因地施策，因贫困原因施策，因贫困类型施策”。

根据习总书记的指示，全国学生资助管理中心对资助工作提出了新要求：“大力推进精准资助和资助育人，着力解决好学生资助存在的不平衡、不充分问题。”浙江省教育发展中心（省学生资助管理中心）主任林成格在2018年全省学生资助工作研讨会上，围绕“精准资助”和“资助育人”对我省的学生资助工作做了整体布局和准确把握。

在“精准资助”工作要求的驱动下，构建资助育人质量提升体系，强化资助育人理念，全面推进资助育人工作成为我校的重点工作，在这样的工作背景下，我校提出了构建基于学生多元化需求的“精准关爱”工作方案，并于2016年12月启动衢州职业技术学院“爱在衢职”之“爱的私人订制”活动。本项活动旨在响应党和政府“精准扶贫”政策，以生为本，精准关爱，践行学校培养具备爱与关怀的匠心型人才的目标。主要目的有：一、建立师生信任关系，拉近师生之间的距离，表达学校对学生的爱与关怀；二、通过活动，让学生感受到学校的爱与关怀，提高学生对学校的满意度。

本项活动主要特点有5个方面，特点架构如图2-1所示：

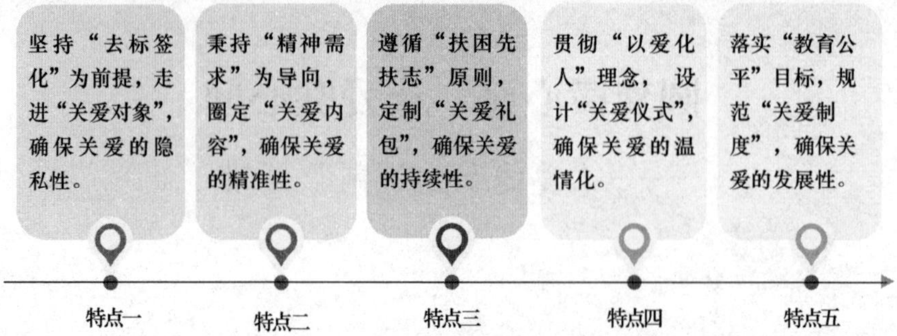

图2-1 “爱的私人订制活动”特点构架图

（一）坚持以“去标签化”为前提，走近“关爱对象”，确保关爱的隐私性。在高校开展资助工作过程中，家庭经济困难学生若被“标签化”，将适得其反，带来不良效应，从而无法达到活动的目的与意义。所以，在“去标签化”的前提下，引导、鼓励敢于正视挫折与困难的学生，用积极行动与积极心理参与学生活动。本项活动为了尊重学生的隐私，精准了解学生当前碰到的困难与困惑，活动前期做到了广撒网、有重点、深层次、全方位开展有针对性的“隐性”调研活动，确保关爱的隐私性；活动中期做到了一对一式的活动宣传与讲解，对家庭经济困难学生做好宣传全覆盖、调研全覆盖；活动后期做好了学校多对一式的结对走访，关心、关注学生的困惑与问题，及时解决学生碰到的各类问题。

（二）秉持“精神需求”为导向，圈定“关爱内容”，确保关爱的精准性。只有外部“输血”式扶困与内部“造血”式扶志相结合，通过自身“造血”巩固“输血”的成果，才能彻底激励学生成长成才，满足学生的多元化需求。“扶困先扶志”的“扶志”就是扶思想、扶观念、扶信心，帮助家庭经济困难学生树立起摆脱困境的斗志和勇气。随着精准资助工作的日益深入，更要坚持问题导向，对症施策。本项活动就学生在学习、生活等方面碰到的困难与困惑，分层、分类，分别设计调研问卷，多问几个“为什么”，多查阅学生档案资料，了解学生背后的家庭情况，深层次地调研学生的情感现状，剖析学生当前最迫切的生活困惑与精神需求，确保关爱的精准性。

（三）遵循“扶困先扶志”原则，订制“关爱礼包”，确保关爱的持续性。要持久激励家庭经济困难学生的斗志，为其注入内生动力，是“扶困先扶志”工作的薄弱环节，也是最大的难点，必须像描工笔画般精准细致、久久为功才能收到实效。本项活动根据学生的需求量身定制专属学生的爱心礼包，爱心礼包的内容就根据学生的需求，走进学生内心，把握学生思想动态，把脉问诊、对症下药。“爱心礼包”包含三方面内容：精神礼包激发理想的远志，生活礼包激发生活的斗志，爱心队伍激发解惑的意志，精准关爱方案确保关爱的持续性。

（四）贯彻“以爱化人”理念，设计“关爱仪式”，确保关爱的温情化。崇儒尚礼是我国的传统文化，对古人来说，仪式意识深深固化于人们的思维之中。生活中增添一些仪式感，有时候可以增强人的幸福感和归属感。但在现代生活中，很多活动有“仪式”，却缺乏“仪式感”，“灌输式”“过场式”的活动比比皆是，特别是普通家庭，或羞于表达，或不善表达，简单粗暴的关爱往往对孩子关键期的成长起不到促进作用。特别对于单亲家庭学生来说，父母角色的缺位，也往往导致父母关爱的缺失，使学生无法准确地体会到幸福感与归属感。所以，在关心关爱学生过程中，适当地增加一点“仪式感”，恰好能弥补学生的缺憾，让学生体会爱的幸福与归属。本项活动在尊重与保护学生隐私的前提下，组建专属的爱心队伍在最小范围——“寝室”内举行“爱的私人订制”仪式，通过激发心志的爱心券、宽慰心坎的话语、慰藉心灵的礼物、解开心结的拥抱，向学生传递学校对特困生的精神支持和情感鼓励，让学生拥有爱、感恩爱，最后能奉献爱，确保关爱的温情化。

（五）落实“教育公平”目标，规范“关爱制度”，确保关爱的发展性。家庭经济困难学生上大学碰到的经济困难贯穿大学 4 个阶段：入学前、入学时、入学后、毕业后。有了资助制度的保障，才能使家庭经济困难学生不用再为学费而发愁。根据国家、省厅的资助政策，为全面做好家庭经济困难学生资助工作，学校制定了“六位一体”资助体系，制定了相关的资助制度，规范学生资助工作程序，保障资助效果。在资助体系的指导下，资助政策的多元化、个性化，使学校在开展学生活动过程中，能更加灵活、多样，对家庭经济困难学生的资助更加人性化与温情化，确保了关爱的发展性。

二、活动方案、工作计划

本项活动根据家庭经济特别困难的学生在学习、生活、心理、家庭等方面产生的精神困扰与生活困难，为其量身订制了“精准关爱”方案。主要做法分4个阶段，推动架构图如图2－2。

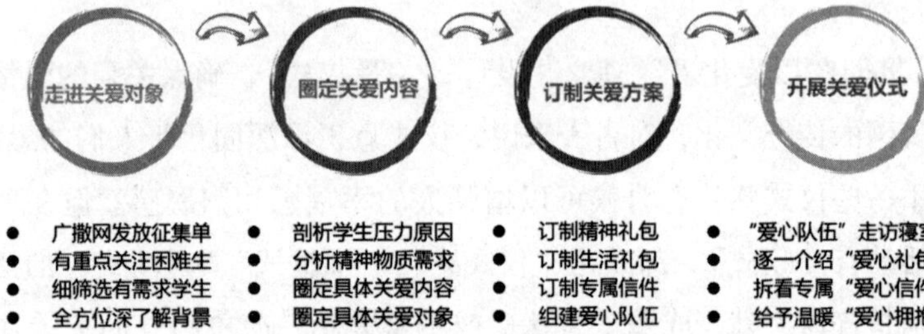

图2－2 “爱的私人订制活动”推动架构图

（一）走进“关爱对象”阶段。活动面向全校学生进行宣传，做到广覆盖，但有重点的走访关爱家庭经济特别困难的学生，面向学生发放“‘微心愿’征集单”，征集单的内容包含两个层面：一是近期最迫切的心愿及原因；二是在学习、生活、实践等其他方面的心愿及原因。通过征集，部分积极主动参与活动的学生，会把真实的想法表达出来。工作人员征集结束后，会根据学生填写的内容，筛选出部分学生的微心愿，并通过辅导员、学生个人档案了解学生的家庭背景与困难情况，深层次分析学生微心愿的迫切性与真实性，全方位进行“隐性”调研，了解学生总体情况。

（二）圈定“关爱内容”阶段。通过全方位的调研，对学生的微心愿分层、分类，分别剖析学生的心理压力、生活压力、经济压力。在具体筛选过程中，寻找同时满足两个方面需求的家庭经济困难学生为活动圈定的关爱对象，这两个方面一是精神层面，圈定微心愿中表达了情感需求、心理需求、关注需求的对象；二是物质层面，圈定微心愿中表达的真实的诉求，帮助学生实现物质需求。最后，根据这两方面的内容为学生订制专属的“爱心礼包”，让学生感受到学校的诚意与关爱。

（三）订制“关爱方案”阶段。根据学生的需求，在具体设计“精准关爱”

方案的过程中，主要形式一是现场“爱心使者”走访寝室给予困难生针对性的关爱，二是组建“爱心队伍”给予困难生可持续的关爱。主要内容一是精神礼包激发理想的远志，通过“爱心信件”解开心结，“爱心书籍”激发斗志等；二是生活礼包激发生活的斗志，根据学生的物质需求，如“给父亲的大小腿按摩仪”“给母亲的围巾和手套”“想拥有一个娃娃”等，学校据此购买；三是爱心队伍激发解惑的意志，如“家人不支持上大学，我却还想专升本”，学校据此设计“专升本”专人热线，“和父亲关系一直很疏远，却总是想打个电话他”，学校据此设计“阳光心理中心”专人热线。

（四）开展“关爱仪式”阶段。在订制专属的“爱心礼包”后，由学校组建专属的爱心队伍在寝室举行“爱的私人订制”仪式，让学生感受最特别又最隆重的待遇，圆梦微心愿。在尊重与保护学生隐私的前提下，主要做法分两个部分：一是邀请校领导、院领导化身“爱心使者”为学生完成微心愿，让普通同学感受到学校的特别重视与关注，拉近师生之间的关系；二是组成“爱心使者”队伍，通过设定仪式程序，增强仪式感。具体程序是，首先由工作人员介绍爱心使者和关爱对象，介绍关爱对象的基本情况与微心愿，但不挑明心愿中的隐私部分；其次由爱心使者将爱心礼包逐一向学生介绍，并重点将学校为学生写的“一封勉励信”交到学生手中，由学生现场拆开并阅读，信的最后是“请允许爱的使者给你一个大大的爱的拥抱”，以此勉励学生；最后“爱心使者”与学生温馨交谈，勉励学生的方方面面。

活动方案详见附件2-1《关于开展“爱的私人订制”活动的方案》和附件2-2《圆梦“微心愿”，让爱驻心间！——衢州职业技术学院“爱的私人订制”活动纪实》。

三、活动成果

“爱的私人订制”活动自2016年12月启动以来，2016年大一、大二家庭经济特困生241人，走访关怀129人，走访率54%；2017年大一、大二家庭经济特困生235人，走访关怀156人，走访率66%，走访率提升12%；2018年大一、大二家庭经济特困生208人，走访关怀165人，走访率79%。走访后，针对学生需要给予“爱的私人订制”，共计109人，2016年为34人，2017年为75人，

2018 年 82 人。具体如图 2－3 所示。

图 2－3 “爱的私人订制”2016—2018 年参与学生数据

活动开展两年以来，促进了学生的成长成才。

（一）学生反馈

2016 级护理 3 班曾欣欣于 2016 年 12 月参加活动，该生在校 4 个学期，取得 36 项荣誉证书。获得 4 次奖学金，3 次一等奖学金，两次浙江省政府奖学金。2017 级机电 2 班徐智伟于 2017 年 12 月参加活动，该生于 2018 年 9 月应征入伍，光荣服役，学生家长向学校赠送锦旗。

曾欣欣在校 4 个学期，取得 36 项荣誉证书。获得 4 次校级奖学金，3 次一等奖学金，两次浙江省政府奖学金

徐智伟父亲向学校赠送锦旗感谢学校对学生的培养

（二）媒体报道

活动开展两年以来，受到了学校领导、各部门的高度重视，以及《浙江教育报》《衢州日报》等媒体的报道。

“爱的私人订制”活动媒体关注

2017 年 1 月 11 日《浙江教育报》头版报道“爱的私人订制”活动

2018 年 8 月 9 日，浙江卫视公共新闻频道报道“爱的私人订制”活动

（三）获奖情况

2018 年 11 月，该项活动被授予“2018 年浙江省学生资助‘最美爱心故事’”荣誉称号。

“圆梦微心愿，让爱驻心间”活动被授予“2018 年浙江省学生资助‘最美爱心故事’”荣誉称号

四、活动照片

“爱的私人订制”活动照片集锦

校党委书记崔戴飞化身爱心使者与学生紧紧相拥

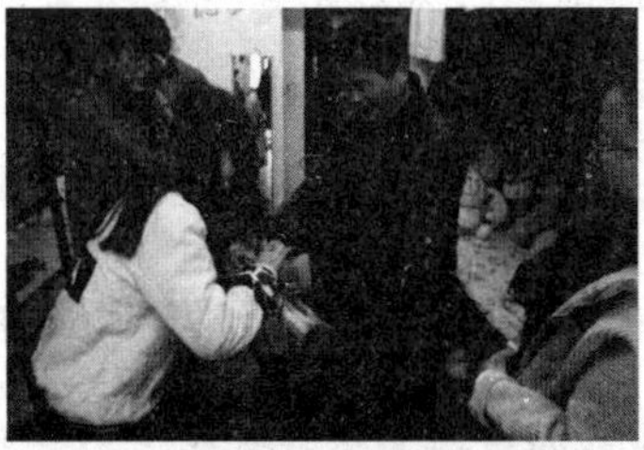

原校党委副书记陈青化身爱心使者向学生送上爱的生活礼包

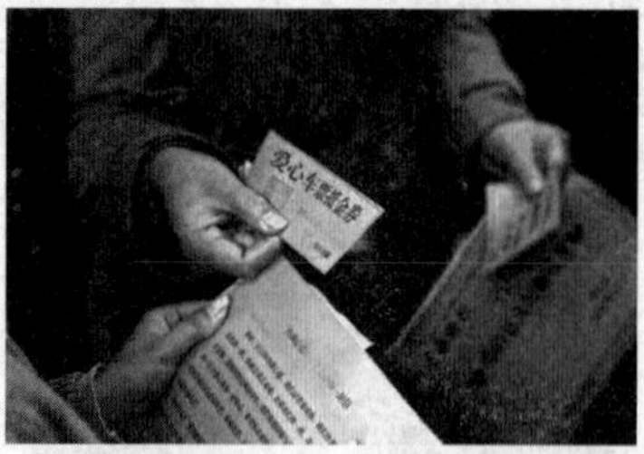

校党委书记崔戴飞化身爱心使者向学生送上爱的私人订制礼包

圆梦学生微心愿“希望获得一套学霸笔记”，并与“学霸”结对。

五、师生心得

（一）学生心得

医学院2016级学生王同学在参加完爱的私人订制活动后说：

“第一次有了被当成宝贝的感觉，今天我感觉很暖心、很窝心，太有爱了，我想这一定是我大学最难忘的场景！”

经济管理学院2016级学生林同学说：

“和以往的教师走访寝室不同，这些老师来看我前好像完全了解我，在我家人都不支持我上学的情况下，校领导却如此兴师动众地来到我的寝室，勉励我不要放弃从贵州来衢州的求学机会，我当时眼泪就在眼眶中打转了。”

医学院2017级学生胡同学说：

“当我读的信中这样写道：‘为了追求心中的中药学梦想，在梦一般的年华里，承受着比同龄人更大的压力与困苦。……命运或许不公，人生或许悲苦，但是请你相信，将来的你一定会感恩现在如此拼搏的你。’看着学校老师殷切的目光，这份沉甸甸的关爱，在我的心中已经播撒了‘爱’的种子。”

机电工程学院2017级学生徐同学说：

“我非常感谢学校对我的关心，参加活动时，我根本没有想过学校会帮我实现愿望，父亲的病（瘫痪在床）就是我的心结，家庭的重担落在妈妈一人的肩膀上，我真的于心不忍，我想过退学，想过外出打工！谢谢学校的资助，我将用这笔钱为我父亲购买大小腿按摩器，减轻妈妈照顾父亲的重担！”

经济管理学院 2017 级钟同学说：

“从小妈妈就教育我只有通过自己双手创造果实才最可靠，所以，当我爸生病住院，我妈既要照顾爸爸又要照顾我时，我看在眼里疼在心里。在我收到护理专业录取通知书时，我第一时间就想靠自己挣学费，所以整个暑假我每天夜以继日地从早上工作到夜里 11 点，我也毫不松懈！感谢学校对我的勉励，谢谢爱心使者写给我的信，信中的内容可以一直激励我前行！”

信息工程学院 2016 级学生陈同学说：

“我出生在农村，从小跟我爸生活在一起，他对我的唯一期望就是学有所成！他对我很舍得，对自己却无比节俭，一年到头就两双鞋。我进大学后就想做兼职，为他买一双鞋。但是，没想到学校帮我实现了这个愿望！谢谢学校对我孝心的肯定，我会继续努力！”

校党委书记崔戴飞化身爱心使者送上“爱心书信”情暖学生

校党委副书记陈青化身爱心使者送上“爱心书籍”激励学生

（二）教师心得

衢州职业技术学院信息工程学院王老师说：

“通过参加爱的私人订制活动，走进学生寝室、走到学生身边、走入学生心间，拉近了师生的距离，一方面充分地向学生传递了学校的关心与关爱，师生之间开展了一次心与心的交流；另一方面让学生感受到了以‘爱’化人的力量，使家庭经济困难学生在面对困难与挫折时，能充满正能量。”

衢州职业技术学院医学院程老师说：

“我们在给家庭经济困难学生更多资助，在努力实现“精准保护”的过程中，更要实现对学生的‘精准关爱’，两者需要齐头并进，用学生渴望的方式消除他们的孤独，陪伴学生成长成才。我们要继续努力，将‘爱的私人订制’活动面扩大，使其成为学生信任的活动品牌，使其成为学生大学生涯中可遮风挡雨且能激励斗志温暖心灵的港湾，让家庭经济困难学生在大众化教育的背景下也能拥有稳稳的幸福。”

六、推广经验分享

（一）坚持“精准关爱”，以“爱”化人

尊重经济困难学生的个体差异，更具针对性地开展工作。“爱的私人订制”活动属于旧瓶装新酒式的活动，从活动内容来看是已被嚼烂的如圆梦微心愿、爱心礼包、寝室走访等老活动的结合体；从活动目的来看，均是表达学校对学生的关心与关爱；不同的是，从活动的方式来看，该活动更加注重学生个体需求与差异，立足家庭经济困难学生多元化的发展需求进行“精准关爱”。只有做到以爱化人，将爱的教育渗透学生的思想政治教育中，才能促进学生成长成才，才能使工作取得实效。

（二）深入、细致掌握学生情况，以“生”为本

重视对学生全方位的了解，通过深入细致的工作，掌握学生情况，才能更有针对性地开展“精准”关爱。在本次活动开展过程中，因人员、精力有限，活动第一期没有全方位地，深入、细致地掌握学生的需求，所以无法圈定“精准关爱”的内容。为了解决这个问题，活动本着对学生人格和尊严的尊重，创建了平等交流和坦诚关爱的调研平台，分层、分类、分别设计调研问卷，让工作人员在开展活动的过程中多问几个“为什么”，多查阅学生档案资料，了解“怎么了”，发生了“什么”，进行深层次的探究，做好调研，最终圈定学生最迫切的困惑与精神需求，让学生体验到积极主动参与的价值，确保关爱的精准性。

（三）尊重、保护学生隐私，呵护“自尊”

关爱对象的特殊性，要求学校在活动设计、开展的过程中，要保护学生个人隐私，要始终“拧紧这根弦”。为了拿捏这一尺度，把握好分寸，主要做法：一是以去标签化为前提，通过隐性调研，使家庭经济困难生能积极主动地参与到活动中；二是订制爱心礼包过程中，涉及学生心结的内容，学校不挑明，以爱的信件形式，在宽慰、勉励学生的同时，保持一定的秘密感，通过无声的信件，走进学生心中，呵护学生心灵；三是活动结束后，对有正面照片的学生，未征得学生同意，不予大肆宣传与渲染。

（四）构建“解困—育人—成才—回馈”的育人通道是面临的新挑战

着手提高经济困难学生的综合素质，帮助其全面、协调地发展是当前面临的新挑战。在当前国家日益满足学生基本经济需求的前提下，面对家庭经济困难学生的更高层次的需求，包括心理素质的提高、学习能力的提高、创新能力的提高，立足学生差异化、多元化发展需求，实现资助功能从单纯的经济资助向满足学生多元发展需求的关心与关爱转变是当前面临的新课题。

附件 2 -1

关于开展“爱的私人订制”资助文化活动的方案

资助是育人的措施和途径之一，而育人则是资助的根本目的。为了进一步做好家庭经济困难学生的育人工作，在全校范围内营造互帮互助、互相关爱的氛围，“精准关爱”家庭经济困难学生，根据资助工作“扶贫先扶志”的工作原则，现在全校范围内开展资助文化活动，具体事项如下：

一、活动宗旨

为了响应党和政府“精准扶贫”政策，以生为本，做到“精准关爱”困难生，实现学校培养具备爱与关怀的匠心型人才的目标。

二、活动主题（目标）

关爱成长　助力成才

三、办理单位

主办单位：学生处

承办单位：各二级学院

协办单位：公寓楼幢、大学生自我发展中心

四、时间，地点

2017 年 12 月冬至当天（学生寝室）

五、参加对象，服务人数

家庭经济特别困难学生（面向家庭经济特别困难学生）

六、活动内容

（一）活动宣传、动员，征集微心愿做调研阶段。活动面向全校学生进行宣传，做到广覆盖，但有重点地向家庭经济困难学生发放“‘微心愿’征集单”，在征集并筛选学生微心愿之后，同时了解学生的家庭背景情况，深层次分析学生愿望及困难的迫切性与真实性，全方位进行“隐性”调研。

（二）圈定关爱对象及内容，量身订制精准关爱方案阶段。根据调研结果，对学生微心愿分层、分类，分别剖析学生的心理压力、生活压力、经济压力，根据学生的多元化需求，量身订制专属学生的“爱心礼包”。

（三）走访学生寝室，开展充满“仪式感”的精准关爱活动阶段。在尊重与保护学生隐私的前提下，由学工线教师牵头组建专属的爱心队伍在寝室内举行“爱的私人订制”仪式，圆梦微心愿。

七、预期效益

一是建立师生信任关系，拉近师生之间的距离，表达学校对学生的爱与关怀；二是通过活动，让学生感受到学校的爱与关怀，提高学生对学校的满意度。

附件 2－2

圆梦“微心愿”，让爱驻心间！

——衢州职业技术学院“爱的私人订制”活动纪实

故事简介：

衢州职业技术学院“爱的私人订制”活动，于 2016 年 12 月启动，是根据家庭经济特别困难学生在学习、生活、心理、家庭等方面带给学生困扰的精神及物质需求，为其量身订制“精准关爱”方案的活动。其主要特点：一是通过

"隐性"调研，以学生"精神需求"为切入点，确保关爱的精准性；二是根据需求"量身订制"专属学生的"爱心礼包"，确保关爱的持续性；三是突出关爱的"仪式感"，增强学生的"幸福感与归属感"。活动开展两年，受到了学校领导、各部门的高度重视，《浙江教育报》《衢州日报》等媒体相继报道。

故事内容：

"悄悄"做的调研活动

2016年12月，"爱的私人订制"是面向"家庭经济特别困难学生"的一项活动，为了解困难生的真实困惑与需求，同时，也为了保护隐私，学校前期做足功课，"隐性"走访了200多名同学，发放了200多份"爱的'微心愿'征集单"，问卷内容包含学生的学习、生活、心理、家庭等方面，通过调研，重点筛选出58份有效问卷，根据学生需求，各学院分别认领学生微心愿。

通过调查，有的同学心愿虽小却很暖心："想拥有一个娃娃，每次想买却又舍不得""想和父亲畅谈一次，改善彼此的关系"；有的同学的愿望都是为了父母，"希望母亲能摆脱病魔的控制，早日康复！（该生母亲为精神病患者）""希望有一天我能为瘫痪的父亲买一台大小腿按摩器"；有的同学的心愿是改变自己，"我希望我能有更好的心态，交到更多的朋友"；有的同学的心愿是"希望顺利通过各种资格证书考试"……学校根据学生需求分别给学生订制了属于学生个人的关爱活动。

"走心"的专属仪式

"多么希望能拥有像自己一样大的娃娃陪伴，因为每次回家只有一个人，太孤独了，以前生日时总希望拥有一个，很可惜一直没有，每次想买却又舍不得，感觉太奢侈了。"写下这个心愿的王莉君（化名）同学从小家境困难，2006年父亲因病去世，母亲一人为扛起这个家常年外出务工，单亲家庭长大的她变得孤单、内向，在每一个转辗难眠的黑夜都企盼着能有一只毛绒熊陪伴她度过。

2016年12月26日，校党委书记崔戴飞等一行化身"爱心使者"，带上温暖的爱心礼包走进了医学院王同学的寝室，在寝室为她举办了一场专属她的简短却隆重的"爱的私人订制"仪式。

现场，工作人员向在场的老师简短地介绍了莉君的"微心愿"，崔戴飞书记说："莉君，我们听说了你的心愿，所以，今天我们化身'爱心使者'来到你的身边就是为了完成你的心愿，请你打开给你的准备的爱心礼包！"王莉君眼神中饱含着惊喜，伸手接过爱心礼包，礼包中有很多券，崔书记逐一向莉君介绍起来："这些券都是你的微心愿，内含一张回家的爱心车票、一张勤工助学直通车券：一份生活礼包券、一张医学院辅导员老师名片、一张专升本私人顾问名片(招生办老师的名片)、一张阳光心理中心老师名片，然后这些老师都来到了你的寝室，他们就在门口!"莉君边看边欣喜地喊道："真是太惊喜太意外了!"紧接着，崔书记又拿出了"致我心爱的学生莉君的一封信"让莉君拆开，打开后，莉君便小声地读了起来："亲爱的莉君，你好，看完你的微心愿，我们迫不及待地给你准备了一份你最渴望的礼物，她代表了我们对你最深的爱，希望我们的这份惊喜能换取你在深夜的一份安心，宽慰你在深夜孤单的心灵……"莉君刚看了两句就湿了眼眶，她一头扎进了崔书记的怀抱，紧紧地与书记拥抱在了一起。过了一会，崔书记将一只大大的"毛绒熊"送到了她的怀中，王莉君无比感动，接过毛绒熊心情久久不能平复。崔书记拍着王莉君的肩膀，勉励她一定要克服困难，砥砺前行，感人的场面让现场的师生都为之动容。

活动结束后，王莉君说，"第一次拥有了被当成宝贝的感觉，今天我感觉很暖心、很窝心，太有爱了，我想这一定是我大学最难忘的场景"!

精准关爱显真情　暖心活动助成长

——三纵三横一平台精准关爱体系

一、活动设计理念

十九大指出“建设教育强国是中华民族伟大复兴的基础工程，必须把教育事业放在优先位置，加快教育现代化，办好人民满意的教育。推动城乡义务教育一体化发展，高度重视农村义务教育，办好学前教育、特殊教育和网络教育，普及高中阶段教育，努力让每个孩子都能享有公平而有质量的教育”。2015 年 10 月 16 日，习近平在 2015 减贫与发展高层论坛上强调：“中国扶贫攻坚工作实施精准扶贫方略，增加扶贫投入，出台优惠政策措施，坚持中国制度优势，注重六个精准，坚持分类施策，因人因地施策，因贫困原因施策，因贫困类型施策”。为了体现教育的公平性，不让任何一个家庭困难的学生“因贫失学”，同时深入贯彻党的十九大精神，不断健全学生自主制度，教育部等六部门也出台了《关于做好家庭困难学生认定工作的指导意见》，意见中指出“做好家庭经济困难学生认定工作，是贯彻落实党中央、国务院决策部署，全面推进精准资助，确保资助政策有效落实的迫切需要”。而认定家庭经济困难学生是实现精准资助的前提，是做好学生资助的基础。高校学生资助工作不仅关系到科教兴国和人才强国战略，更是促进教育公平和社会公正的重要措施，精准资助的目的是让每一个家庭经济困难的学生得到更多有效的帮助，真正将国家的“精准扶贫”政策落到实处。我校精准资助不仅从经济上对贫困生进行帮助，更是基于贫困生动态大数据库，从学业、心理健康、职业规划等各方面，对贫困生进行针对性的教育帮扶。在“精准资助”工作要求的驱动下，构建资助育人质量提升体系，强化资助育人理念，全面推进资助育人工作成为我校的重点资助工作，在这样工作背景下，我校提出了构建基于学生多元化需求的“精准关爱”工作方案，并于2016年12月启动衢州职业技术学院“爱在衢职”之“爱的私人订制”活动。为配合我校“精准资助”的工作要求，信息工程学院提出了适合二级学院自身的“三横三纵一平台”精准关爱体系，对本学院在籍在册的家庭困难学生进行长期的“追踪”“关注”“资助”“关爱”，使家庭困难学生在物质经济与身心健康上能够得到精准关爱。

本项活动旨在响应党和政府“精准扶贫”的政策，以生为本，精准关爱，践行学校培养具备爱与关怀的匠心型人才的目标。主要目的：一是立足于二级学院资助工作小组，为学生提供精准的关爱方案，体现学校对学生的爱与关怀；二是通过平台活动，有效促进学生的能力提升和发展，使其最终能够学会“感受爱”“表达爱”“奉献爱”。

本项活动的主要内容如图3-1所示：

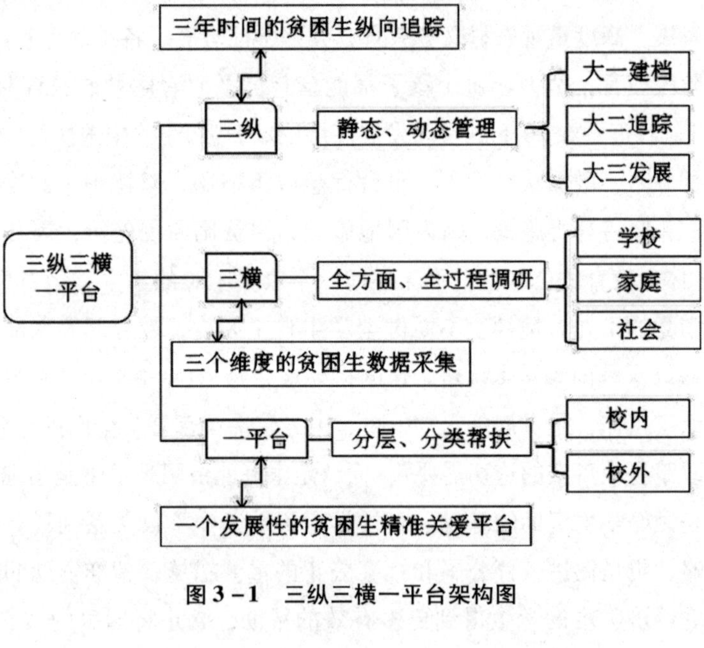

图3-1　三纵三横一平台架构图

（一）三年时间的贫困生纵向追踪。静态、动态管理，三年时间纵向追踪学生的困难情况。从贫困生大一报到后，立即建立贫困生档案。在该生报道后至毕业前的三年时间，不断更新该生学业发展情况、家庭经济状况、心理健康状况、职业发展规划等。该档案由二级学院资助工作小组负责。

（二）三个维度的贫困生数据采集。全方位、全过程调研，三个维度横向解析学生的困难原因与困难程度。从学校、家庭、社会三个维度，全面了解贫困生的现状和发展需求。在学校层面，采用与学生本人约谈、与学生同学侧面了解，以及班主任、任课教师评价等方式；在家庭层面，采用电话家访，班主任家校联系制度等方式；在社会层面，通过与生源地相关民政、社工部门的联系，形成信息精准的贫困生大数据库。

（三）一个发展性的贫困生精准关爱平台。分层、分类帮扶，以一个发展性的平台精准关爱学生。在贫困生大数据库的基础上，对接校内外教育资源，设计针对性的贫困生精准关爱工作方案；配合我校勤贷资助管理中心，开展贫困生帮扶活动。

本项活动的主要特点有五个方面：

（一）实事求是、客观公平。在开展精准资助的工作时，时刻把握从学生家庭的客观实际出发，以学生家庭经济状况为主要认定依据、认定标准，确保尺度统一，公平公正。

（二）定量评价与定性评价相结合。通过学校、家庭、社会三个维度的定量与定性评价，更加准确、全面地了解学生的实际情况。从而确保数据的准确性与资助的精准性。

（三）公开透明与保护隐私相结合。以“去标签化”为前提，走进“关爱对象”，确保关爱对象的隐私。本项目为了保护学生隐私，严禁学生当众诉苦、互相比困。而是在“去标签化”的前提下，引导、鼓励敢于正视挫折与困难的学生，用积极行动与积极心理参与学生活动。

（四）积极引导与感恩教育相结合。教育引导学生不能只是用“讲授教育”的模式，而要用“情感共鸣”的模式，使学生能够感受到国家、社会、学校的爱与关怀，从而学会感恩、奉献与回馈，并从中体会到“爱”的幸福感和归属感。

（五）“授人以鱼”与“授人以渔”相结合。在资助工作中，不仅给予学生物质上的帮助，而且更加侧重技能的教导，从而健全学生的人格，帮助困难学生培养自信，更好地融入同学，融入集体，为未来走上社会打下坚实基础。

二、活动方案、工作计划

本方案的关键在于建立信息精准的贫困生大数据库，并在此基础上，从经济资助、学业帮扶、心理健康、就业指导等方面进行个性化帮扶，形成“三横三纵一平台”的精准资助关爱体系。

（一）以班主任工作为主要抓手做好新生数据收集工作，发现需关爱的对象。在新生录取后，随学生录取通知书一起寄送学校资助政策宣传材料；在新生报到前，要求班主任逐一对班级中的所有学生通过电话家访等形式宣传我校贫困生资助相关政策；在新生报到系统中，设置针对贫困生的绿色报名通道，并注意确保贫困生资料的保密性与隐私性；在新生报到后一周内，完成贫困生基本材料收集，建立贫困生数据库，由相关教师对在库学生进行第一次访谈，近距离感受学生的实际情况，了解学生的需求。

（二）以资助工作小组为主体，持续更新贫困生数据库。贫困生档案进入数据库后，每位贫困生每学期至少约谈一次；每学期末班主任、任课教师等了解学生学业情况；每学年末进行家庭经济情况调查时，完成电话家访和社会调查；通过小组成员实现日常关注，对贫困生突发事件进行及时干预。所有材料进入贫困生大数据库，并做好贫困生数据内容的扩充和更新。

（三）保证公正公平，做到规范认定。精准资助工作的“精准”，其中也包含着公平公正的要求。因此要全面了解和收集学生的家庭经济情况，按类别、分层次进行摸底，做好公示，做到规范认定。

（四）形成一个资助平台，加强资助的宣传和教育工作。以二级学院分团委学生会与向日葵志愿者组织为平台，做好精准关爱的教育工作。一是做好资助政策的宣传。通过资助平台，学院对资助条件、资助标准、资助名额、认定程序、资金来源等相关内容的广泛宣传，让学生、家长和社会全面了解相关政策，实行阳光操作，并接受全方位监督。二是树立并宣传资助典型。对社会团体、爱心人士的助学善举进行宣传，在家庭困难学生中树立自强不息的榜样学生，最终使学生资助工作能健康发展。同时，对学生进行感恩教育和励志教育，促进学生形成自强不息、回馈社会的良好道德品质。三是做好感恩回馈意识的树立。“喝水不忘挖井人”，通过朋辈大讲堂、帮扶结对、感恩教育、爱的关怀、

“一封感谢信”等一系列活动让学生不仅接受物质经济的资助，更能感受到爱与关怀，学会感恩与反哺。

活动方案详见附件3－1《关于开展“三纵三横一平台”精准资助实施方案》。

三、活动成果

1. 2014年度至2017年度在籍在册家庭困难学生数：信息工程学院在册贫困生人数2014年为137人，2015年为172人，2016年为156人，2017年为150人，其中特困人数分别为2014年66人，2015年56人，2016年52人，2017年42人，总体人数相对稳定。学院对在册学生做好了学生数据库的更新与完善。（2018级学生数据库正在更新）

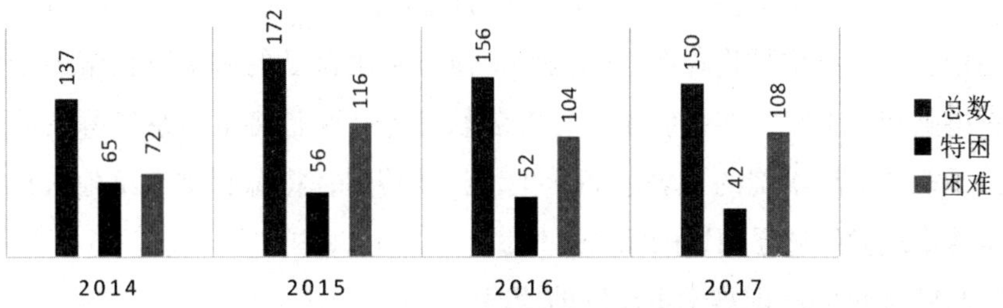

图3－2 在册困难学生基本情况图

2. 2014年家庭困难学生受资助情况

2014年4月，共为6名学生申请了求职补贴。2014年10月为1名学生申请了临时困难补助，为2名残疾学生办理了申请浙江省残疾人大学生免除学费住宿费手续。2014年9月共为12名学生申请了国家助学贷款，其中续贷人数为9人（2012、2013级），新贷人数为3人（2013级）。共有137名学生申请了助学金，29名学生获得了国家励志奖学金。评选出自强之星2名，成才奖学金4名。同时，有300多名同学积极参与助学征文活动，并选送150篇文章至勤贷助学科，参与省里面的评选。为我院在册家庭困难学生建立勤工俭学档案，并做好勤工俭学学生的登记、管理、工资发放等工作。其中2014年为137名家庭困难学生建立勤工助学学生档案，并为39人次申请并提供岗位（包括长期岗、临时岗、专项团队），其中长期岗位 3 个，共计 12 人；临时岗位 5 个，共计 20 人；专项团队 1 个，共计 7 人。

3. 2015 年度家庭困难学生受资助情况

2015 年 4 月，共为 7 名家庭经济困难学生申请了求职补贴。2015 年 6 月为 1 名学生申请了临时困难补助，为 2 名残疾学生办理了申请浙江省残疾人大学生免除学费住宿费手续，2015 年 10 月为 3 名在校残疾人学生申请了集善卡。2015 年 9 月共为 7 名学生申请了国家助学贷款，其中续贷人数为 4 人（2013、2014 级），新贷人数为 3 人（2015 级）。评选出名阁奖学金 2 名，杭州商会奖学金 4 名。同时，有 300 多名同学积极参与助学征文活动，并选送 100 余篇文章至勤贷助学科参与评选。2015 年，共为 172 名家庭困难学生建立勤工俭学学生档案，并为 172 名贫困生申请助学金。共计为 93 人次申请并提供岗位，我院共有长期岗位 2 个，在岗勤工俭学学生共计 3 人。并且坚持做好贫困生感恩回馈教育工作，为了让爱心延续下去，我院响应学校的号召，建立了一个爱心承诺服务队，本队伍中所有成员均是我院在校贫困生，他们利用自己的所学所长帮助全校师生处理电脑相关事宜，如系统重装，安装软件等，并且将重装系统募集的资金捐献给了机电工程学院的一名患病学生，将爱传递，将温暖传递给他人！我院未来也将继续做好感恩回馈的相关工作。

4. 2016 年度家庭困难学生受资助情况

2016 年为 7 名家庭困难学生申请了国家助学贷款，为 176 名学生申请了助学金，其中，特困生申请 54 人，为 176 名家庭困难学生建立了勤工助学学生档案，并为 37 人次申请并提供岗位。共评选出 2 名校级十佳大学生，1 名国家奖学金，32 名国家励志奖学金，2 名名阁奖学金。同时，鼓励 300 多名同学积极参与助学征文活动，并选送 100 余篇文章至勤贷助学科参与评选。我院一直以来都注重对特殊人群的关注，也要求班主任重点关注学生中学习困难、经济困难的学生，注重对同学们的心理疏导，截止 12 月 6 日，我院在籍在册学生共计 1133 人，其中，外省学生 14 名、少数民族学生 11 名、宗教信仰学生 11 名、残疾学生 2 名、并有疾病史学生 2 名（其中一名为癫痫患者，一名为心脏病患者），学院持续关注学生病情情况，并为其提供相应的帮助。截止 2016 年 10 月 31 日在校参保学生共有 762 名，其中普通学生 754 名。为 8 名低保困难学生办理医保费用免缴手续。

5. 2017年度家庭困难学生受资助情况

2017年为1名学生申请了临时困难补助，为7名学生申请了国家助学贷款，为150名学生申请了助学金（其中特困生申请42人）。2017年，我院1名学生荣获了国家奖学金，31名学生荣获国家励志奖学金，26名学生荣获省政府奖学金，并评选出自强之星2名，毛氏奖学金2人。为150名学生申请助学金，同时鼓励400多名同学积极参与助学征文活动，并选送130余篇文章参与评选。我院也积极做好学生的医疗保险工作，截止2017年10月31日在校参保学生共有734名，其中普通学生732名，免缴（低保）学生2名，缴费总金额219600元。同时，为150名家庭困难学生建立勤工助学学生档案，申请并提供勤工助学岗位47人次。2017年我院设立勤工俭学长期岗位3个，勤工俭学临时岗位2个，共计有5名贫困生参与到勤工俭学工作中来，并推荐了7名学生到学校其他部门勤工俭学的工作岗位上锻炼学习。

6. 绩效

①基本实现对数据库内所有贫困生按学期发放助学金，帮助学生缓解经济压力。

②及时关注家庭发生重大变故或困难的学生，发放临时困难补助。

③通过大数据系统，发现有心理辅导、学业指导、职业规划等需求的学生，开展相应的教育活动。

④我院学生资助工作基本覆盖学院所有在籍在册的困难学生。并对家庭经济临时困难的学生持续关注，保证家庭困难的学生都能够得到相应的资助，不会遗落任何一名需要帮助的困难学生。在籍在册需要关爱的学生人数占应接受关爱人数的比例为100%。

7. 与以前相比较成果如何

过去5年来，资助体系不断完善，不论是着力构建本院学生“对象、力度、方法、培养、管理”五方面的精准资助工作体系，还是探索建立“三横三纵一平台”的精准资助模式，信息工程学院始终兑现着“不让一个学生因贫困而辍学”的承诺。对于家庭困难学生本人来说，除了在物质经济上进行资助，身心健康上进行关爱，更本着“授人以鱼”更“授人以渔”的原则，帮助学生提升能力，促进成长成才。

四、活动照片成果

不让任何一名学生“因贫失学”，信息工程学院的向日葵组织发起爱心捐款活动

信息工程学院分团委学生会与向日葵志愿者服务队进入社区开展志愿服务，打扫楼道，看望孤寡老人

“向日葵”计划让希望延续，募集衣物帮助更需要帮助的人们

分团委学生会与“向日葵”志愿者共同组织文明出行劝导服务

五、师生心得

（一）学生心得

（1）信息工程学院2013级学生陈同学考取浙江理工后说：

“学校免费开设的专升本复习班对我学习上帮助很大，同时老师也会对我们进行心理疏导和考前指导，这对我最终考上浙江理工大学帮助很大，我很感谢信息工程学院，也很感谢我的班主任王老师。”

(2) 信息工程学院 2015 级的朱同学在拿到奖学金后说:

“我是一名外省学生，刚来到学校的时候又孤单又自卑，后来老师与我谈话，鼓励我参加各项活动，帮助我制订了学习计划，在老师的不断激励下，最后我获得了国家励志奖学金和校十佳大学生的荣誉称号。”

(3) 信息工程学院 2011 级童同学，在大学志愿者服务队，毕业后也一直将志愿服务持续做下去，并在 2015 年获得了乐清市优秀志愿者，他说:

“我自己就是一名贫困大学生，我的母亲还是一名残疾人，如果不是在大学的时候老师鼓励我参加志愿服务活动，我根本不知道自己还有这么多的能量去帮助他人。也正是因为在大学的时候身边的老师和同学感染了我，才能让我一直坚持下去，最终获得了乐清市优秀志愿者的荣誉称号。”

(二) 教师生心得

信息工程学院的王老师说:

“做资助工作这么多年，深刻感受到对贫困生的帮扶不能只是经济上的帮扶，更应该是能力上的帮扶，‘授人以鱼更需要授人以渔’，要坚持把牢精准资助这个方向盘，要为贫困生的精准资助工作服务。”

六、推广经验分享

(一) 创新思路，与时俱进，运用大数据思维

将大数据理念与困难生资助工作相融合，收集困难生的家庭、经济、学业表现、心理健康以及职业规划等各方面资料，跳出了以往只对困难生经济方面进行帮扶的模式，为我校将困难生资助工作升级为困难生全面帮扶工作提供了资料支撑。同时利用大数据库对困难生在校和毕业后的发展状况进行追踪，为帮扶策略的有效性分析提供数据，进而调整和发展更多更优的帮扶活动。

(二) 精准关爱，以生为本，开展针对性的帮扶教育

关注困难生的个体差异，重视每个困难生的个体需求，更有针对性地开展困难生帮扶工作。以往对困难生的帮扶主要是进行经济上的资助，并没有关注

到困难生身心发展的需求。从实际情况来说，困难生作为学校里的特殊群体，在能力发展、学业职业规划等方面都有进一步辅导的必要，因此利用大数据平台的资料，为困难生开展针对性的帮扶教育，可以使每一位贫困生在面临具体问题时都能够得到最需要的帮助，使爱的教育渗透到细节中，真正做到以生为本，“授人以鱼亦授人以渔”，促进学生成长成才。

（三）拓宽渠道，形成有效载体，提升育人效果

关注困难学生的成长，播下希望的种子。资助工作并不是短期或者一时的工作，而是一个长期的不间断的过程。而部分资助工作可能并没有形成一个有效的渠道去推广自己的资助品牌，也没有一个有效的平台去展现、宣传资助的相关政策及案例。精准资助系统推动了“信息多跑路，学生少跑腿”这个重要的信息点。而“三纵三横一平台”是我们自己的资助平台，我们有专门的渠道来进行相应的政策宣讲与推广，扩大资助在我院学生中的影响范围，让更多需要帮助的困难学生接受充满爱与希望的帮扶，从而提升育人效果。

（四）变“大水漫灌”为“精准滴灌”的精准资助

扶贫救困，要把事情做到关键点上，要把粗放型的“大水漫灌”式的资助模式转变为集约型的“精准滴灌”式的精准资助模式。做到看真贫、扶真困，通过大数据筛选的模式做到对象识别的精准性。扶贫救困的资助也不能只是“输血”，还要让贫困生自己会“造血”，这才算是真正的精准资助。平台上发布的勤工助学岗位，让学生不仅能通过在岗位的实习得到锻炼，也能够学习到一门技能，拥有一份收入，为以后更好的走上社会奠定基础。

（五）“去标签化”，做好心理帮扶

在建立大数据库的工作过程中，注意保护学生隐私，在困难生的帮扶工作中，注意困难生的“去标签化”，密切关注困难生的心理健康状况，并开展针对性的帮扶活动，提高困难生的自信心和自我认同感。

附件 3－1

关于开展“三纵三横一平台”精准资助实施方案

资助是育人的措施和途径之一，而育人则是资助的根本目的。为了做好家

庭经济困难学生的资助工作，切实把国家惠民政策落实好，把家庭困难学生关心好，进一步促进家庭经济困难学生的育人工作，营造互帮互助、互相关爱的氛围，根据资助工作的工作原则，制定如下方案。

一、成立学生资助工作小组，明确工作职责

组长：叶俊　副组长：金晓燕

成员：学工办全体辅导员及各班级班主任

组长对学院资助工作负责，协调精准资助各方面工作。成员负责具体工作，职责包括：宣传学生资助和工作动态；掌握学校贫困生状况和数量；受理学生申请、接受全员监督、审定资助对象、管理发放资助款物；对学生开展感恩教育，践行学校培养具备爱与关怀的匠心型人才的目标；建立健全资助工作档案；其他相关工作。

二、规范资助对象认定工作，保证资助公平公正

认定资助对象必须坚持以下程序：

1. 摸底调查。通过三个横向维度即班主任电话家访、家庭情况调查、同学间的访谈等途径全面了解和收集学生的家庭经济情况，按类别、分层次进行摸底汇总，形成贫困生信息数据库；并对学生家庭情况进行追踪，准确掌握学生家庭动态。

2. 学生申请。每学年开学一个月内（9月底前），学院组织学生填写资助申请表，申请表需加盖村委会公章，相关申请表予以存档备查。

3. 评审。各班级结合学生家庭经济困难情况，组织班级评议小组进行评议，并将相关材料提交二级学院学工办备查、复核与公示，并交学校进行审定，形成最终材料存档。

4. 发放资助资金。专款专用，保证资金落实到学生手中，同时对学生家庭情况持续追踪，掌握学生三个纵向时间内的具体家庭情况第一手资料。

三、形成一个二级学院资助平台，加强资助的宣传和教育工作

一是宣传资助政策。学院对资助条件、资助标准、资助名额、认定程序、资金来源等相关内容广泛宣传，让学生、家长和社会全面了解，实行阳光操作，接受全方位监督。二是树立并宣传资助典型。对社会团体、爱心人士的助学善举进行宣传，在家庭困难学生中树立自强不息的榜样学生，最终使学生资助工作健康发展。同时，对学生进行感恩教育和励志教育，促进学生形成自强不息、

回馈社会的良好道德品质。

四、健全学生资助管理制度，规范资助行为

1. 建立和完善具体的工作制度和实施细则。制定学生资助工作制度、家庭经济困难学生资助评审制度、学生自主资金发放管理制度、资助工作人员岗位职责。

2. 落实资助对象动态管理机制。每学年组织一次申请，每学年评定一次资助对象，每学期落实一次资助资金的发放。对受资助后生活铺张浪费或严重违反校纪校规受到处分的，进行批评教育，屡教不改者取消受助资格。

3. 规范资助资金发放、管理，形成切实有效的监管制度。

附件3－2

倡 议 书

亲爱的同学、朋友们：

生命如此可贵，人生只有一次。癌症，对于我们来说，或许很遥远，可是如果它突然降临到我们的朋友或同学身边，你又作何感想呢？然而不幸却往往发生在我们的不经意间。我院2012级供电（1）班郑同学的父亲被确诊患直肠癌，治疗期间已经花了15000多元的医药费，然而后期化疗还需要四五万元的费用。加上其母亲有病在身，拖着生病的身体在医院照顾其父亲，让原本因盖房而欠着外债的家庭更加举步维艰。为了能减轻家庭负担，郑同学有了辍学的打算。为尽最大努力延长生命，帮助郑父亲战胜病魔，也为了能让郑同学继续就读。我院向日葵爱心组织全体希望全体同学积极行动起来，发扬中华民族乐善好施、扶危济困的传统美德，为郑同学和她的父亲献出您的爱心。您的捐款不仅能为她父亲减轻经济负担，更重要的是您的关心和爱心会使她的父亲增强与疾病抗争的勇气和信心。也许您与他素不相识，但爱是没有界限的！希望同学们都能伸出援助之手！也许这些捐款对您来说真的不算什么，但是这些积少成多的爱心，就能换回他同你一样阳光的笑容，换回他同你一样健康的身体，让他同你一样接受未来生命中的挑战和收获。当他身体康复时，相信每一个帮助过他的人，都会为他感到欣慰，也请相信，他一定能在你们的帮助下战胜病魔，毕竟，他是那样的坚强！

在这个世界上没有一个生命可以孤立地活下去，汇聚您的爱心，将会延续一个生命。也许我们所捐的钱，对于郑秋菊同学家只是杯水车薪，但我们的爱心，会使郑秋菊以及她的父亲、母亲感觉到温暖，使他们树立战胜病魔的信心。在此，我们诚挚地希望：您能帮帮她！我们替郑同学感谢您！

“送人玫瑰，手有余香。”您的仁爱之心，您的点滴之恩，有可能拯救一个生命；您的无名关怀，您的善意之举，将是他最大的安慰。再次对您表示诚挚的谢意！

信息工程学院向日葵爱心组织

感恩爱

感恩父母情　留爱不留债

——“爱的账本”活动

一、活动设计理念

2018年9月，中共中央总书记、国家主席、中央军委主席习近平在全国教育大会上强调“办好教育事业，家庭、学校、政府、社会都有责任。家庭是人生的第一所学校，家长是孩子的第一任老师，要给孩子讲好‘人生第一课’，帮助扣好人生第一粒扣子”。习总书记指出“要在加强品德修养上下功夫，教育引导学生培育和践行社会主义核心价值观，踏踏实实修好品德，成为有大爱大德大情怀的人”。

近年来，浙江省学生资助管理中心每年下发文件开展全省“感恩季”活动，旨在大力弘扬社会主义核心价值观，培养大学生的感恩意识。根据省厅的文件精神，近几年，我校分别开展了以“励志、感恩、成才”为主题的“感恩季”活动。活动主要分为4个子活动，感恩国家、感恩亲情、感恩友情、感恩师情，旨在通过活动的开展促进广大学生感恩成长、励志成才，更好地培养学生诚信感恩意识和自强自立精神。

其中“以‘孝’为先，感恩亲情——爱的账本”活动受到了师生、家长的一致好评。“爱的账本”活动旨在通过情感教育，激发学生对父母的感恩之情，呼唤学生的感恩之心，更呼唤学生对父母要做到“留爱，不留债”，自觉自主地实践感恩行动，以“孝”为先，将感恩品质内化于心、责任于行，营造良好的人文关怀校园文化氛围，实现大学生的全面发展，践行学校培养具备爱与关怀的匠心型人才的目标。

活动的主要特点为三个方面，特点架构图如图 4－1。

一是强化情感教育，激发学生的主体意识。当代大学生在各种价值体系和社会趋势对思想文化领域的影响下，容易出现价值取向扭曲、理想信念模糊、家庭价值观淡化、社会责任缺失、生命价值弱化等问题。要想实现教育的根本目的，促进学生的全面健康发展，就必须将情感融于德育教育，开展积极的情感教育，培养教育对象积极的情感。情感教育是高校思想政治工作的重要方法和内容，情感教育的重点应放在情感本身，充分发挥情感在教育中的主体作用。本项活动以学生情感需求层次为理论指导，以亲情为切入点，尊重学生的主体性，客观承认并遵循学生与父母之间的情感需求，潜心研究学生的需要规律，递进式设计《爱的账本》，激发学生的主体地位，逐步将感恩品质内化于心。在具体设计活动过程中，遵从三方面的原则：首先，引导学生理解并感受父母如山的恩情；其次，唤醒学生内心的感恩之情；再次，激发学生渴望表达的感恩之心。

图 4－1 “感恩父母—爱的账本”活动特点构架图

二是确立情感形象，促进情感的深度交融。情感教育本质上是一种情感启迪，情感的产生是多种因素共同作用的结果，而德育工作具有使对方自觉感化和心悦诚服的非强制性特点。所以，将情感教育融入德育教育过程中，确立丰满、动人的情感形象，是开展情感教育的首要条件。通过“可亲、可近、可学”的情感形象，才能激发学生的“大爱、大德、大情怀”，焕发出震撼人心的力量。本项活动以学生父母为情感形象，以学生的亲情需求为导向，根据活动前期的调研分析，紧抓父母与孩子感情付出不对等的矛盾，将此设计始终贯穿于“爱的账本”中，将相互的付出进行联系及对比，同时尊重每名学生不同的感悟，遵循每名学生相同的共鸣，让每名学生的体验“来源于生活又高于生活”，使学生切身体会到亲情的真切与深情，获得情感体验，受到感化、熏陶，做到以文化人、以爱化人。

三是推进情感互动，构建家校育人共同体。在当前的教育环境下，只有对学生全方位、深层次的了解，学校思想政治教育才能更有效地开展。有时候家长无法正确理解思想政治教育，学生与家长之间存在一定的代沟，学校与家长的交流有时候会存在一定的顾虑。本项活动将“爱的账本”作品寄给家长，以此作为家长了解学生的窗口，融洽了父母与孩子之间的亲情关系，提高了学校的社会影响力。从学生的角度出发，将“爱的账本”给父母，将内化于心的感恩，外化于实际行动感恩父母，有利于化解内心情感冲突；从父母角度出发，了解学校学生活动的同时，更了解学生在校期间的行为表现，并通过“爱的账本”增进相互情感；从学校的角度出发，“爱的账本”活动，输出校园文化的同时，更赢得了社会的口碑。

二、活动方案、工作计划

父母是我们的第一任老师，从我们呱呱坠地的时候开始，我们的生命就倾注了爱与祝福。“以‘孝’为先”，感恩亲情——“爱的账本”活动，属于学生资助文化类活动，主要面向家庭经济特别困难学生。活动以亲情作为情感教育的切入点，作为学生思想政治教育的载体，旨在唤醒学生对父母的感恩之心，呼唤学生对父母要做到“留爱，不留债”，以“孝”为先，自觉自主地实践感恩行动，将感恩品质内化于心、外化于行。

活动内容主要分3个部分，如图4－2所示。

一是发放《爱的账本》。面向全校学生开展“感恩亲情”活动，特别是面向家庭经济困难学生，通过走访寝室的形式，逐一发放《爱的账本》，确保宣传活动的广泛性。

二是填写《爱的账本》。《爱的账本》分5个部分：第一部分，爱的账单，请同学们算一算，从出生到上大学，父母共为他们花了多少钱；第二部分，爱

图4－2　“感恩父母－爱的账本”活动内容构架图

的问卷，列出表格，让同学对比父母为自己做过和自己为父母做过的事；第三部分，爱的回顾，以问卷调查的方式，了解同学们对家长们的了解，比如父母的生日、父母衣服鞋子的码数、父母的结婚纪念日等；第四部分，爱的宣言，通过罗列那些巨细无靡地藏在生活方方面面的父母的嘱咐，理解父母表达的爱；第五部分，爱的家书，书写自己对父母的愧疚、歉意或深深的爱。

三是寄送《爱的账本》。学校评选出优秀的《爱的账本》，会同学生一起将其寄送给学生家长，让学生家长了解学生在校受教育情况，架起学校与家长的直通车，构建家校育人共同体。

活动方案详见附件4－1《关于爱的衢职之“感恩季”活动方案》。

三、活动成果

“感恩季”活动自开展以来，受到全校师生、家长的好评，活动取得的成效主要有两个方面。

一是高校德育中情感教育学生主体化的初探。当前高校德育工作中情感教育的缺失，使“灌输式”“说教式”的德育工作成了学生逃离的重灾区。情感教育作为教育过程的一部分，它关注教育过程中学生的态度、情绪、情感以及信念，以促进学生的个体发展和整个社会的健康发展。情感的建立会形成一种无声的教育动力，情感过程也是相互影响、相互作用的过程。本项活动旨在强化学生在教育引导过程中的主体地位，通过激发学生的情感，引导学生积极、主动参与活动，通过激发学生的感恩之情，引起学生的共鸣，从而唤醒学生的感恩之情，激发学生的感恩行动力。

二是高校德育中情感教育家校共同体的初探。在高校中，德育教育的课程占了相当的比重，这是培养人才的必要环节，也是为国家培养德智体美劳全面发展人才的需要，也是新时期下精神文明建设的重要举措。习近平总书记在2018年9月召开的全国教育大会上指出“办好教育事业，家庭、学校、政府、社会都有责任。家庭是人生的第一所学校，家长是孩子的第一任老师，要给孩子讲好‘人生第一课’，帮助扣好人生第一粒扣子”。目前高校德育教育仍聚焦于学校与学生之间，在构建全面、有效的家校教育共同体方面有一定欠缺。本项活动拓展到“校—生—家”互动的三角模式育人平台，重视家校共同体的构建，进一步完善了高校德育教育工作。

通过对情感教育的初探，我校2017年6月启动了“感恩亲情”活动，活动面向全体学生，重点对象是家庭经济困难学生。《爱的账本》共计发放500本，回收445本，回收率达到了89%。《爱的账本》五个部分的完成度及活动成效均较好，具体如下。

爱的账本封面

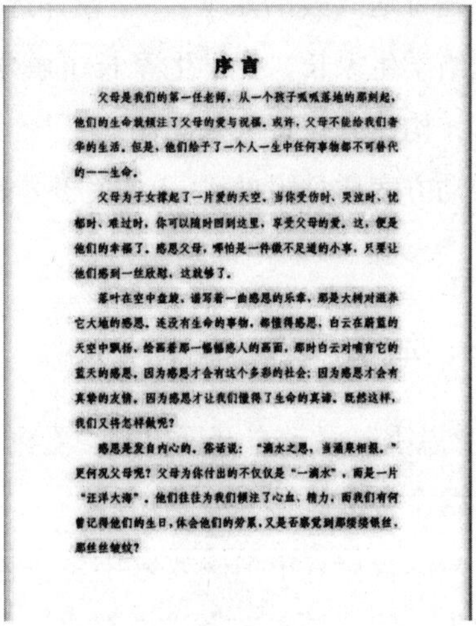

序言

父母是我们的第一任老师，从一个孩子呱呱落地的那刻起，他们的生命就倾注了父母的爱与祝福。或许，父母不能给我们奢华的生活，但是，他们给予了一个人一生中任何事物都不可替代的——生命。

父母为子女撑起了一片爱的天空，当你受伤时、哭泣时、忧郁时、难过时，你可以随时回到这里，享受父母的爱。这，便是他们的幸福了。感恩父母，哪怕是一件微不足道的小事，只要让他们感到一丝欣慰，这就够了。

落叶在空中盘旋，谱写着一曲感恩的乐章，那是大树对滋养它大地的感恩。连没有生命的事物，都懂得感恩，白云在蔚蓝的天空中飘扬，绘画着那一幅幅感人的画面，那时白云对哺育它的蓝天的感恩。因为感恩才会有这个多彩的社会；因为感恩才会有真挚的友情，因为感恩才让我们懂得了生命的真谛。既然这样，我们又将怎样做呢？

感恩是发自内心的。俗话说：“滴水之恩，当涌泉相报。”更何况父母呢？父母为你付出的不仅仅是“一滴水”，而是一片“汪洋大海”，他们往往为我们倾注了心血、精力，而我们有何曾记得他们的生日，体会他们的劳累，又是否察觉到那缕缕银丝，那丝丝皱纹？

爱的账本序言

第一部分：爱的账单

“爱的账单”从父母孕育到步入大学共分为6个阶段，内容涵盖教育费、医疗费、日常费用、培训费、娱乐费用等方面，时间跨度涵盖怀孕阶段、生产阶段、0—3岁、幼儿园阶段、小学初中及高中、大学阶段共20年左右的时间。

全校445名学生参与了《爱的账本》活动，从翻看的“账单”上来看，大部分的学生开销都不低，十几万元算是比较低的，大部分都在20万元以上，甚至还有学生达到100多万元，还有一些学生讪讪地在最后写上“算不清”。

“原本我觉得自己算是非常节省了，我知道父母的钱几乎都花在了我身上，但我也没想到父母付出了这么多。”大二的学生小吴家境不是很好，平时也十分节省，但算完了账单之后她还是忍不住默默地哭了，她说，曾经她还在内心抱怨过自己的父母没给自己更好的条件，“看着数字再想想家里每年的收入来源，我真不知道这几十万元父母是怎么来的”。

第二部分：爱的回顾

算完了物质的“账”，再来看看父母对子女的付出。《爱的账本》第二部分是“爱的回顾”，列出了表格，让同学对比父母为自己做过和自己为父母做过的事。“父母接送我上下学15年”，而“我未曾陪父母上下班”；……列得满满当当的表格，还有那些没能写上去的“对比”，让同学们清晰地感受到自己对父母的付出远远比不上父母对自己的付出。

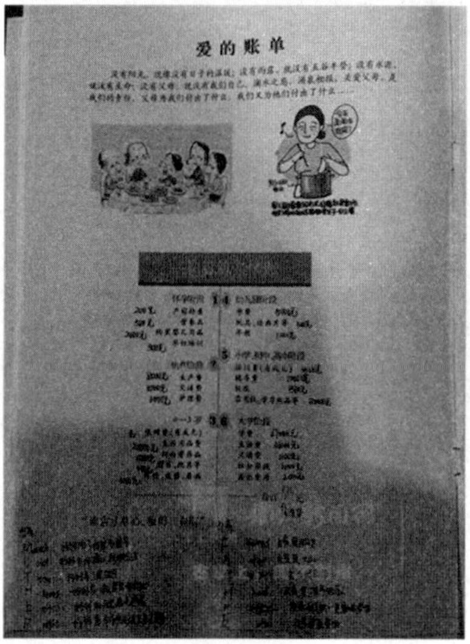

爱的账单

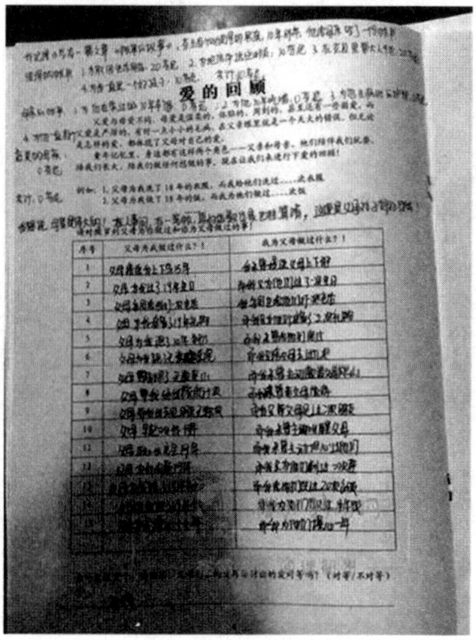

爱的回顾

第三部分：爱的问卷

“你知道父母的眼睛开始花了吗?”“你知道父母最爱吃的菜吗?”“你知道父母最喜欢的颜色吗?”“你曾经对父母说过‘我爱你’吗?”

一连串的发问，让同学们做完问卷之后，激发内心的感恩情怀。“虽然一直知道父母对自己付出很多，但之前一直对他们给予的爱感到理所当然，现在真的一项项比较起来，自愧不如，我们真的太自私了，对爸妈付出得太少。”2016级会计2班的吴雪感慨道，这世间有一笔账，再好的数学也难算清，这便是父母对孩子的付出。

第四部分：爱的宣言

有些爱清晰地展现在眼前，还有许多爱总是润物无声，在账本里的“爱的宣言”部分，那些父母常挂在嘴边的话，竟然是他们对自己融入唠叨里的爱，他们总会问“饭吃饱了吗？”“今天的心情怎么样？”“生活费够吗？”“不要刻意省钱，爸妈会挣”……那些巨细无靡地藏在生活方方面面的嘱咐，都是父母表达的爱。

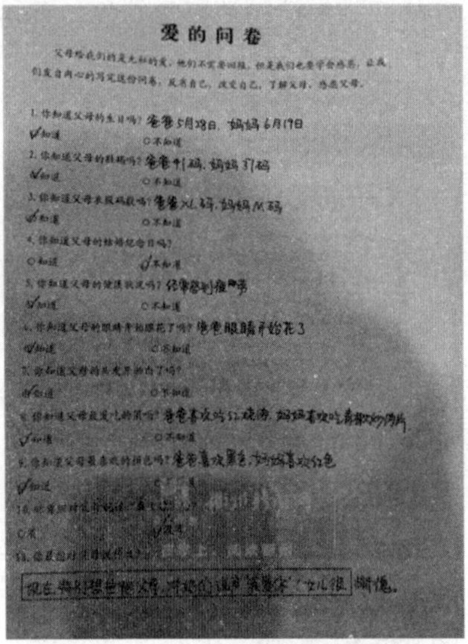
爱的问卷

爱的问卷

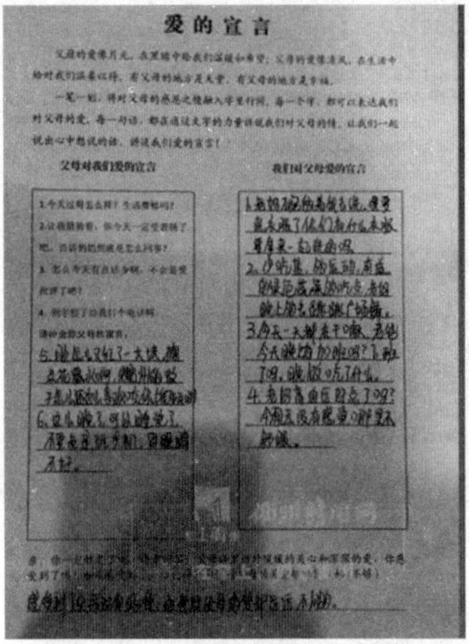
爱的宣言

爱的宣言

第五部分：爱的家书

不少同学在做完《爱的账本》之后，立刻就给父母打了电话，说出了“我爱你”，很多人还拿出了实际行动：每天陪父母聊天至少两小时，为父母做爱心晚餐，承担家里的全部家务，出门找兼职赚钱给父母买生日礼物……

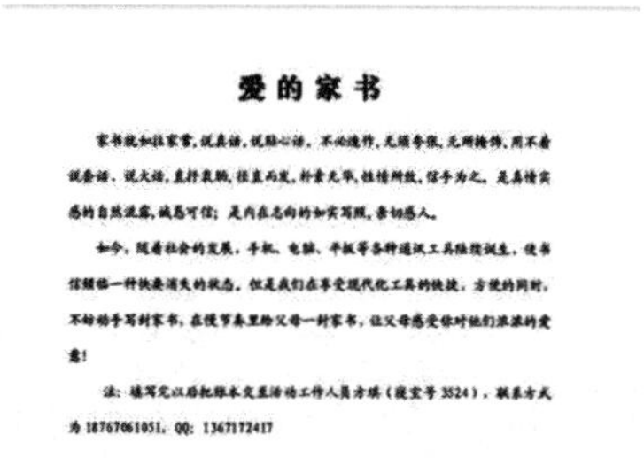

爱的家书

家书就如拉家常，说真话，说贴心话，不必造作，无须夸张，无所掩饰，用不着说套话，说大话，直抒衷肠，径直而发，朴素无华，性情所致，信手为之。是真情实感的自然流露，诚恳可信；是内在志向的如实写照，亲切感人。

如今，随着社会的发展，手机、电脑、平板等各种通讯工具陆续诞生，使书信濒临一种快要消失的状态。但是我们在享受现代化工具的快捷，方便的同时，不妨动手写封家书，在假节来里给父母一封家书，让父母感受你对他们浓浓的爱意！

注：填写完以后把账本交至活动工作人员方琳（寝室号3524），联系方式为18767061051，QQ：1367172417

爱的家书

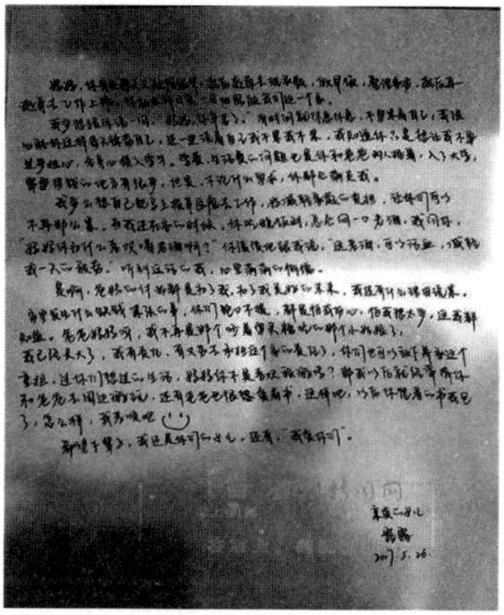

爱的家书

“以‘孝’为先”，感恩亲情——“爱的账本”活动同时受到了《衢州日报》、衢州新闻网等媒体的关注与报道。

从小到大，父母为你花了多少钱？为你做了多少事？你为父母做了什么……

衢职院为学生设计《爱的账本》，让学生——

算算亲情账，感恩父母情

2017年衢州中考成绩公布

2017 年 6 月 22 日《衢州日报》教育版报道了“感恩父母”《爱的账本》活动

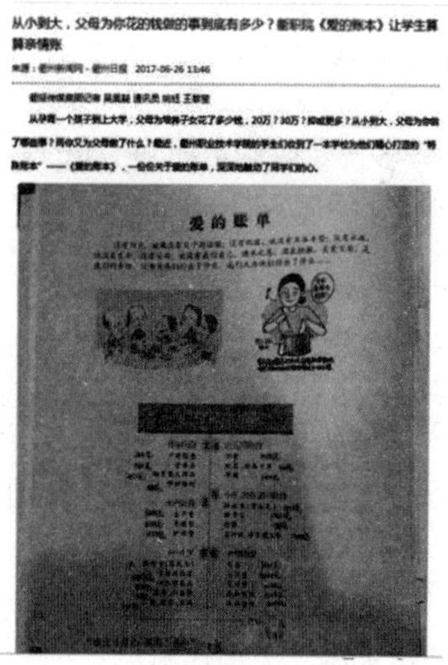

从小到大，父母为你花的钱做的事到底有多少？衢职院《爱的账本》让学生算算亲情账

来源：衢州新闻网－衢州日报 2017-06-26 11:46

从孕育一个孩子到上大学，父母为培养子女花了多少钱，20万？30万？抑或更多？从小到大，父母为你做了哪些事？而你又为父母做了什么？最近，衢州职业技术学院的学生们收到了一本学校为他们精心打造的“特殊账本”——《爱的账本》，一份份关于爱的账单，深深地触动了同学们的心。

爱的账单

2017 年 6 月 26 日衢州新闻网报道了“感恩父母”《爱的账本》活动

四、活动照片

校党委书记崔戴飞参加以“孝”为先，感恩父母的感恩季活动

学生在活动现场积极领取《爱的账本》参加活动

五、师生心得

（一）学生心得

2016 级护理 5 班的沈同学爸爸因为粉刷的工作而患了慢性咽喉炎，妈妈在自己出生时落下了风湿，她说：

“在写《爱的账本》时，就想到妈妈每天吃晚饭的时候总是闷一口老酒，我问为什么喜欢喝老酒啊，妈妈说，这老酒，可以活血，减轻你一天的疲惫，听到这话的我，心里满满的惭愧。我多么想自己能马上投身医院去工作，好让你们可以不再那么累，我已经长大了，我一定会好好地学医，好好地对你们。很感谢这次活动，让我深深体会到自己对父母的那份责任感！”

2016 级计算机专业的学生林同学说：

“写完《爱的账本》的那一刻，我真的很有冲动，特别想抱抱父母，对他们说声‘我爱你，女儿很惭愧！’”

2017 级连锁经营管理专业的学生王同学说：

“我昨天写完《爱的账本》，脑子里一直都细数着‘爱的宣言’的内容，我一想到父母会每天给我打电话而我只有在有事的时候才给他们打电话；父母在吃饭的时候都会把好吃的留给我而我一直很傻的认为只是他们‘不爱吃’；父母都会等我回家后再睡而我只有一次次嫌他们唠叨……突然发现自己很不懂事，好像我还是七八岁的孩子一样！”

2016级机电一体化专业的学生祝同学说：

“我当时参加这项活动时，并没有想太多，可是没写一个章节，就逐渐多了一份对父母的歉疚。后来，学校把我的《爱的账本》寄回了家，父母收到我的账本，很惊喜也很感动。平时他们都不是很善于言辞，可在看完我写的信之后，给我打了很长时间的电话。参加完活动，才深深地感受到父母对我的默默付出，不求回报，不计成本，无私奉献！”

2017级护理专业学生方同学说：

“我爸妈在收到我的《爱的账本》之后，第一时间夸学校开展的这项活动很有意义，并鼓励我多参加学校活动，能把在学校的学习、生活多和他们交流，平时我们唱唱跳跳的活动，也就发点照片给他们看，但是这个活动不一样，里面写满了我的心里话和感想，从前不敢说的，通过《爱的账本》通通说了，当父母理解了我的想法之后，感觉自己的心情也舒畅了！”

（二）教师心得

衢州职业技术学院学生处蓝老师说：

“说是账单，其实父母和孩子之间的账，哪能算得清，父母的爱，是一种心血付出，是一种生命的关爱，岂能用数字和钱来衡量，但我们想用这些‘算不清的账’一步步唤醒同学们的感恩之心，让他们由衷地发现和感受到父母对自己的付出。”

衢州职业技术学院医学院程老师说：

“学校已经建立了‘六必谈一联系’制度，这项制度更多的是学校和老师之间的交流，没有学生的参与。现在“以‘孝’为先，感恩父母”——《爱的账本》活动的开展，已经搭建起了学校和家长沟通的桥梁，这份情感的交流，使家长更加信任学校，我们的沟通也变得更加融洽！”

“六必谈一联系”制度

全面了解、掌握学生情况，在处理重点关注人群问题时，能冷静分析判断，采取有效措施。凡出现以下情况的学生，辅导员、班主任必须做到“六必谈一联系”，重点做好与学生的谈心谈话工作，及时与学生家长取得联系。

1. 因家庭经济困难，导致学习、生活无法正常进行者；
2. 产生厌学情绪，学习困难者；
3. 存在心理问题或心理疾病者；
4. 违反校纪校规，受到纪律处分者；
5. 组织（参与）非法集会、在校内从事宗教活动者；
6. 其他辅导员、班主任认为有必要谈心谈话、联系家长者。

（三）家长心得

来自温州的2016级会计3班的林同学家长说：

“这份《爱的账本》与其说是一份账单，不如说是一把呼唤孩子对父母感恩的‘钥匙’。”

来自温州的2016级会计3班的林同学家长说：

“学校的这项活动很用心，我们做家长的对子女的爱不求回报，但是子女能做一名知恩感恩的孩子，作为家长还是很欣慰的。通过《爱的账本》，我看到了孩子的成长，也体会到了老师的用心。”

六、推广经验分享

我校在开展的过程中，积累了比较丰富的经验，具体如图4-3所示。

（一）情感教育是思想政治教育的重要手段。教育过程中有一个不容忽视的显著特点就是教育越来越富有情感性。本项活动的设计以情感需求层次为理论指导，以学生生活体验为导向，注重培养学生的感恩之情，发挥亲情的“先导”作用，找准“和弦”，提高学生对亲情的情绪情感的自我调控能力，帮助学生对自我、父母及两者之间的关系产生积极的情感体验，最终完成整个教育的目的。

（二）家校联动是思想政治教育的重要途径。著名教育家苏霍姆林斯基曾说

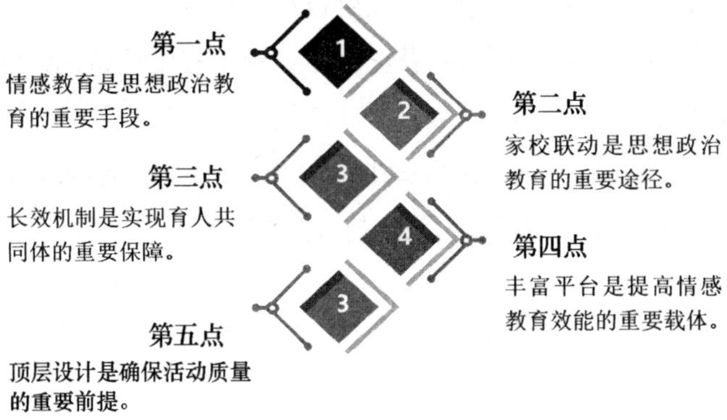

图 4－3　“感恩父母—爱的账本”活动推广经验构架图

过：“教育的效果取决于学校和家庭的教育影响的一致性。”在设计与开展本项活动的过程中，我们丰富了家校联系的内涵，就如何更好地培养学生健全的人格搭建平台，只有这样，才能使这项工作更好地落实，才能使学生在参加本项活动过程中的个人感悟得到更好的回应与发展。

（三）长效机制是构建育人共同体的重要保障。建立长期有效的联系机制，是保障双方进行互动沟通的重要举措和保障。在开展本项活动前期，寄送学生《爱的账本》作品后，因缺乏及时的沟通、联系，没有得到家长有效的反馈，导致信息不对称。在活动开展后期，有了学校“六必谈一联系”制度做保障，重新搭建起了家校互动的桥梁，以活动为载体，提高了家长与老师之间沟通的实效性。

（四）丰富平台是提高情感教育效能的重要载体。我们面对的工作对象，是活生生的学生群体，他们思想丰富，心理丰满，合理的激发学生的积极情感，避免学生的消极情感，对工作对象深入地研究，进一步认识情感教育在德育工作中的功能，是当前应做好的课题。要不断地丰富情感形象、强化情感目标、投入情感教育、搭建情感教育平台、丰富活动内容，努力把情感教育渗透、融入教育的全过程，使其发挥真正的育人作用，促进学生成长成才，更好地提高情感教育的效能。

（五）顶层设计是确保活动质量的重要前提。本项活动是“感恩季”主题教育的子活动，为了达到育人目标，通过情感教育，实现立德树人，就需要做好顶层设计。在活动开展过程中，在顶层设计上还有所欠缺，核心理念与目标都源自顶层，本项活动在落实情感教育目标过程中有错位情况，没有做到统筹规划，没有制定长远目标，所以本项活动持续时间不长，虽然学生的参与度较好，但也没有达到100%，家校的联动性也不够，对学生的教育效果没有制订活动评估及后期整改方案，且活动并没有持续开展。

附件4－1

关于爱在衢职之“感恩季”活动的方案

根据《关于组织开展2017年“感恩季”系列活动》（浙学助〔2017〕6号）的通知要求，经研究，决定开展“爱在衢职”系列活动之“感恩季”活动。具体方案如下：

一、活动宗旨

为了更好地培养受助学生诚信感恩意识和自强自立精神，促进家庭经济困难学生健康成长成才。

二、活动主题（目标）

励志、感恩、责任

三、主办单位

学生处

四、时间，地点

2017年5月—6月（中央大道）

五、参加对象（服务对象及人数）

全体在校生（重点走访家庭经济困难学生）

六、活动内容

（一）以“责”为缰，感恩国家

1. 开展学生资助微电影创作活动；

2. 开展学生资助摄影作品征集活动；

3. 开展国家助学贷款毕业生诚信承诺活动；

4. 开展家庭困难学生社会实践活动典型项目评选；

（二）开展以“孝”为先，感恩亲情——“爱的账本”活动；

（三）开展以“爱”为终，感恩友情——“点赞讲感恩故事”活动；

（四）开展以“敬”为伴，感恩师情——“线上朗读者”活动；

七、具体实施

（一）学生资助微电影创作活动。5月，围绕“助学、筑梦、铸人”主题，在全校范围内面向全体师生征集资助政策圆求学梦想、资助政策助成长成才、优秀学生典型事迹等题材创作公益广告、宣传片和纪录片。作品于6月5日前以二级学院为单位，电子稿发学生处×××。6月15日前，选报优秀作品至省厅进行评选。

（二）学生资助摄影作品征集活动。5月，组织学生资助摄影作品征集活动。围绕“助学、筑梦、铸人”主题，展示学校资助文化建设，受助学生和优秀学生感恩奉献、积极进取的精神风貌。摄影作品可以是老照片，也可以是新照片。以二级学院为单位将摄影作品及相关文字说明，于6月5日前发学生处×××。6月15日前，选报优秀作品至省厅参评。

（三）国家助学贷款毕业生诚信承诺活动。5—6月，毕业生文明离校期间，利用贷款学生毕业确认时机，发放国家助学贷款承诺卡，开展“诚实守信按时还款”承诺活动。

（四）家庭经济困难学生社会实践活动典型项目评选活动。评选活动6月底前开展，活动以志愿者服务为主，重点是为了强化感恩教育、培养学生社会责任感、提高受助学生的素质和能力。6月16日前，学校选送优秀项目上报省厅参评。

（五）“爱的账本”活动。5月中旬，参与学生填写《爱的账本》手册，内容包括：爱的账单、爱的问卷、爱的回顾、爱的宣言、爱的家书，要求表达真实，感情真挚，根据主题内容、语言表达、文章文采评选一等奖、二等奖、三等奖若干名。详见“感恩季”活动现场。

（六）“点赞讲感恩故事”活动。5月中旬，参与学生在微信朋友圈、QQ空间讲述身边温暖、感人的感恩故事，集齐18个赞可领取小礼品一份；或发布活动规则后，在评论区对点赞人感谢曾让你感动的事情，评论达8人即可领取小礼品一份。感恩故事要求真实发生，根据故事的文字表述、感人真挚程度，评选一等奖、二等奖、三等奖若干名。

（七）“线上朗读者”活动。5月中旬，参与学生选取以感恩教师为主题的诗歌、短文或文章节选，对照朗读内容表达对教师的感恩之情，要求录制成5分钟以内的音频参赛。要求表达真实、感情真挚，根据主题内容、语言表达，评选出一、二、三等奖若干名。

八、预期效益

（一）全体学生知晓本项活动开展情况，特别是重点走访家庭经济困难学生，鼓励学生积极参加“感恩季”活动。

（二）通过参加活动，培养学生诚信感恩意识和自强自立精神，促进家庭经济困难学生健康成长成才，使学生获得感恩国家、感恩亲情、感恩友情、感恩师情的情感情绪体验，激发学生的感恩之情，并使其将感恩品质内化于心，外化于行。

（三）各二级学院总结本院以“感恩、励志、成才”为主题的文化建设活动成果，并注意收集活动图片。

温暖在身边

——“天使之爱”品牌志愿服务活动

一、活动设计理念

培养什么样的人、如何培养人以及为谁培养人，是高等教育的根本问题。党的十九大报告明确提出“落实立德树人根本任务”。习近平总书记在全国高校思想政治工作会议上强调：“高校立身之本在于立德树人。要坚持把立德树人作为中心环节，把思想政治工作贯穿教育教学全过程，实现全程育人、全方位育人”。浙江高校在教育教学过程中始终把立德树人作为中心环节，把思想政治工作贯穿高校教育教学的全过程，实现全程育人、全方位育人。高校立德树人工作离不开校园志愿服务文化建设。校园志愿服务文化具有树人功能，对大学生养成良好道德品质具有重要作用。“立德”，需要树立高尚的道德品质。这需要校园志愿服务文化的熏陶，才能够激发学生奉献他人、服务社会的热情。“树人”，需要提高学生的综合素质。这可以通过组织大学生参加志愿服务，激发大学生服务社会的动手能力和创新能力。

我校始终坚持立德树人，将社会实践与志愿服务纳入素质拓展学分中。在此背景下，基于医学院护理专业的优势，依托医学院的品牌天使文化，以培养“五心”天使为基础，增强学生与社会的互动，组建“天使之爱”品牌志愿服务活动，与医院、社区、养老机构等搭建社会志愿实践平台，在以“奉献、友爱、互助、进步”为核心的志愿者精神下，发挥大学生的知识技能，致力于奉献社会。主要目的：一是培养学生感恩、奉献的品质，利用自己的专业技能，发挥专业优势，将所学服务于社会；二是为学生提供实践的平台，提升自身的专业技能；三是学生在奉献自我的同时，通过与社会的互动，提升自身的职业素养。

本项活动的特色主要有：

（一）校企合作，搭建志愿服务平台。在我校现代学徒制的背景下，依托专业优势，与衢州市内医院、社区、养老机构等合作搭建志愿服务平台，根据需求，定期输送学生进行志愿服务活动，建立长效的合作机制。

（二）立足地方，满足社会公共需求。因地制宜，志愿服务活动的开展以衢州市公共需求为导向，深入医院、社区、养老机构等进行调查，准确定位服务对象和内容。同时，根据衢州市内的相关政策活动，开展相对应的志愿服务活动，创新志愿服务的内容和形式。

（三）专业结合，构建实践平台。天使之爱品牌志愿服务活动立足于医学院的专业，凸显自身优势，为学生提供专业实践平台，将专业理论知识和实践相结合，通过实地实践提升学生的专业能力，进而提高学生的就业竞争力。

（四）学生主体，加强社会互动。充分发挥学生的专业技能知识，利用专业优势，奉献社会。加强与社会的交流与沟通，提升学生职业素养。

（五）师生参与，构建互助体系。在社会实践中，教师可以培养自身的品格、品行、品位。不只做传授书本知识的教书匠，而是让学生在各种志愿活动中，感恩社会，反哺社会，形成完整的互助互帮体系。

二、活动方案、工作计划

本项活动依托于“天使之爱”品牌志愿活动，在“奉献、友爱、互助、进步”为核心的志愿者精神指导下，将志愿服务理念与我院的专业特点和品牌文化相结合，与衢州市内医院、社区、养老机构等建立合作关系，根据学生的专业特点进行志愿服务分配。具体方案见图 5 - 1。

（一）进社区

与社区建立合作关系，定时定期组织学生进社区，提供基本的医疗服务，免费为居民测量血压，为社区居民建立健康档案，并进行健康知识的宣传教育。目前合作的社区主要有：兴华社区、荷东街道、银河社区等。

（二）进医院

医学院学生以护理专业为主，利用护理工作的优势，周末组织学生进医院，

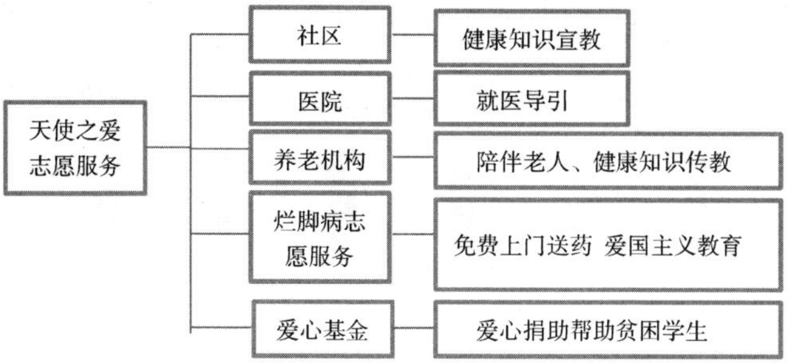

图 5－1　天使之爱志愿服务活动方案结构图

为患者导引，提供相应的医疗服务。目前合作的医院主要有：衢州市中医院、衢州市妇幼保健院、衢州市柯城区人民医院、浙西妇产医院等。

（三）进养老机构

随着社会的日益老龄化，养老护理服务成为护理工作中的重要工作。我校定期组织养老护理专业学生进养老机构，为老人提供医疗服务和温暖陪伴。目前合作的养老机构有：衢州市敬老院、天颐老人之家等。

（四）烂脚病志愿服务活动

抗战时期，日本发动细菌战，衢州市内目前仍有少数老人身患烂脚病。医学院成立天使之爱烂脚病志愿服务团队，上门为烂脚老人换药，提供服务。

（五）爱心基金

爱心基金的来源为医学院学生，每月 1 元的捐助，为医学院家庭经济特别困难或有突发情况的学生，提供经济帮助。

三、活动成果

（一）数据统计

“天使之爱”温暖在身边活动自 2012 年成立至今，组织开展校内外的志愿服务活动，校内以医学实训室管理、急救技能培训等为主，校外与多家医院、社区、养老机构等建立志愿合作平台，向外输送志愿者，做好医疗护理工作。同时，依托衢州历史文化背景，创新志愿服务内容，如免费上门为烂脚老人送药换药、参加 2016 年和 2018 年衢州马拉松急救志愿者，等等。据不完全统计，医学院每年约有1400人次的志愿服务活动，时长约5500小时，详见图5－2。

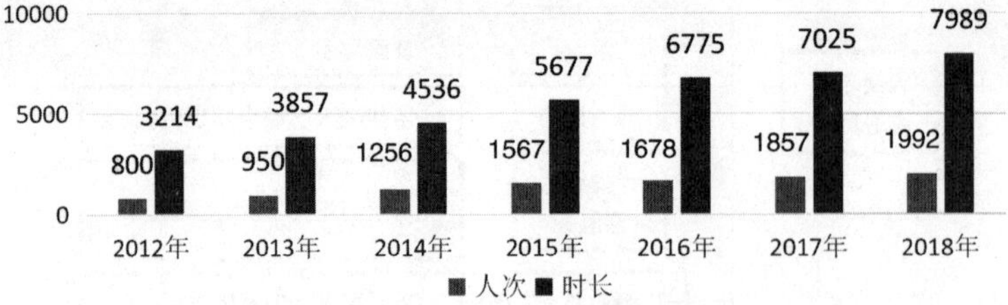

图5－2 医学院2012—2018年志愿服务活动参与人次与时长统计

2015年天使之爱救助烂脚病志愿服务团队共有21名成员，辗转衢江区、柯城区、江山市、龙游县等乡村免费上门为10名衢州市各县城烂脚老人送药、换药。此次换药活动，给学生们留下了深刻的印象，在深知自己专业技能的重要性的同时，更加懂得了微笑和关怀对患者的重要性，事后，天使们以日记的形式将她们的第一次护理进行了记录。

（二）媒体报道

医学院“天使之爱”志愿者服务团队自成立之日起，在“奉献、友爱、互助、进步”为核心的志愿者精神指导下，在天使文化的有力支撑下，一直致力于将自身的专业优势奉献于社会，尽自己的所能为社会献爱心，只要有需要，就有天使们的身影。“天使之爱”志愿团队服务活动，多次被《衢州日报》《衢州晚报》等媒体报道。

四、活动照片

“温暖行动”志愿活动照片集锦

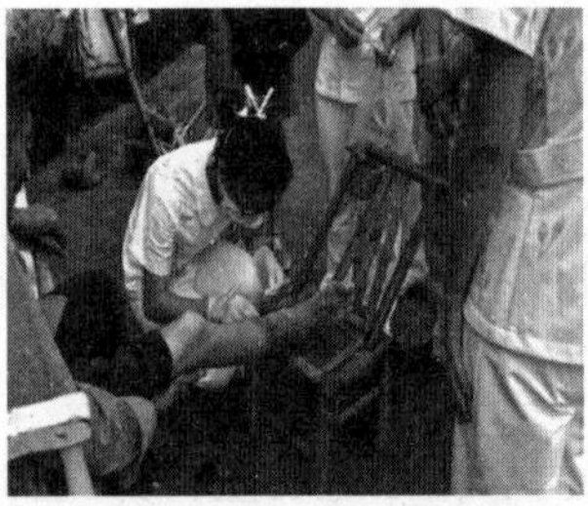

志愿者为烂脚老人杨云祥换药

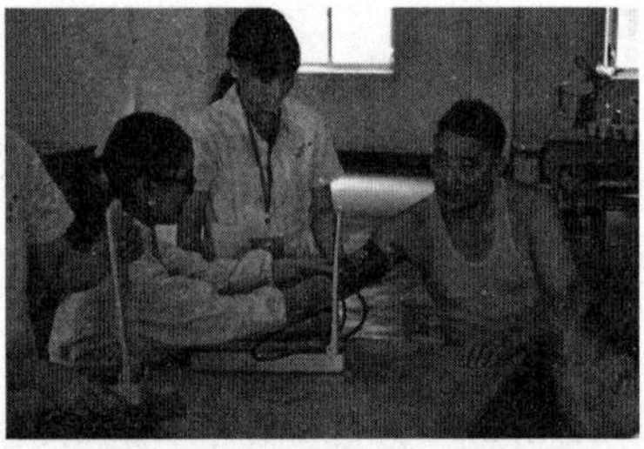

志愿者为养老院老人量血压

2016 年衢州马拉松志愿服务活动

志愿者关爱“烂脚老人”义诊活动

五、师生心得

（一）学生心得

2016 级护理 2 班邵海鸿大学期间参加志愿服务小时数达 262 小时，她说：

“我是一名护理专业的学生，很开心能够将自己的所学用来奉献社会，当给同学们做完急救护理的培训后，成就感油然而生，我想这就是我们医护人员最伟大的地方所在。”

2014 级护理 8 班方雅芯同学在为全旺镇横溪村烂脚老人杨云祥换完药后说：

“我在放假前获悉有烂脚病的志愿服务项目，当时就想参加，这一想法终于在暑假得到了落实。第一站，我们来到了全旺镇横溪村，途中，我脑海里一直重现着在高家镇卫生院学习的点点滴滴，既憧憬又忐忑，憧憬着即将迈出护理生涯的第一步，忐忑着能否用自身所学为老人减轻痛苦。杨云祥老爷爷很热情地欢迎我们的到来，挽起裤腿，看到杨爷爷的伤口时，我十分心痛，之后开始为杨爷爷换药，内心承受着莫大的压力。但是秉承着医护人员救死扶伤的宗旨，我打着一百二十分的精神，在吴伟荣医生的指导下，成功地完成了整个换药过程。看着我为爷爷包扎的伤口，成就感油然而生，很开心能用自己学到的知识为他们带来帮助，减轻他们的痛苦。感谢老爷爷家属对我的信任，使成功地踏出了我护理生涯的第一步。”

2015 级护理 1 班许添文同学参加完 2016 年衢州马拉松医疗志愿服务后说：

“作为一名大二的护理学生，马上就要踏入医院实习，很开心能够有一次机会让我们学以致用，当看到运动员们发生问题时，我们第一时间冲上去，做好前期的急救工作，等待急救医生的到来，最终看到运动员安然无恙的时候，我特别开心！我想我自己完全可以胜任我以后的工作，也会因为自己即将成为一名护士而自豪和骄傲!”

（二）教师心得

衢州职业技术学院医学院赵老师说：

“通过‘天使之爱’温暖行动，将专业技能学以致用，学生们在护理技能方面的水平得到了提升。同时，学生们通过与患者的近距离接触，更加体会到了护理工作的内涵，懂得了关爱他人，奉献自己。”

（三）其他人员心得

衢州市细菌战展览馆吴建平会长说：

“首先很感激衢州职业技术学院医学院的学生们，能够免费为老人上门换药送药，看到她们不怯场地为老人们擦洗伤口，最后又娴熟的为老人换上药膏，其间还会亲切的问候老人，像照顾家人一样地照顾老人，我很感谢学生们！相信她们未来会是一名优秀的护士!”

六、推广经验分享

（一）依托校园，打造志愿者基地

作为在校大学生，服务同学、服务学校是学生应尽的义务。医学院护理专业是浙江省优势专业，拥有先进化、系统化的实训基地，便于学生进行护理技能训练。在此背景下，一方面给学生提供在实训基地熟悉场地、器械的机会，一方面为了便于实训室的管理，组织学生成立实践部门。同时，依托学生社团，成立校“红十字会”社团，发挥我院学生的专业优势，为在校学生讲解、培训护理急救技能。

（二）走进医院、养老机构、社区，共建志愿者基地

走访衢州市内各家医院、老年机构、社区等地，深入调研。根据需求，依

托我院的专业特点，进行志愿者的输送。大学生走进医院、养老机构、社区，共建志愿者基地，一方面能够使医院、养老机构、社区的服务更加完善；另一方面，可以为社区居民、老年人、患者提供基本的医疗健康服务，也可以提升我院学生的职业能力，达到双赢的局面。

（三）因材施教，专业化志愿服务

志愿服务活动旨在弘扬“奉献、友爱、互助、进步”的志愿者精神，是大学生实现自我价值、社会价值的有效途径。因材施教，发挥专业优势，使学生将自己的所学用于服务社会、奉献社会，在培养自己感恩、奉献品质的同时，达到提升自身的专业技能的目的。

（四）因地制宜，服务衢州地方

作为高职院校，我校以培养具备爱与关怀的匠心型人才为目标，将“俯身贴地，提升能力，服务于衢州地方经济”作为办学指南。而护理专业的学生，未来的医护人员，以救死扶伤为己任，对爱与关怀的品质要求更高，需要具备爱心、细心、耐心、责任心、同理心。而作为学生们第一次临床护理的对象——经受多年烂脚折磨的老人，需要更多的爱与关怀。这一活动在实践的过程中，能够引发学生对护理工作内涵的思考。

（五）存在的问题和突破策略

“天使之爱”志愿服务活动在开展中主要存在以下问题：一是志愿服务内容比较单一，缺乏创新。比如在社区内开展志愿服务活动，只有量血压、普及知识等内容比较单一，并且由于学生和社区管理人员存在时间上的差异性，很难有效地开展实质性的服务内容；二是志愿服务团队缺乏规范管理，缺乏规范的组织机构和保障制度；三是志愿者的培训制度还不够完善，培训主要包括志愿精神与专业素养两方面，“志愿精神是一种自愿的、不计报酬的，参与推动社会进步、促进人类自身全面发展的社会公益精神”，而在专业培训方面，由于专业教师的参与度不够，在指导方面有所欠缺；四是个别志愿活动缺乏持续性，如救助烂脚病志愿服务活动只在2015年取得了成效，之后的活动开展大多以参观细菌战展览馆和清明节义诊志愿等为主，并未长久地为烂脚老人上门送药、换药，给予其爱与关怀。

接下来的突破策略：一是深化校内志愿服务团队的管理，主抓学生干部队伍和社团管理，形成老师—学生干部—志愿者的三级网络管理制度；二是深入挖掘和衢州市内医院、老年机构、社区的合作，创新活动形式，开展有实效性的服务内容；三是注重对志愿者的培训，强化志愿精神培训，使学生们能够真正理解志愿者精神，同时加强专业志愿的培训；四是加大宣传力度，创造具有深度品牌性的志愿服务项目；五是注重传承，由于我院学生的人才培养方案为“2+1”，即校内两年，校外一年实习，时间较短，更要注重学生与学生之间的传承。

附件5-1

关于开展天使之爱——救助烂脚病志愿服务的活动

柯城区人民医院万少华团队为“烂脚病”患者服务的事迹感动着我们，为了培养有道德、有担当、社会责任感强的医护人员，提升其爱与关怀的品质，我院在医学院护理专业学生中组建了“天使之爱——救助烂脚病志愿服务团队”，爱心接力，抚慰受害老人群体。具体事项如下：

一、活动宗旨

为了响应“奉献、友爱、互助、进步”的志愿者精神，在奉献自我的同时，服务于社会，提升护理专业学生职业能力和职业素养，践行学校培养具备爱与关怀的匠心型人才的目标。

二、活动主题

关爱烂脚老人，实现自我

三、办理单位

主办单位：医学院

承办单位：医学院分团委学生会

四、时间，地点

2015年6月—9月衢州市烂脚病人家中

五、参加对象，服务人数

2013、2014级医学院护理专业学生

六、活动内容

（一）活动宣传，团队成员招募。以两种形式开展宣传，首先组织护理专业学生到衢州市细菌战展览馆进行参观，将细菌战的历史背景和现存的烂脚老人现状以鲜活的形象在学生心中留下痕迹，之后邀请我院优秀毕业生祝黎昕——万少华团队成员来校交流。

（二）组织观摩学习。组织学生观摩高家镇卫生院张医生为烂脚老人换药的现场，张医生对学生提出的问题进行解答，并进行指导。

（三）活动开展。以便利性为原则，将团队成员进行分组，以小组的形式前往各县市为烂脚老人上门送药换药。

七、预期效益

一是增强学生与社会的互动，增强学生的社会责任感；二是通过志愿实践，提升学生的职业能力和职业素养。

附件 5－2

天使之爱——救助烂脚病团队成员护理日记

20 世纪 40 年代，抗战时期，日军先后在衢州地区发动了 3 次细菌战，造成大量平民死亡。统计显示，1940 年至 1948 年，衢州地区累计染鼠疫发病 30 余万人，死亡 4 万余人，浙江地区死于日军细菌战的人数超过 6 万。如今 70 余年过去，当年大部分的受害者已经逝去，但整个衢州地区仍有 200 多名“烂脚病人”备受折磨。2009 年 3 月，浙江省民政厅在衢州市柯城区对“日军细菌战烂脚病”患者实施医疗救助，时任医务科科长的万少华医师率先组建了一支“细菌战烂脚病”医疗救助小组，利用节假日休息时间，克服困难，风雨无阻，义务上门为辖区内 39 名在细菌战中患上“烂脚病”的老人治疗，在减轻老人身体伤痛的同时，给他们送上了亲人般的关爱和抚慰。

在此背景下，基于我院的护理专业的优势，依托医学院的品牌天使文化，以培养“五心”天使为基础，为增强学生与社会的互动，我院组建了“天使之爱——救助烂脚病”志愿服务队，由护理专业在校生免费上门为烂脚老人换药送药，并送上关爱。

小天使主要由 2014 级护理科 1 班的同学组成，她们都是在读的大一学生，目前正在柯城区人民医院见习，利用闲暇时间上门为老人送药、换药。在高家镇卫生院学习之后，她们克服了自身对创口的恐惧，带着天使般的关爱，穿上护士服、带上头花，不畏艰辛地踏上了为“烂脚病”老人送药、换药的旅程。

方雅芯、邱书文、缪婧为杨云祥换药

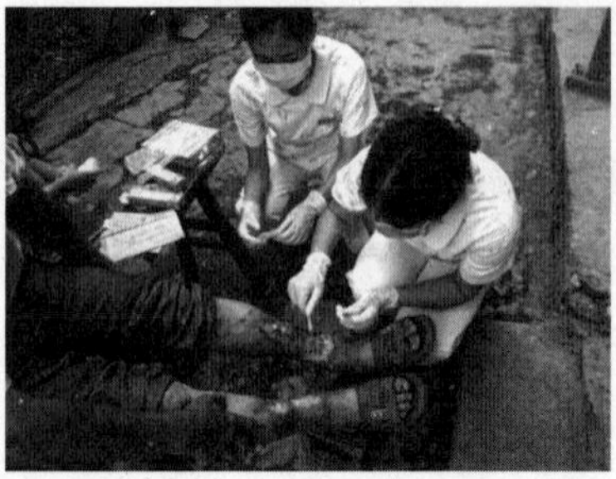

徐倩倩、柯嘉琦为戚光正换药

汪华洋、方雅芯为姚娜倪换药

陈琛妮、张葳、周琦为邱炎珠换药

第一次看见烂脚的老人心里感觉特别难受，我很怕自己操作不好弄痛了他们。在学习了一段时间的上药包扎之后我去了樟谭为一位老人上药。当他挽起裤脚，历史的一幕幕让我们震撼，我很细心地帮他清理伤口并换药。听着老人说起几十年来的烂脚之痛和辛苦的生活，突然觉得他们也是那么伟大！我希望能尽自己的一份力量让老人的晚年不再受病痛之苦。以后作为一名护士可以在帮助他人同时也丰富自己的实践知识。希望天使之爱团队可以一直延续下去！

——2015－08－22 徐倩倩、柯嘉琦

当我们的双手触摸着一个个触目惊心的伤口，我们能做的仅有用药物治疗疼痛，用所学的知识来抚平他们受伤的心灵。岁月无常，愿老人们喜乐平安。

——2015－08－23 汪华洋、方雅芯

这次我们去的是石室乡大塘底村的一个奶奶家，电话里头奶奶就不停地感谢我们，第一眼看到奶奶的时候就觉得心里边儿酸楚，奶奶驼着背撑着伞站在村路口等我们，回到家中，破旧的房子让我想到了我的外婆，酸溜溜的。奶奶热情地给我们倒茶喝，嘴里边不停地说着感谢的话。奶奶的伤口不是很严重，没有创面，但是从奶奶的话中可以体会到痒起来恨不得把肉割掉的那种心情，平时痒起来只好弄点花露水或者牙膏止痒。我们一边帮奶奶擦药一边教奶奶怎么用药，奶奶也跟我们分享了战争时期的经历，我们了解到奶奶的腰不好，脊椎歪了所以导致驼背和腰痛，现在想走几步去串个门都吃不消。看到奶奶这样子我最大的心愿就是希望她健康开心。她的老伴已早早地过世，希望我们能让她觉得不孤单。她年少时吃的苦希望现在弥补还来得及。

——2015 -08 -23 陈琛妮、张葳、周琦

今天来到江山市上余镇敬老院，为那里的毛水达爷爷送药、换药，刚到敬老院的时候毛爷爷就在那里等我们了，爷爷很热情地握住我们的手，虽然不会说普通话，但是我们能感受到他的激动。给爷爷涂药的时候，爷爷脸上一直带着微笑，听其他爷爷说毛爷爷是孤寡老人，五岁就有了烂脚病，到现在都七十几年了，六岁时他的爸爸就去世了，没有子女，我们都很心疼他，能为毛爷爷换药我感到很荣幸，很自豪，希望能减少爷爷的痛苦，我期待下次再去给爷爷换药。

——2015 -08 -24 童晓玥、郑施铭

附件5 -3

关于开展天使之爱——医学院周末社区志愿服务的活动

由衢职医学院开展的周末社区志愿服务，召集学生走进社区，为社区老人提供测量血压、宣教健康知识、通知衢州老人参加一年一度免费体检等服务。具体事项如下：

一、活动宗旨

让学生学会“奉献、关爱、互助、进步”的青年志愿者精神，带着真诚的心进社区，让衢州的老人感受到满满的关怀与爱，锻炼同学们的社会实践能力，

加强学生与社会的交流。

二、活动主题

周末社区志愿服务 让衢州的老人感受温暖

三、办理单位

主办单位：医学院

承办单位：医学院分团委学生会

四、时间，地点

2019年6月1日星期六上午8：00

衢州市海纳社会组织服务工作室

五、参加对象，服务人数

医学院在校学生20人

六、活动内容

1. 8：00前所有参与学生南大门集合后一同前往海纳社会组织服务工作室

2. 8：30—11：00前往社区为老年人测量血压和普及相关的健康知识

3. 13：00—15：00前往社区通知老年人参加体检和填写相关资料

4. 15：10合影、活动结束

七、要求

1. 穿戴整洁，学生要求统一携带护士服

2. 按时参加，不得迟到、早退、无故缺席

3. 活动过程中注意保持良好的衢职医学院学生形象

附件5-4

关于开展天使之爱
——师生党员探望天颐老人之家志愿服务的活动

李嘉诚基金会“人间有情”全国宁养医疗服务计划，是由李嘉诚基金会捐资设立的免费为贫困晚期癌症患者老人提供镇痛治疗、护理指导、心理辅导、生命伦理、善终关怀等方面家居服务的医疗慈善项目。活动安排具体事项如下：

一、活动宗旨

让学生学会用爱和奉献编织一个温暖的世界，用最真诚的问候和最贴切的关怀让晚期癌症患者老人安享生命的尊严，让学生学会把握现在，放眼未来，多为他人着想，心存希望。

二、活动主题（目标）

关爱天颐老人，感受生命真谛

三、办理单位

主办单位：医学院

承办单位：医学院分团委学生会

四、时间，地点

2018 年 7 月 1 日星期日上午 9：30

衢州市天颐老人之家休养楼 7 楼多功能厅

五、参加对象，服务人数

医学院教师党员 40 人、2016 级预备党员 14 人

六、活动内容

1. 9：30 以前所有参与教师、学生自行前往天颐养老院大厅集合
2. 9：30—10：30 与老年人一起制作夏季驱蚊包
3. 10：30—11：00 支部书记带领部分教师、学生到病房分发驱蚊包
4. 1：00 宣誓、支部书记为学生佩戴党徽
5. 11：20 合影、活动结束

七、要求

1. 佩戴党徽、穿戴整洁，学生要求统一着护士服
2. 按时参加，不得迟到、早退、无故缺席
3. 活动过程中注意保持党员形象

成长与感恩相伴　梦想与责任同行

——新青年感恩文化教育活动

一、活动设计理念

古语云“滴水之恩当涌泉相报”，《弟子规》中也有“恩欲报，怨欲忘，报怨短，报恩长”的古训。学者林清玄说过“无论面对顺境还是逆境都要心存感恩”。2014 年 5 月 4 日习近平总书记在北京大学师生座谈会上指出“广大青年要树立和培育社会主义核心价值观，要加强道德修养，注重道德实践，要学会感恩”。

习近平总书记在十九大报告中指出“青年兴则国家兴，青年强则国家强”。《中共中央、国务院关于进一步加强和改进大学生思想政治教育的意见》提出“加强和改进大学生思想政治教育，要以理想信念教育为核心，以爱国主义教育为重点，以思想道德建设为基础，以大学生全面发展为目标”。校园作为人口众多的青年聚居地，通过感恩教育，可以让青年一代从中学习优秀的传统文化和良好的道德品质，从而影响青年的行为，在潜移默化之中影响青年的思想，激发青年们心中的梦想，让其有归属感和荣誉感，同时认识到青年一代身上的历史使命。

浙江省省委书记车俊在浙江省纪念建团 95 周年主题团日活动上勉励全省广大青年要常修德，用实际行动引领社会风尚，自觉树立和践行社会主义核心价值观，从一开始就扣好人生的扣子，以感恩立心，以诚信立身，努力为这个伟大时代注入青春的气质。2018 年 9 月颁布实施的二十条《衢州有礼市民公约》，字里行间要求衢州市民要有感恩和责任之心，做一名文明有礼的衢州人。

鲁迅曾说过：“教育是要立人。”《易经》中也有言：“君子以顺德，积小以高达。”表明教育的本质和目的在于“立德树人”。感恩是大学生立德树人的基本要求，不仅可以提高大学生综合素质，同时还可以提升大学生的道德修养和人格魅力。对大学生开展感恩教育，让青年一代懂得感恩父母、感恩老师、感恩社会，青年一代才能更好地走好以后的人生道路，才能为实现祖国“两个一百年”目标而奋斗，才能真正成为中华民族伟大复兴中国梦的主力军。

在衢州职业技术学院“尚德弘毅，知行合一”校训及“立德树人”教育理念的指引下，机电工程学院开展“新青年感恩文化”系列活动。以学习感动中国十大人物先进事迹为引线，结合“3·5学雷锋”活动和五四青年节活动，通过应用渗透教育、建设校园的感恩环境、开展感恩实践活动、打造感恩先进示范平台以及发挥教师感染作用等感恩教育系列活动来提升机电新青年的感恩意识，营造优良感恩氛围，使其在身体力行中切实感受感恩的力量，同时加强朋辈示范作用，让机电新青年懂得去感恩父母、感恩老师、感恩社会。通过感恩系列教育活动让青年一代进一步弘扬民族精神、加强思想道德修养、确立远大理想、强化责任意识、追求工匠精神。

感恩文化教育系列活动的主要特色有5个方面，架构图为图6-1。

图6-1　新青年感恩文化系列活动的主要特色架构图

（一）应用渗透教育，提升感恩意识

感恩教育，重在让大学生擦亮自己发现美和善的眼睛，坚持将渗透教育应用于感恩文化教育中。机电新青年感恩文化教育的过程是潜移默化、循序渐进的，它摒弃了传统灌输式教育的模式，不仅仅局限于理论教育，更有实际生活中的事例，让学生们更加容易接受。《感动中国》作为中国人的“年度精神史诗”，生动地表达了社会主义核心价值观，感动中国人物的事迹带给学生的不仅仅是感动，更是心灵的震撼，通过向感动中国人物看齐，可以充分汲取他们身上的正能量，从而转化为自己的感恩情感，内化于心，外化于行。同时结合雷锋事迹及五四精神开展主题班会、主题演讲比赛，让全体师生知恩感恩。

（二）注重感恩环境，营造感恩氛围

校园文化对于一个学校来说至关重要，优质的校园文化可以为学生营造一个积极向上的学习生活环境，对于学生的成长以及人生观价值观的塑造有着举足轻重的作用。对《感动中国》十大人物、雷锋事迹及五四精神进行学习，结合多种形式展开宣传活动可以营造优良感恩氛围。主要的宣传方式有宣传栏、黑板报、微信公众号推送、主题班会等。

（三）坚持实践活动，感受感恩力量

实践出真知，只有实践才能把理论学习的知识进一步深化理解、消化吸收。把学校的思想政治教育和关于感恩的一系列社会实践有机结合起来，将有利于提升大学生主动接受思想政治教育的积极性和主观能动性，变被动接受为主动获取。每年根据当年时下热点，贴近青年学生实际开展形式多样的感恩公益活动。如2014年的主要活动：一是《雷锋日记》字体临摹，学习雷锋精神，升华思想境界；二是让爱飞翔，托起明天的太阳——与常山芳村镇河边山村结对子活动；三是机电新青年助力衢州市新农村“五水共治”活动；四是新青年献血活动；五是坊门街社区便民公益活动；六是美丽校园公益活动；七是衢州市公共自行车清洁保养公益活动等。

（四）打造示范平台，加强朋辈示范

通过寻找身边的感动人物，评选“学习之星”“自强之星”“职业规划之星”“奉献之星”“公益之星”。积极发挥学生朋辈先进典型示范作用，让全体师生进一步理解感恩文化，让感恩与爱的种子深深扎根于衢州职业技术学院的校园。

（五）发挥教师感染作用，激发感恩情怀

习近平总书记说：“教师要做学生锤炼品格的引路人，做学生学习知识的引路人，做学生创新思维的引路人，做学生奉献祖国的引路人。”教师要做好引路人这一角色，不仅要把书教好，更要用自己的实际行动去感染学生，树立榜样。感恩文化系列活动通过“关爱学生之星”“忠诚事业之星”“我最喜爱的老师”等评选活动，增强了教师的影响力与感染力。

二、活动方案、工作计划

新青年感恩文化，是机电新青年文化的重要组成内容。机电新青年的价值观是“感恩、责任、诚信”，机电工程学院的广大学子牢牢地以机电新青年的标准要求自己，以“热爱生活、勇于担当、敢于创新、感恩社会”为人生指导。机电学院的每一项活动都紧紧围绕该目标，无论是机电新青年文化的提炼，还是育人氛围的营造，其出发点和归宿都是为了培养优秀的人才，从而为机电新青年的奔跑增添生机与活力。

新青年感恩文化以央视的《感动中国》年度人物事迹学习为引线，结合“3·5学雷锋”活动，并与当年身边的正能量人物事迹如“最美教师”学习相结合，在五四青年节围绕弘扬五四精神达到一个学习高潮。以接地气、贴合实际的方式，学习这些感动人物的事迹和精神，让学生受感染，激发学生的爱国热情，提高学生的国家归属感和民族责任感。让他们通过内化于心的学习，外化于行的行动，脚踏实地，努力学好专业知识和技能，以实际行动自觉担任历史所赋予的使命，感恩我们的祖国，感恩自己的父母和老师。

活动方案由三个部分组成，架构图为图6－2。

（一）内化于心的学习——“奔跑吧，机电新青年”系列活动

第一阶段：宣传发动。通过海报、展板、班级黑板报、公寓文化墙、微信公众号等形式让学生对感动中国年度人物事迹有所了解，营造氛围。组织本学院全体在校学生观看《感动中国年度人物颁奖晚会》和系列影片，学习先进事迹，激发爱国热情，树立理想目标。活动时间在3月初。

第二阶段：开展班级主题班会。在第一阶段之后各班级认真筹备排练班级主题班会，通过开展主题班会的形式让全院师生深入学习感动人物精神，找差距，摆问题，进一步提升思想境界。主题班会统一开展并进行打分评比，要求班会内容具体而不空洞，生生互动，气氛热烈，班会能深入学生内心，达到教

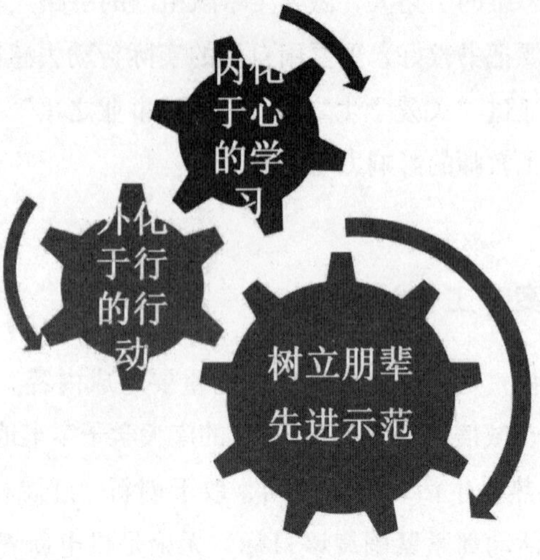

图 6－2 新青年感恩文化活动方案架构图

育全班学生的目的，富有实效。这个阶段二级学院领导、教师会被邀请参与到班会评比中去。活动时间在 3 月中下旬。

第三阶段：主题演讲，思想升华阶段。活动时间在 4 月中下旬 5 月初。在第二阶段之后，要求每位学生认真撰写学习心得体会，班级组织评选，并选派 4—5 名同学参加主题演讲，演讲者要求以积极向上的风貌、争当时代先锋的精神进行演讲。二级学院经过初选、复选，最后将选出十余名学生参加最后的主题演讲。这个过程是学生思想学习的高潮阶段，往往历时 1 个多月，学生思想受到深刻洗礼。

第四阶段："奔跑吧，机电新青年"——毕业典礼。活动时间在 5 月底 6 月初毕业生离校之际。

新青年感恩文化融入每一届学生的毕业典礼"毕业季 · 感恩"中，毕业生们以寝室为代表，写下自己的感恩语录。感恩老师和家长，毕业生代表分别向老师和家长献上鲜花，同时同学们给自己的中小学老师打电话慰问，表达感谢之意，给没来参加毕业典礼的父母打电话感谢养育之恩。通过这项活动让毕业生们感恩我们伟大的祖国，也以此激励他们为实现自己的梦想而努力奋斗。

（二）外化于行的行动——"因为公益，所以美丽"系列活动

根据第一部分层层递进内化于心的学习，找差距摆问题，让学生内心深处

找到感恩之源，并且丰富它，以自己的实际行动开展外化于行的感恩行动。每年根据当年热点，贴近青年学生实际，开展形式多样的感恩公益活动。

比如2014年机电新青年开展了“怀梦于心，责任于行”系列志愿服务活动，囊括了“低碳出行我倡议宣传活动”“五水共治——衢城水质调研”“有心、有爱、有我们——坊门街社区空巢老人对接帮扶”“青春护航——常山县芳村镇留守儿童爱心募捐”“文化传承——衢州杨继洲针灸非物质文化遗产宣讲”“坊门街社区便民公益活动”“新青年献血活动”“美丽校园公益活动”“衢州市公共自行车清洁保养公益”等多项活动。学生走进社区，走进农村，用知识和爱心热情服务需要帮助的群众，在服务他人、奉献社会中收获成长和进步。

（三）树立朋辈先进示范——总结表彰

经过第一部分内化于心的学习和第二部分外化于行的感恩行动之后，进入到第三部分，总结表彰活动。

1. 评选出机电新青年特色班级。

2. 评选出学生榜样人物：“学习之星”“自强之星”“职业生涯规划之星”“文艺之星”“体育之星”“棋艺之星”“阅读之星”“书法之星”“奉献之星”“公益之星”以及“优秀演讲者”。

3. 评选出教师楷模人物：“关爱学生之星”“忠诚事业之星”“我最喜爱的老师”。

三、活动成果

机电新青年感恩文化以学习感动中国十大人物先进事迹为引线，结合“3·5学雷锋”活动和五四青年节活动，开展的内化于心、外化于行的系列活动。使新青年感恩文化深入人心，得到了全校师生的高度评价。活动取得的效果有以下四个方面，如图6-3。

（一）师生思想得到感恩文化洗礼

新青年感恩文化以《感动中国》为引子，结合“3·5学雷锋”活动和五四青年节活动，引导学生深入思考当代青年的责任、担当和使命。将五四精神、雷锋精神和这个时代感动中国的力量相结合，提炼出他们共同的本质和内涵。多年来，通过一系列内化于心的学习和外化于行的行动，加强了学生的思想道

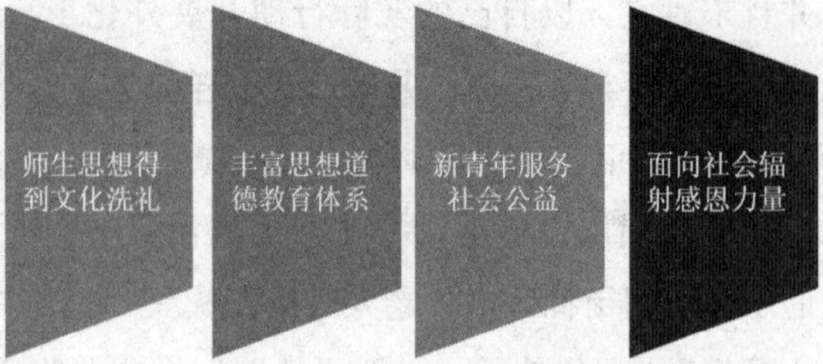

图6-3 新青年感恩文化活动成果

德建设，培养了学生的责任、感恩、爱国、理想信念等，提升了学生的精神文明素质，让学生懂得了什么是感恩，如何感恩，并将其转化为实际行动，脚踏实地地学习和工作，加强了院风、学风建设。同时通过十多年活动的开展，新青年感恩文化已深植于每位师生的心中，师生的感恩之情油然而生，并为之自豪。图6-4是2008—2018年机电工程学院寝室内务检查累计优秀寝室数的统计，同学们在感恩文化系列教育的影响下，累计优秀寝室数整体呈上升趋势。

（二）丰富思想道德教育体系

机电新青年感恩文化铺开面广，影响力大。

（1）机电新青年感恩文化多次受到学校主要领导的高度评价，在2014年的“怀梦于心，责任于行”感恩主题活动中，崔戴飞书记特批要求加演两场，请全校师生都来观看、感受机电新青年感恩文化的魅力。

（2）本学院全体领导、教师每年正月十四都要观看学习《感动中国年度人物颁奖晚会》，新青年感恩文化融入每一位教职员工心中，学生学习之前，老师先学习。

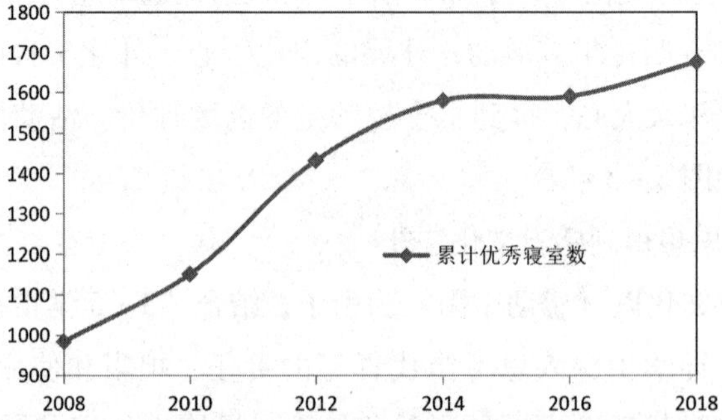

图6-4 累计优秀寝室数

(3) 在主题班会阶段，全体班主任融入班级，与学生共同学习，共同分享感动。机电工程学院领导、老师也被邀请参与班级主题班会，与学生一起分享感恩、爱。

(4) 在主题演讲阶段，机电工程学院全体教职员工都要参与晚会，一起感受新青年感恩文化的魅力。

（三）新青年积极服务社会公益

在机电新青年感恩文化的熏陶下，机电工程学院的师生思想道德得到了进一步的提升，他们积极践行社会主义核心价值观，自觉投身社会公益，用实际行动诠释了机电新青年知恩感恩的情怀。2011 年 5 月 11 日，机电工程学院百余名学生参加“衢州绿色中国林”志愿者活动，为传播绿色理念，弘扬生态文明奉献自己的微薄力量。2011 年“7·23”温州动车追尾事故发生后，2009 级汽车检测 2 班的学生金剑，当时正在温州华南奔驰集团进行暑期社会实践，事故发生后，他立即申请加入集团组织的志愿者团队，“当时就觉得必须做点什么”，他说。他的任务是帮助接送医院的心理辅导师，同时，遇到遇难者家属鼓励他们要坚强。与他们朝夕相伴，伸出自己的双手，去帮助需要帮助的人。2012 级汽车营销专业的学生黄晶晶，也是一名热心公益环保的人，她在老师的帮助下在全校范围内组织了一系列环保公益活动，为“五水共治”贡献了自己的力量。她的事迹被《衢州日报》报道，题目为《我爱公益环保》。

新青年义务扫雪、寒冬送暖——美化校园活动；新青年组成志愿者为外省学生通宵排队买火车票的暖心义举；新青年给征兵入伍学生送行，家长送来锦旗向学校表示感谢；新青年助力衢州市“五水共治”，更好地保护了衢州市的水资源；新青年走进社区，服务基层，情系社会弱势群体，参与了坊门街社区“三走进三服务”义卖活动，为社区贫困家庭和留守儿童奉献爱心；新青年进农村调研，关爱留守儿童，成立了“新青年爱心基金”，启动了“留守儿童一对一资助计划”，为留守儿童保驾护航；新青年志愿者科普下乡，推进新农村发展；新青年体验农村生活，服务新农村建设，等等。新青年自觉投身社会公益活动的现象层出不穷，这是感恩的力量，也是新青年感恩文化的魅力所在。

新青年感恩文化系列活动开展十多年来，机电新青年在感恩文化的影响下，积极投入校内外的志愿服务当中，图 6－5 是 2008—2018 年机电工程学院累计志愿服务人次统计，图 6－6 是 2008—2018 年机电工程学院累计志愿服务时长统计，同学们在感恩文化的影响下，志愿服务人次和累计志愿服务时长都呈现出增长的趋势。

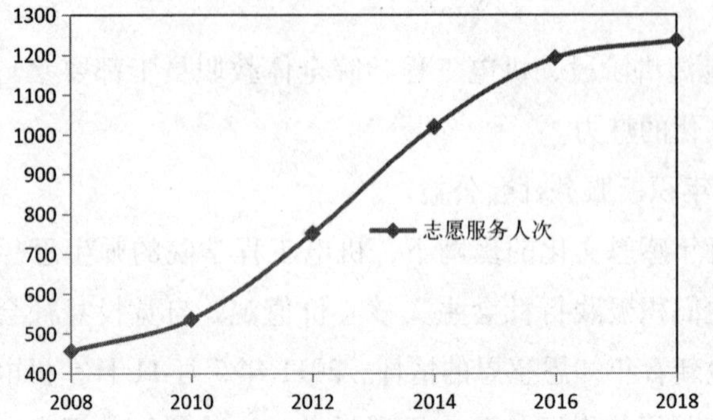

图 6－5　累计志愿服务人次

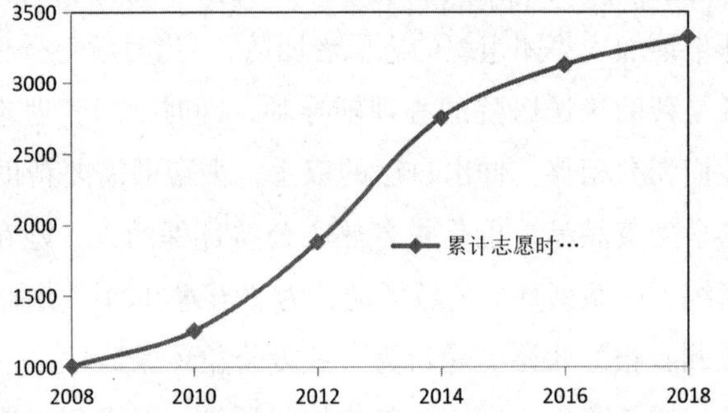

图 6－6　累计志愿服务时长

（四）面向社会辐射感恩力量

机电新青年感恩文化不仅在校园内有广泛的影响力，也受到了《衢州日报》、衢州电视台等媒体的关注与报道。2011 年 6 月 15 日《衢州日报》报道了我院毕业生毕业典礼上感恩父母的动容画面。2014 年 4 月 9 日《衢州日报》报道了题为《机电新青年助力生态家园建设》的文章，机电新青年来到柯城区石梁镇同村卫生保洁员一起清理河道，共建生态家园。2014 年 5 月 5 日《衢州日报》发表了题为《新青年呐喊：怀梦于心，责任于行——衢州职业技术学院主题演讲活动》的文章，报道了感恩文化活动震撼人心的盛况与影响。2014 年 5 月 5 日《衢州日报》发表了题为《我爱公益环保》的文章，报道了 2012 级汽车营销专业的学生黄晶晶热心公益环保事业，为“五水共治”贡献自己的力量这一事件。

四、活动照片

1. 内化于心的学习

组织观看《感动中国年度人物颁奖晚会》

同学们写卡片寄给感恩的人

“培育积极的心理品质，做最精彩的自己”团体辅导活动

校党委书记崔戴飞参加 2010 级汽车营销“感恩于心，责任于行”主题班会

校党委副书记王东升参加“3221”联系班级 2018 级数控 1 班“感恩奋进，超越梦想”主题班会

校党委书记崔戴飞等校领导莅临新青年感恩文化之主题演讲晚会。

2. 外化于行的行动

（1）感恩父母、师长

“感恩·励志”毕业典礼

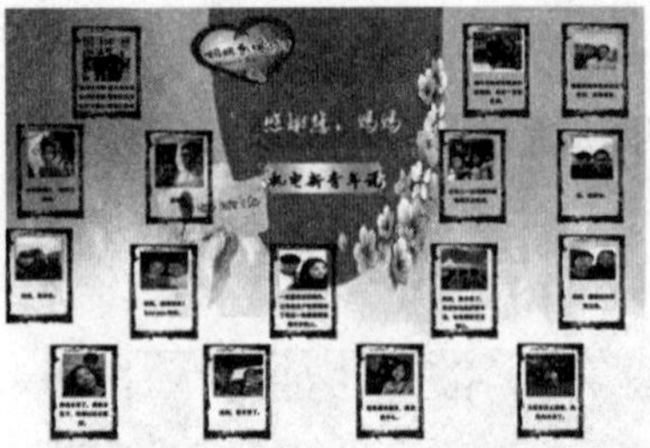

“感谢您，妈妈”——感恩母亲活动

“道一声辛苦，孩儿长大了”

——毕业典礼上感恩父母

“老师，谢谢您”

——毕业典礼上毕业生代表给恩师献花

（2）感恩学校、社会

义务扫雪，寒冬送暖

美丽校园公益活动

坊门街社区便民公益活动

助力衢州市“五水共治”

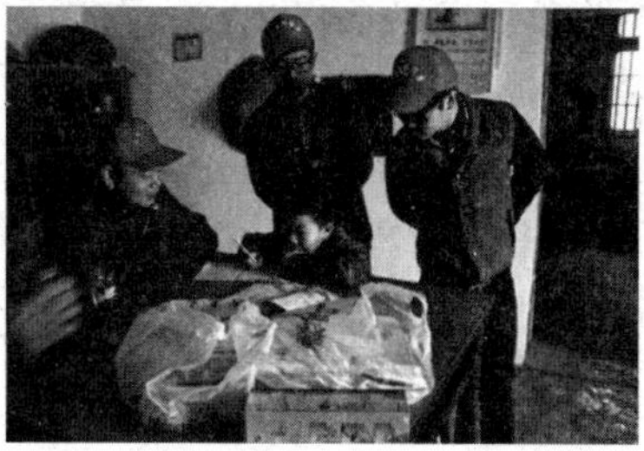

“爱心基金一对一资助计划”——与常山芳村镇河边山村留守儿童结对子活动

参加“衢州绿色中国林”志愿者活动

新青年志愿者小分队

五、师生心得

（一）学生心得

机电工程学院陈同学说：

“我非常骄傲和自豪，作为一名机电新青年，我们的价值观是‘感恩、责任、诚信’。感恩之心应该是我们每一名机电学子都应该有的和学习的，感恩父母的养育之恩、感恩老师教会我们知识和技能、感恩这个时代带给我们的美好。”

经济管理学院黄同学说：

“没想到，一个主题演讲居然可以这样精彩！以前都是在教科书上接触这些历史事件，但这次的活动让我们有得听有得看。在强烈的年代感之下，我们的情绪很容易就被调动起来，不自觉地就投入到历史中去了。”

信息工程学院鲍同学说：

“我很喜欢演讲的最后两个篇章《2008，我们在一起》和《奔跑吧，机电新青年》。历史可以给我们洗礼，但毕竟我们只能重温历史。然而今天、未来，是我们这些新青年的舞台。我们应该以怎样的姿态去担起社会责任，演绎属于我们的时代？对这个问题有所思考，是今天来听演讲最大的收获。”

机电工程学院周同学说：

“感恩是一种美德，是一种态度，是一种情怀。感恩不仅在于心，更在于行。学会感恩，要用自己的行动去践行它。随着感恩文化节，观看感动中国十大人物活动的开展。我们每个人或多或少都对感恩有了自己的心得体会。并且我相信我们会在学习、生活上将自己的点点心得通过自己的实际行动表现出来。我也相信人人怀有感恩之心，懂得感恩他人，感恩老师，感恩那些为学校辛勤付出的人们，那么我们的校园将会变得更加美好。”

机电工程学院齐同学说：

“在学校，有的时候我会觉得很闲，会觉得不知干什么好，好像找不到意义所在，而现在，通过学校组织的观看感动中国年度人物，看着这些感动中国人物和他们的英勇事迹，心情有些澎湃也有些激动，他们的事迹值得我去学习和深思。正是有了他们舍己为人的无私奉献精神，才使我们现在过上了幸福安稳的生活！我觉得有一件事我们可以花大量的精力去做，以后也不会再感到迷茫，那就是去帮助他人，为社会贡献自己的一份力量！”

（二）教师心得

衢州职业技术学院机电工程学院黄老师说：

“少年强则中国强。展望未来，我们需要充实自己，以最饱满的精神去迎接新时代的到来。让机电新青年们行动起来，来打造属于我们每一个人的中国梦！机电新青年一直以来秉承着‘感恩、责任、诚信’的宗旨，常怀一颗感恩之心，机电的每位老师每名学生都应如此。”

衢州职业技术学院经济管理学院蒋老师说：

“机电新青年感恩文化挺不错的，影响力比较大，我感觉好像全校师生都知道的吧！”

（三）家长心得

来自绍兴的2008级汽车营销专业的潘同学家长说：

“我很感动，这次被邀请来参加儿子的毕业典礼，孩子大了，懂事了，我很高兴。你们这个活动很有意义！”

来自开化的2015级汽车检测3班的方同学家长说：

“你们的感恩活动很好，上次他说班主任让每个同学给父母打电话。收到他的电话我很意外的，平时我们联系是联系但是从来没说过‘我爱你’这样的话，上次他给我打电话他说‘妈妈，我想你了，我爱你’，我眼睛里泪水都出来了，很感动。”

六、推广经验分享

新青年感恩文化经过十余年的发展，形成了自己的活动体系与特色，新青年感恩文化的主要经验如图6－7。

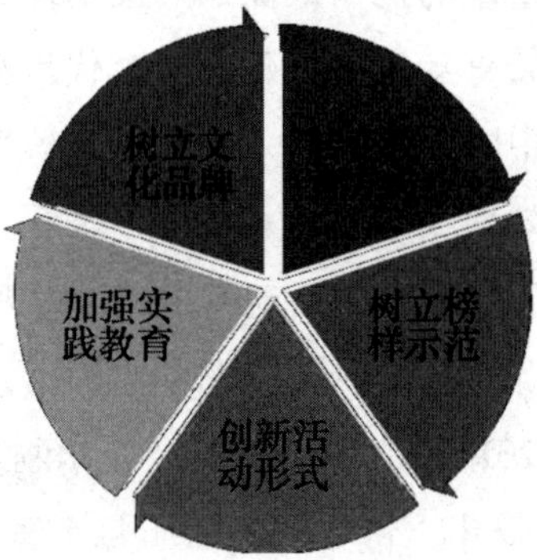

图6－7　新青年感恩文化经验推广

（一）转变感恩教育方式，拓宽思政教育思路

自古以来，我国在德育教育方面都非常重视，但是传统的德育教育目标存在着“高、大、虚”的问题，学生们从小就被要求做道德高尚的人，但是随着时代发展，这脱离了学生生理与心理的实际状况，使德育教育在感召力、凝聚力与内动力等方面都比较缺乏。德育目标应该来源于学生的生活，贴近于学生的实际生活，让学生更加容易实现目标，而不是可望而不可及。

因此，在实行感恩教育的过程中，要让感恩教育在学生的生活中体现出来，要在学生中让知恩感恩的思想理念深入人心，让他们能够以感恩之心去看待事物。要与学生的思想，生活的实际贴近，与学生群体的日常生活、自主生活、学习生活、交往生活、社会生活等紧密相连。将感恩教育内容创造性、多元化地还原于学生的日常生活之中。在实际的工作当中，要积极地探索符合学生心理特点与生理特点的德育方式，使德育生活化，实现于日常生活实践当中。通过感恩教育将德育内容融于现实生活的方式，使学生在自己与他人、制度、学校、社会等之间进行比较、对照和合作，进一步引导学生自我评价、修正、管理与教育，同时将感恩之心铭记于心。

（二）树立榜样示范作用，挖掘感恩教育载体

一直以来，新青年感恩文化的载体就是“中国人的年度精神史诗”——《感动中国》。感动中国年度人物与时代同呼吸，有典型的大学生代表，2005 年度人物洪战辉、2011 年度的“90 后”女大学生孟佩杰；也有近在咫尺的金华救水英雄孟祥斌、托起生命重量的杭州最美妈妈吴菊萍。在中华民族遭受危难之时，感动人物更是辈出，新青年感恩文化契合时代形势，青年学生与祖国共命运，同欢喜。所有的感动中国人物事迹，非常贴近学生，让学生内心世界更易被感动，开展活动更有实效性。

不止于此，新青年感恩文化系列活动开展跨越整整一个学期，从《感动中国》年度人物事迹学习开始，通过 3 月份的学雷锋活动，向当年身边具有正能量的人物事迹学习，如向 2014 年“最美教师”李永刚老师学习。再以“五四精神”拷问学生什么是时代青年，每个时代赋予每个青年不一样的责任和使命，让学生的灵魂深处被触动和感动。要有内化于心的层层学习和反思，有了责任和使命，才会有外化于行的行动，感恩于父母，感恩于师长，感恩这个时代、社会，让感恩的种子深深扎根于衢州职业技术学院的校园，让感恩文化在衢州

职业技术学院的校园内落地开花。

（三）创新活动形式，在寓教于乐中获得成长

新青年感恩文化融入每位师生，开展学生喜闻乐见的活动，收到了事半功倍的效果。2014 年度开展的“怀梦于心，责任于心”融“梦想、责任、感恩”为主题的演讲，12 名学生演讲者经历了初赛、复赛、决赛，从 120 名参赛者中脱颖而出，以慷慨激昂的演讲形式，展现了自 1919 年五四运动到 21 世纪的新青年的追梦旅程。他们用演讲、歌舞，展现青年学子的感悟。现场收到了雷鸣般的掌声。一个半小时的主题演讲，震撼着师生们的心，学生纷纷表示，主题演讲竟然可以这样精彩，完全没想到。以前都是在教科书上接触这些历史事件，但这次的活动让我们有得听有得看，情感被深深触动。还有“‘换位’感恩于师”活动，让学生去备课上课，代替老师上讲台讲课，“换位”体验老师的辛苦，同学们在活动中感受老师的辛苦，学会去理解、尊重、感恩老师。

（四）加强实践教育，感受感恩文化魅力

认识和实践是辩证统一的，应该让师生们充分认识到理论学习与实践都具有很重要的作用。把学校的思想政治教育和关于感恩的一系列社会实践有机结合起来，将更容易激发大学生主动接受思想政治教育的积极性和主动性，变被动接受为主动获取。

（五）树立文化品牌，感恩文化深入人心

机电新青年的价值观是“感恩、责任、诚信”，感恩文化是机电新青年文化品牌的重要组成部分。每名学子从入学开始，就要像感受企业文化一样的被机电新青年感恩文化所洗礼，让感恩文化深深植入学生的精神骨髓，让同学们真正成为一名具备“感恩、责任、诚信”的机电新青年。

附件 6－1

机电工程学院“怀梦于心，责任于行”主题教育活动的通知

在五四青年节来临之际，为弘扬五四精神，学习感动中国 2013 年度十大人物先进事迹，激发当代大学生的爱国热情，加强大学生的爱国意识，提升大学

生的精神文明素质。机电工程学院特组织“怀梦于心，责任于行——弘扬五四精神，学习感动中国2013年度十大人物先进事迹”主题教育活动。现将有关事项通知如下：

一、“奔跑吧，机电新青年”系列活动

第一阶段：宣传发动，组织机电学院全体在校学生观看《感动中国2013年度人物颁奖晚会》，学习先进事迹，激发爱国热情，提升大学生精神文明素质（活动时间：3月2日—3月15日）；

第二阶段：班级主题班会，组织全院师生深入学习感动中国十大人物的精神，找差距，摆问题，结合群众路线，进一步提升思想境界（活动时间：3月18日—4月4日）；

第三阶段：主题演讲，思想升华阶段（活动时间：4月25日）；

第四阶段：“奔跑吧，机电新青年”——2014届学生毕业典礼（活动时间：6月中旬）。

二、“因为公益，所以美丽”系列活动

1.《雷锋日记》字体临摹，学习雷锋精神，升华思想境界（活动时间：3月20日—4月20日）；

2. 让爱飞翔，托起明天的太阳——与常山芳村镇河边山村结对子活动（活动时间：3月31日）；

3. 机电新青年助力衢州市新农村“五水共治”（活动时间：4月12日）；

4. 新青年献血活动（活动时间：4月17日）；

5. 坊门街社区便民公益活动（活动时间：3月4日）；

6. 美丽校园公益活动（活动时间：3月25日—4月25日）；

7. 衢州市公共自行车清洁保养公益活动（活动时间：每周周末）。

三、总结表彰活动

1. 评选机电新青年特色班级。

2. 评选学生系列：“学习之星”“自强之星”“职业生涯规划之星”“文艺之星”“体育之星”“棋艺之星”“阅读之星”“书法之星”“奉献之星”“公益之星”以及“优秀演讲者”。

3. 评选教师系列：“关爱学生之星”“忠诚事业之星”。

附件6－2

“因为公益，所以美丽”
——《雷锋日记》字体临摹活动

一、指导思想

传承雷锋精神，把握爱心接力

二、活动形式

通过临摹《雷锋日记》，在练字的同时进一步深入体味雷锋精神，并在临摹之后将优秀作品予以展示。

三、具体安排

1. 由本学院统一为2013级学生每班购置10本《雷锋日记摘抄硬笔字帖》。

2. 班级学生要求每人一本，数量不够的要求学生自行购置。

3. 各班在班主任、班长的指导下开展活动，利用晚自习时间，临摹《雷锋日记》，要求每天统一安排30—45分钟时间开展临摹活动。

4. 在临摹《雷锋日记》的过程中，能进一步深入学习雷锋精神，以雷锋为榜样，把雷锋精神贯彻于日常生活之中。

5. 临摹活动结束后，班级评选出临摹优胜奖，并在班级中予以展示。

四、活动时间

3月20日—4月20日

五、负责人

各班班主任、班长。学生会学习部督促指导。

机电工程学院
2014年3月2日

附件 6 – 3

机电工程学院 2019 届毕业典礼

不负青春情　追梦新时代

一、时间

2019 年 6 月 5 日上午

二、地点

图书馆一号报告厅

三、参加人员

1. 校领导、机电工程学院领导班子、教师

2. 2019 届毕业生 397 人

四、典礼过程

第一篇章：回忆篇——忆往昔，青葱岁月

1. 预热序幕

视频《和你一起度过的青春韶华》+现场弹唱《栀子花开》《平凡之路》《老男孩》

2. 宣布毕业典礼开始

介绍参加毕业典礼的领导、嘉宾

3. 领导讲话

第二篇章：感恩篇——看今朝，感恩前行

1. 感恩祖国

歌曲：《我的中国心》

2. 班主任朗诵

全体毕业班班主任朗诵《致毕业生》

3. 感恩老师

学生代表给老师献花（背景音乐《感谢你》）

4. 班主任给每一位学生发毕业寄语卡片（背景音乐《祝福你》）

5. 感恩父母

歌曲：《父亲》

第三篇章：送别篇——望未来，前路可期

1. 颁发毕业证书

2. 毕业生代表演唱

歌曲：《奔跑》

3. 主持人祝词离场

歌曲：《我相信》

奉献爱

爱的“童”心圆

——关爱弱势儿童志愿服务行动

一、活动设计理念

目前，我国有8500多万残疾人，每年新增残疾儿童20余万，同时我国还有6000万农村留守儿童。残疾、留守、流动、学困等弱势儿童群体的健康成长关系到社会的和谐发展，是我国民生领域亟待解决的重要问题。党的十八大以来，以习近平同志为核心的党中央心系少年儿童的成长和未来。党的十九大报告指出：“必须多谋民生之利、多解民生之忧，在发展中补齐民生短板、促进社会公平正义，在幼有所育、学有所教、劳有所得、病有所医、老有所养、住有所居、弱有所扶上不断取得新进展。”十九大报告首次增加了“幼有所育”“弱有所扶”两个“有所”，系统地提出了“七有”目标，进一步丰富了保障和改善民生的内涵，更精准、更全面地补齐了民生“短板”。

衢州以打造“一座最有礼的城市”为导向，确立“南孔圣地、衢州有礼”的城市品牌，通过礼促文明，铸就城市品牌之魂，以志愿服务谋民生之利、解民生之忧，加快建设“活力新衢州、美丽大花园”，在“幼有所育”“弱有所扶”上不断取得新进展。

衢州职业技术学院围绕建设温暖之城和打响“南孔圣地、衢州有礼”城市品牌，践行学校培养“身心健康、爱与关怀和尚德弘毅的匠心型人才”的教育目标，组织广大青年学子积极参与志愿服务，以残疾、留守、流动、学困等弱势儿童为帮扶对象，开展爱的“童”心圆——关爱弱势儿童志愿服务行动，助力弱势儿童健康成长。爱的“童”心圆——关爱弱势儿童志愿服务行动，主要有如图 7 - 1 所示三方面特点：

图 7 - 1　爱的“童”心圆　三大特点

（一）“众创众筹”推动“爱的接力”。通过内容丰富、形式多样的青年实践活动，为弱势儿童筹集爱心物资，以“众创众筹”推动“爱的接力”，实现微梦想，点亮微心愿。

（二）“精准帮扶”实现“爱的订制”。开展“分层分类一体化教育”，根据不同儿童群体的需求特点开展“精准帮扶”，为其量身订制特色公益课程，丰富受众儿童的教育资源，帮助其掌握相关知识和技能。

（三）“自我造血”促进“爱的回馈”。注重弱势儿童群体的社会参与与融合，推动受众儿童由“他助”转变成“自助”，由“被动输血”转换成“自我造血”，帮助其依靠自己的力量回馈社会，最终融入社会发展。

二、活动方案和工作计划

爱的“童”心圆——关爱弱势儿童志愿服务行动，以残疾、留守、流动、学困等弱势儿童群体为帮扶对象，分为“童·梦”爱的接力、“童·伴”爱的订制、“童·行”爱的回馈三项特色单元（如图 7 - 2 所示）：

（一）“童·梦”爱的接力。通过开展“爱心义卖”“爱心众创”等青年实践活动，为弱势儿童筹集爱心物资，实现微梦想，点亮微心愿。

（二）“童·伴”爱的订制。通过开展“公益课堂”等爱心助教活动，根据不同儿童群体的需求特点为其订制特色公益课程，丰富受众儿童的教育资源，

图7-2 爱的"童"心圆 特色单元

帮助其在寓教于乐的氛围中掌握相关知识和技能。

（三）"童·行"爱的回馈。通过开展"大手拉小手 青春勇担当"等培育和践行社会主义核心价值观的活动，引导受众儿童坚定理想信念，锤炼优良品格，以积极阳光的心态悦纳自我、融入社会、回馈他人。活动详见附件。

三、活动成果

（一）活动人数逐年增加

活动开展以来，2015—2018 年大学生志愿者人数分别为 246 人、829 人、1284 人、1789 人，呈逐年递增趋势；2015—2018 年受众儿童人数分别为 287 人、993 人、1612 人、1918 人，呈逐年递增趋势。活动参与面和受众面不断提升（见图 7-3）。

（二）社会影响

活动分别被《中国人口报》、中国共青团网、中国青年网、《浙江教育报》、浙江新闻、《衢州日报》等媒体报道 60 余次（见图 7-4、图 7-5），衢州职业技术学院获得全国计划生育协会企事业先进单位、中国青年志愿服务项目大赛银奖、浙江省志愿服务项目大赛银奖、浙江省"红十字奉献服务奖"、浙江省大学生暑期社会实践优秀组织奖、衢州市文明创建志愿服务工作先进单位、衢州市"志愿者服务加油站"等多项荣誉，形成了良好的社会影响力。

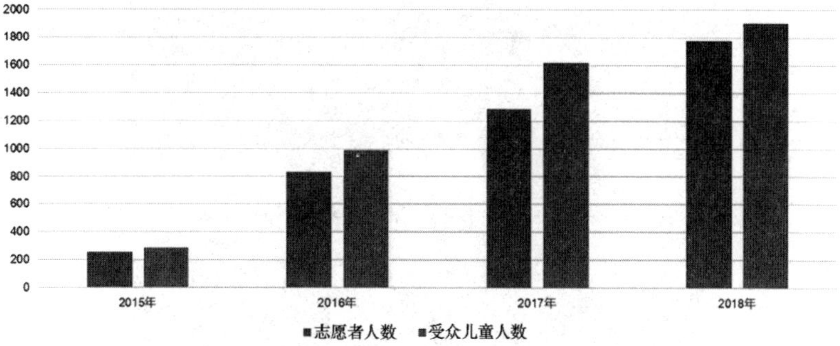

图 7－3　2015—2018 年活动人数对比图

youth.cn 首页 >> 青视讯 >> 校园电视台 >> 正文

"橙色同伴课堂"，助残障青少年健康成长

发稿时间：2019-03-05 19:19:00　　来源：中国青年网　　中国青年网

中国青年网衢州3月5日电（通讯员 徐天 欧阳洪萍）2019全国"学雷锋"日到来之际，由衢州职业技术学院和衢州市特殊教育学校共建的"橙色同伴课堂"大学体验日活动如期而至。

30名特教的学生在大学生志愿者的陪伴下，零距离感受大学生活，参观体验职业教育和社团风采。2015年，在衢报传媒集团、共青团、计生协等多家部门的支持帮助下，衢州职业技术学院和衢州市特殊教育学校共建了"橙色同伴课堂"。该项目采用"同伴教育"的方式，通过朋辈互助、社团共建、大学体验、健康教育、提前社会化训练等特色课程单元，促进残障青少年健康成长，适应社会需要。项目开展4年来，两校学子在"平等、尊重"的基础上"同伴、互助"，衢州职业技术学院获得全国计划生育协会企事业先进单位、中国青年志愿服务项目大赛银奖、浙江省志愿服务项目大赛银奖等多项荣誉。

图 7－4　2019 年 3 月 5 日中国青年网报道

中国人口报

CHINA POPULATION NEWS

2016年6月2日 星期四 农历丙申年四月廿七

来一场"走心"的青春对话

近日，浙江省衢州职业技术学院青春健康同伴社的大学生志愿者走进衢州市特殊教育学校，为9年级同学开展了一场"走心"的同伴教育。

在衢州职业技术学院团委老师的指导下，青春健康同伴社的小伙伴们精心编排了一套适合聋哑孩子参与的同伴教育方案。活动当天，聋哑学生与大学生志愿者们结伴而坐，开展了"破冰游戏"、"走出心灵孤岛"、"我的理想型"、"我的生命线"、"青春健康知识趣味问答"、"野火游戏"等一系列体验式互动。在轻松愉悦的氛围中，大家共同探讨成长中遇到的困惑和挑战。活动最后，现场所有小伙伴相互拥抱，并在彩纸上写下了十年后的梦想。

今年3月，衢州职业技术学院和衢州市特殊教育学校开展了青春健康教育对接互助，大学生志愿者们主动学习手语，通过大学生才艺展示、邀请聋哑学生体验大学校园等丰富多彩的活动，渐渐走进了聋哑学生的内心。青春健康同伴社社长[illegible]说，"这些聋哑孩子内心非常单纯和善良，同时也很胆小和脆弱，[illegible]通过同伴教育的方式，帮助聋哑孩子掌握必要的生活技能，勇敢面对成长中的困惑和挑战。现在，他们经常和我分享内心的小秘密，我也特别愿意帮助他们排忧解难。"

一直以来，衢州职业技术学院青春健康同伴社以"青春路上，阳光同行"为宗旨，先后开展同伴教育进社区、进校园等活动30余场，并多次承办衢州市大型青春健康教育活动，为青少年健康成长保驾护航。该校青春健康同伴社连续两年获得中国计生协高校青春健康项目立项。今年5月，衢州职业技术学院被评为"全国计划生育协会企事业先进单位"。

江波仂 徐天zeb630

图7－5　2016年6月2日《中国人口报》报道

四、活动照片

爱的"童"心圆——关爱弱势儿童志愿服务行动活动集锦

"童·梦"爱的接力：微义卖圆梦微心愿

"童·伴"爱的订制：公益课堂点亮快乐童年

“童·行”爱的回馈：大手拉小手　青春勇担当

五、师生心得

衢州市特殊教育学校郑同学说：

“我从小有一个梦想，就是能像杨丽萍姐姐一样跳舞，在舞台上绽放自己的光芒。但是因为性格内向，我不敢主动表达和学习。在公益课堂，这些大哥哥、大姐姐一直鼓励和陪伴我，我很感动，也越来越自信了！今年，我入选了残疾人艺术团，我的梦想实现了！”

衢江区仙岩路小学蒋同学说：

“那一年，可爱的‘衢小职’人偶走进我们学校，和大家一起做游戏，还给了我一个暖暖的拥抱。在公益课堂里，我学会了画画、打篮球，我感到非常开心！如今，我也成了一名光荣的志愿者，我会积极参加各类志愿服务活动，为更多的人带去温暖和帮助！”

衢州职业技术学院吕同学说：

“从大一入学到即将毕业，我一直坚持每周五担任公益助教。这样的公益活动，让我结识了许多知心朋友，积累了不可多得的工作经验，是我大学生活中的一笔宝贵财富。赠人玫瑰，手有余香，愿爱陪伴孩子们茁壮成长，愿每个孩子都有一个灿烂的童年！”

衢州职业技术学院徐老师说：

“残疾、留守、流动、学困等弱势儿童群体的健康成长关系到社会的和谐发展。该活动课程以弱势儿童群体为帮扶对象，设计了‘童·梦’爱的接力、‘童·伴’爱的订制、‘童·行’爱的回馈三项特色单元，通过‘众创众筹’‘精准帮扶’和‘自我造血’，帮助弱势儿童以积极阳光的心态悦纳自我、融入社会、回馈他人，对解决‘幼有所育’‘弱有所扶’等民生问题具有一定的实践参考价值。”

六、推广经验分享

（一）“众创众筹”推动“爱的接力”。活动课程设计需采用青年人喜闻乐见的方式，感染和吸引更多的青年人参与其中。如，通过“爱心义卖”“爱心众创”等内容丰富、形式多样的青年实践活动，以“众创众筹”助力“微心愿”，增强公益的趣味性和参与性，为更多的弱势儿童带来关爱和帮助。

（二）“精准帮扶”实现“爱的订制”。活动课程设计需注重“分层分类一体化教育”，根据不同儿童群体的需求特点开展“精准帮扶”，以“平等、开放、群体参与、互动式”为原则订制特色课程单元，注重课堂体验和情感共鸣，进而提升教育效果。如，在青春健康教育环节中，根据聋哑儿童的需求特点，志愿者们设计了“破冰游戏”“走出心灵孤岛”“我的理想型”“野火游戏”等一系列体验式互动，使聋哑儿童能在寓教于乐的氛围中循序渐进地掌握教育内容，在互动体验中实现了“共鸣共情”的效果。

（三）“自我造血”促进“爱的回馈”。在对弱势群体的帮扶上，需要促进弱势群体的社会参与，挖掘其发展潜力，由“他助”转换成“自助”，由“被动输血”转换成“自我造血”，使弱势群体依靠自己的力量解决问题，最终融入社会发展之中。如，通过开展“大手拉小手　青春勇担当”等培育和践行社会主义核心价值观的活动，引导受众儿童坚定理想信念，锤炼优良品格，以积极阳光的心态悦纳自我、融入社会、回馈他人。

（四）“教学相长”助力“爱的共赢”。注重“教学相长”，基于成果导向设计活动目标、方法和载体。如，在本项活动课程中，无论是承担志愿服务的大学生志愿者还是接受帮扶的少年儿童，均在活动参与中实现了能力素养的提升。一方面引导大学生在志愿服务中培养身心健康、爱与关怀和尚德弘毅的核心能力，另一方面帮助弱势儿童掌握各方面的知识和技能，最终实现“教育共赢”，这也是今后活动课程设计的重要方向。

（五）“专业发展”夯实“爱的根基”。在本活动课程设计与开展中，综合运用了心理学、社会学、统计学等多方面的知识技能。志愿服务的专业化、项目化发展以及志愿者的专业化培训程度，直接影响了志愿服务工作的成效。因此，志愿服务“专业发展”是未来社会救助的重要方向。

附件 7-1

“童·梦”：大学生社会生存训练，用爱心助力公益

8 月 29 日晚，衢州职业技术学院多功能厅灯火通明，我校“爱的‘童’心圆”志愿团队的大学生志愿者们，正紧张有序地统计着当天的劳动成果。被汗水浸湿的队服、对比鲜明的“熊猫手”、渐露疲惫却依然坚韧不拔的双眸、低沉沙哑但仍旧掩饰不住满满喜悦和成就感的欢笑声……这一切，无不带领着大家重温那难忘而不一样的夏天。

社会生存训练——用汗水创造财富，用爱心助力公益

社会生存训练活动是一项涉及大学生志愿者们体能、心理、适应环境、就业择业、独立生活等多方面素养的实践活动，要求每位志愿者在不携带任何食品、现金、代金券和银行卡的情况下，用 10 元生存基金生活六天。社会生存训练所获得的收入将全部捐助给需要帮助的弱势儿童。

一、独辟蹊径，微博并不“微薄”

社会生存训练前夕，学员们纷纷根据自己团队的特点事先策划可行性方案。

相比在人才网上搜寻招聘信息以及挨家挨户地上门找工作，周晶晶和周健这两位同学的求职方式可谓是独辟蹊径。8 月 23 日晚，周晶晶和周健在新浪微博上精心编辑发布了求职讯息并@了“乐活在衢州”等衢州知名微博。通过快捷的微博扩散方式，当晚就有 5 家单位主动联系了他们。经过认真考虑和权衡之后，两人放弃了发传单等薪酬较高的工作，最终选择了在一家新开张的甜品店，从事自己感兴趣的甜品制作、咖啡烹制、手绘中英文菜单等工作。周晶晶说：“在找工作阶段，我们就选择了独特有效的方式，不仅避免了费时费力的简历投递，也为选择自己喜欢的工作创造了机遇。而面对择业问题，我们具体分析了自身的定位和需求，最终选择了自己感兴趣并且挑战性更高的岗位。”

二、棋逢对手，“棋”乐无穷

张泽霖同学自幼酷爱下棋，同时也是学校棋类协会的社长。生存训练第四天，张泽霖尝试着在公园、商场商厦的休闲区与人下棋，获胜者可以得到 2 元的奖励。在对弈比拼中，各路高手层出不穷，同时也吸引了众多“棋类爱好者”前来观战。经过整整一天的鏖战，张同学与对手们各有输赢，虽然最终只净赚 10 元钱，但是张泽霖却不亦乐乎地说，“对一个兴趣进行尝试并把它转化成谋生手段，让我体验到了更多的乐趣!”

三、“城里的孩子”早当家

陈冠鸣同学家境优越，可是身为独生子女的他，却经常利用寒暑假时间接触社会、打工实践。在本次生存训练中，陈冠鸣先后尝试了饭店内务、发传单、卖绿豆汤、装系统、修电脑等多项工作。当回顾六天的工作经历时，这个 19 岁的小男生腼腆地笑了，“我特别喜欢尝试不同的工作和生活方式，在工作的过程中，也常常会碰壁。这几天，我平均每天要工作 10 个小时，在饭店的时候，我除了打扫卫生、服务顾客，每天还要洗 300 多个盘子，这对我来说可谓是最大的挑战了，但最终我还是坚持下来了，肯吃苦、有自信、有恒心，‘城里’的孩子也可以早早地当家!”

四、下雨了，没伞的孩子需要努力奔跑

8 月 25 日的雷雨天气，暂时赶走了仲夏的炎热，却给了在外奔波谋生的学员们一次新的考验。当日，林宏杰同学正和其他 4 名学员一起发放传单。突然降临的大雨，让赤手空拳的队员们措手不及。情急之中，男生们用衣物护住传单，继续冒雨工作。最终，在大家的共同努力下，保质保量地完成了工作任务。

与此同时，孙玉萍同学正骑着三轮车冒雨送外卖。雷雨天气让道路变得格外泥泞，同时饭菜的质量也很容易受到影响。孙玉萍不顾恶劣的天气，一边小心翼翼地护着外卖，一边快马加鞭地“送货上门”。当在规定时间内顺利送完最后一个便当的时候，孙玉萍顾不得擦拭身上的汗水和雨水，直接瘫坐在地上，开心地笑了。

五、从“打工”到“创业”，团队协作，满载而归

林伟同学是校社团联合会副主席，同时也是校辩论队负责人。丰富的学生干部工作经历帮助林伟磨炼了良好的组织能力、人际交往能力和敏锐的洞察力。生存训练第4天，林伟带领另外4位志同道合的学员用打工赚来的“第一桶金”做起了“盆栽”生意。在进货采购阶段，林伟和队员们货比三家，并对消费群体做了认真细致的分析。最终，“铜钱草”“网纹草”“花样仙人球”等小盆栽以其运输方便、薄利多销等优势得到了大家的青睐；同时，甜品店、美甲店、理发店、女生宿舍等场所也成了林伟等人的重点销售地点。通过周密的分析和良好的团队协作，5个人的“创业之路”旗开得胜，半天就净赚百元。

六天的社会生存训练，45名同学的净收入共计8028.6元。最后，全体志愿者带着浓浓的情意和祝福，将这笔爱心善款捐助给了身患尿毒症的衢州女孩小芸（化名），祝愿小芸早日康复！

附件7－2

“童·伴”：公益课堂志愿者日记

青春同伴，让爱发声。我叫汪一凝，是衢州职业技术学院的大学生，也是学校“爱的‘童’心圆”志愿团队的一员。在浙江的柑橘之乡衢州，我和我的搭档雯雯（化名）相遇了。

忘不了第一次走进衢州市特殊教育学校的场景，她远远地望着我，清澈的眼眸里闪烁着点点星光，然而四目相对后，她却腼腆地低下头，紧张地不知所措。

无声的世界究竟会对他们造成怎样的影响？作为新时代的大学生，我们又能够为他们做些什么？那一瞬间，我的内心被触动了。

在老师的指导下，我们对浙西地区500名聋哑青少年开展了问卷调查，结果显示，超过九成的聋哑青少年在适应环境、管理自我、人际交往、学习成才、求职择业等方面存在困惑和迷茫。而如何帮助“无声天使”悦纳自我、融入社会、健康成长，正是当今社会亟须解决的民生问题。

2015年，衢州职业技术学院和衢州市特殊教育学校共建了公益课堂。通过手语助教培训、社团结对共建、大学校园体验、青春健康教育、提前社会化训练等同伴互助活动，帮助聋哑孩子掌握必要的健康生活技能，积极面对成长中的困惑和挑战。

在接受了系统的手语和同伴教育培训后，我成为一名光荣的志愿者。每周五下午，空竹、武术、陶艺等大学生社团都会与特殊教育学校的兴趣班结对共建，精彩纷呈的社团课程，不仅丰富了孩子们的第二课堂，同时也解决了特殊教育学校社团师资紧缺的难题。

通过社团互动，我们不仅走进了聋哑孩子的课堂，同时也渐渐走进了他们的内心。在老师的指导下，我和志愿者们精心编排了一套适合聋哑孩子参与的青春健康教育方案。在轻松愉悦的氛围中，大家结伴而坐，共同体验了“破冰游戏”“走出心灵孤岛”“我的理想型”“野火游戏”等参与式互动游戏，帮助聋哑孩子在游戏中掌握人生技能。那天的记忆是橙色的，就像雯雯的笑容一样，温暖而甘醇！浙江省计生协的工作人员看到活动新闻后，兴奋地告诉我，在聋哑人群体中开展系统的同伴教育和人生技能培训，在浙江省尚属首例！

往后的日子，我们成了无话不谈的好朋友，我们分享着彼此的“小秘密”，共同探讨成长中的困惑和挑战。雯雯告诉我，在每个“无声天使”心中，都有一个“大学梦”。为此，我们策划了“大学体验日”活动，每年的“大学体验日”，“无声天使”们都会走进大学校园。在我们的陪伴下，他们参观了专业实训基地，零距离感受大学生活，还与来自大学生攀岩队、地掷球队的全国冠军同场竞技。精彩的大学体验让孩子们耳目一新，也让他们对未来更加期许！

今年，共有8名结对帮扶的聋哑学子圆梦大学。我的搭档雯雯成功考上了浙江特殊教育职业学院，她兴奋地告诉我：“公益课堂，让她离梦想更近了！”

在爱的故事里，越来越多的“无声天使”走出校园、融入社会。今年，由两校学子共同拍摄的《中国很赞　衢州有礼》公益宣传片登上了腾讯首页，点击量达百万！2018年，我有幸和雯雯一同参加了中国青年志愿服务项目大赛，并喜获银奖！

志愿者的工作忙碌而充实，我深深地感受到了来自他们内心的快乐，于我而言，我的付出便是我的收获，收获感动、收获幸福、收获强烈的社会责任感！

爱是阳光下最暖心的微笑，爱是青春里最动情的奔跑；爱是同心圆，爱是“童心愿”；青春同伴，让爱发声！

附件7－3

“童·伴”：仙岩路小学有了兴趣班

灌篮高手俱乐部、动感乒乓球、美术日记、书法、手工社、英语俱乐部、文学社、舞蹈、画画（素描）等9个为衢江区仙岩路小学的255位孩子量身订制的兴趣班，在仙岩路小学开课了！

为了拉近与孩子们的距离，衢职院的大学生志愿者们还带上了卡通玩偶

“衢小职”。周五下午，仙岩路小学全校的孩子们早已等在了操场上，看到“衢小职”走向他们，孩子们的脸上都露出了兴奋的笑容。“衢小职”带着同学们跳起了《假如感到幸福你就拍拍手》的广场舞。短短十分钟，仙岩路小学的孩子们已经喜欢上了这些小老师。

“我叫波波老师，教你们美术。”“我姓司马，以后你们可以叫我四老师，就是一、二、三、四的四，好叫吧。”“我是盼盼老师，以后我们一起玩耍。”……大学生们活泼的自我介绍，一下子就吸引住了孩子们。

9 个兴趣班开设在操场、教室里，200 多位小学生分成小班教学，其中手工社和英语俱乐部报名的学生最多。

“下次一定要来啊!”这是仙岩路小学对小老师们提的期许。“希望‘衢小职’带着大家走向更美好的前方!”这是“衢小职”对孩子们的承诺。

附件 7 -4

“童 · 行”：争做剿劣小能手，争当衢江小主人

“我志愿成为一名光荣的河小二，争做剿劣小能手，争当衢江小主人……我以河小二之名，助力‘五水共治’，共建康养衢江!”近日，在衢州职业技术学院“双百双进”社会实践活动启动仪式上，我校“爱的‘童’心圆”志愿团队的大学生们牵手衢江区上方镇中心小学的同学们，共同发出“五水共治”青春宣言。随后，“双百双进”社会实践活动暨“助力五水共治　共建康养衢江”游戏嘉年华在上方镇中心小学拉开帷幕。

活动现场，大学生志愿者们发挥专业特色，为小朋友们奉上了精彩的游戏盛宴。“垃圾分开旅行”“剿劣魔术师”“手绘绿水青山”“在水一方灯谜会”“奔跑吧，太阳能小车”“天使救援队”等15个游戏项目吸引了近千名“河小二”。在欢声笑语中，孩子们共话美丽家乡，用青春助力“五水共治”。

2015年，浙江省委宣传部、省教育厅、团省委联合启动了百所高校结对县（市、区）暨百万大学生走进基层、走进群众活动，即“双百双进”活动。我校作为衢江区结对院校，开展爱的“童”心圆——关爱弱势儿童志愿服务行动，积极引导青年学子深入基层、服务百姓、了解国情、奉献社会，用脚步丈量青春，用实践增长才干。

本次“双百双进”活动结合“剿灭劣V类水”“垃圾分类”等内容，以寓教于乐的方式，引导少年儿童在游戏中接受教育，争当治水的宣传者、监督者和实践者。

一步一履，触摸时代脉搏！

不负韶华，践行青年之责！

大手拉小手，青春正飞扬！

让青春在志愿服务中闪耀

——党员义务服务中心志愿服务活动

一、活动设计理念

我国是中国共产党领导的社会主义国家，这就决定了我们的教育必须把培养社会主义建设者和接班人作为根本任务，培养一代又一代拥护中国共产党领导和我国社会主义制度、立志为中国特色社会主义奋斗终生的有用人才。这是教育工作的根本任务，也是教育现代化的方向目标。习近平强调，要在厚植爱国主义情怀上下功夫，让爱国主义精神在学生心中牢牢扎根，教育引导学生热爱和拥护中国共产党，立志听党话、跟党走，立志扎根人民、奉献国家。要在加强品德修养上下功夫，教育引导学生培育和践行社会主义核心价值观，踏踏实实修好品德，成为有大爱大德大情怀的人。

2018 年 11 月 23 日，衢州市市委书记徐文光走访了衢州二中、衢州一中、衢州学院和衢州职业技术学校，调研教育工作。他强调，教育是国之大计、党之大计。要牢牢把握新时代教育工作的新任务新要求，坚定不移实施教育优先发展战略，坚持高起点定位、高质量发展，努力以高水平教育赢得城市未来。当前，衢州发展的势头越来越好，需要一大批优秀人才参与、融入进来，这就要求教学业务、教育事业要与地方经济社会发展紧密贴合，真正做到“一张皮”“一条心”，努力为衢州发展提供强大的智力支持和人才支撑。要坚持“应试 + 素质”，科学合理地制定教学的衡量标准、评价体系，全方位提高学生素质；坚持“学生 + 老师”，加强师资队伍建设，锻造一支业务精、能力强、素质高、讲礼仪的教师队伍；坚持“业务 + 队伍”，把党建、创文、优化营商环境等各项工作融入日常教学中，做到两手抓、两手硬；坚持“事业 + 产业”，按照“补课 +

超前”的理念，积极推进一批重大教育项目建设；坚持“市域+县域”，树立市区一体、市县一体意识，加强资源统筹、协同协作，不断推动我市教育事业整体高质量发展。

近年来，衢州职业技术学院以立德树人、知行合一为导向，坚持立足衢州、面向市场、服务区域经济社会发展的办学定位，以培养具有国际视野、创新精神和实践能力，富有社会良知和使命感的技术技能人才为根本任务。同时，我校始终坚持把抓好学校党建工作作为办学治校的基本功，把党的教育方针全面贯彻到学校工作各方面。大学生党员是大学生群体中具有代表性的一个群体，提高大学生的政治觉悟、社会担当意识是新形势下赋予教育工作者的责任。我校艺术设计学院重点关注对基层党组织中学生党员队伍的综合素质培养，于2011年成立党员义务服务中心，以《党章》、科学发展观和党员创先争优等重要思想为指导，认真践行全心全意为人民服务的根本宗旨，增强学生党员“自律、奉献、服务、引领、成才”的意识，培养“奉献、友爱、互助、进步”的志愿服务精神，突出服务师生、服务群众、奉献社会的主题，在艺术设计学院党总支的引领下开展党员义务服务中心志愿活动，为建设和谐、有爱的校园和社会做出了应有的贡献。

本项活动的特色主要包括：

（一）明确组织规范，激发大学生党员的身份（政治）认同

中国共产党在世界上是独一无二的大党，维系广大党员队伍的先进性和纯洁性的政治身份，从根本上讲来自党员的主体意识——广大党员对党的事业的自觉认同、自觉参与和自觉奋斗。通过系统的理论学习、校内服务、社会志愿服务，能够激发大学生党员的主体意识，完成身份认同，并最终引导其树立共产主义远大理想和中国特色社会主义共同理想，增强学生的中国特色社会主义道路自信、理论自信、制度自信、文化自信，立志肩负起民族复兴的时代重任。艺术设计学院于2011年成立党员义务服务中心，下设4个部门，分别为办公室、宣教部、自律部、义工部（见图8-1），学生需签署《党员义务服务中心成员承诺书》，其中涉及学生党员学习、生活、外出志愿服务等诸多方面，日常工作内容包括：党员责任区创建，涉及学生、学院事务的民主管理，教育教学管理，党的理论知识学习，社会志愿服务活动等。

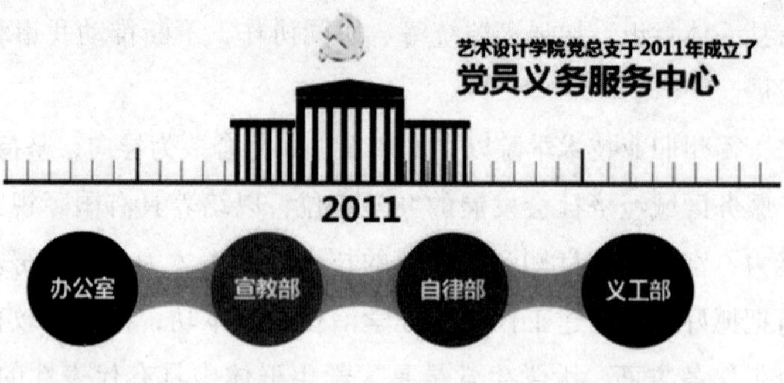

图 8-1 艺术设计学院党员义务服务中心组织架构

（二）依托专业艺术实践，开展多元化的服务地方志愿活动

文化能为人民提供坚强的思想保证、强大的精神力量、丰润的道德滋养，必须不断加强文化建设。习近平总书记在党的十九大报告中指出："文化是一个国家、一个民族的灵魂。文化兴国运兴，文化强民族强。"艺术设计学院因其专业的特殊性，更能体现出社会文化繁荣的直接影响。艺术实践是艺术设计学院教育教学、培养锻炼艺术人才和服务社会的重要途径。党员义务服务中心依托艺术设计专业、摄影摄像技术专业的学科特色，开展多元化的社会志愿服务。大学生党员参与的志愿服务类型包括：社会调研、责任区创建、服务地方经济活动以及各类公益文化创作和展览活动。

（三）搭建平台开展体验式教育，保证大学生党员深入践行党的群众路线

体验式教育是一种由传统知性教育转向人性教育的教育思想，它的教育方式是建立在教育者和受教育者的基础上通过现场活动来共同组成的。体验式教育不但要求学生党员亲自参与实践，更重要的是在实践之后进行反思和总结，让理论真正应用到具体的实践活动中，让被动的实践转为主动体验。艺术设计学院大学生党员志愿者提供高雅艺术进校园、艺术创作进社区等志愿服务，丰富了人民群众的精神生活，实现了"党群服务零距离"。

（四）注重启发性教育，引导大学生党员主动传递无私奉献精神

灌输性和启发性教育相统一，注重启发性教育。艺术设计学院通过爱国主义红色教育、主题党课等形式向大学生党员灌输新思想，同时，通过服务地方经济活动、社区志愿活动等一系列实践项目，在活动中启发大学生党员树立正

确的价值观、传递奉献精神。通过挖掘艺术设计、摄影摄像课程教学方式中蕴含的思想政治教育资源，真正实现全员全程全方位育人。

（五）紧抓朋辈引领，营造和谐有爱的校园文化氛围。

党员是一种政治身份，在校园环境中大学生党员应当深入群众发挥朋辈中的引领作用。大学生党员在学习、生活、工作等各方面要做好表率作用，通过自身的行动感染身边的同学，为营造和谐有爱的校园文化氛围争当排头兵。

二、活动方案和工作计划

参天之木，必有其根；怀山之水，必有其源。全国各地各高校以习近平新时代中国特色社会主义思想为指导，紧紧抓住立德树人根本任务，加强和改进党对高校的领导，突出思想引领，夯实党建基础，强化思政实效，为党的建设和思想政治工作注入了“源头活水”。

本方案分为四大部分，工作思路如图如图 8－2 所示，关键在于通过常态化的思政课程学习，激发大学生党员的主体意识，不断增强其对中国特色社会主义的政治认同、思想认同、理论认同、情感认同，教育引导大学生党员培育和践行社会主义核心价值观，成为有大爱大德大情怀的人。在此基础上，以艺术设计和摄影摄像技术的专业技能作为抓手，服务地方经济，践行群众路线。通过对实践成果的积累与总结，检验并反哺思政课程教育，形成互动闭环。

（一）思政课程学习

2018 年高校学生思想政治滚动调查显示，94.2% 的大学生赞同“幸福都是奋斗出来的”，92.6% 的大学生赞同“在个人利益与国家利益、集体利益发生冲突时，应首先考虑国家利益和集体利益”，94.4% 的大学生赞同“大学生应成为社会主义核心价值观的坚定信仰者、积极传播者、模范践行者”，调查结果离不开各地高校常态化的思政课程教育。

艺术设计学院针对大学生党员开设了三门思政课程，包括：爱国主义红色教育、主题党课以及学“习”小组课程，如图 8－3。

艺术设计学院党总支立足衢州市红色资源优势，大力推进爱国主义、无私奉献精神融入高校思想政治工作，充分发挥红色文化育人功能，如清明节烈士扫墓、参观抗日细菌战史迹陈列馆、集体观看爱国题材电影，厚植爱国主义情

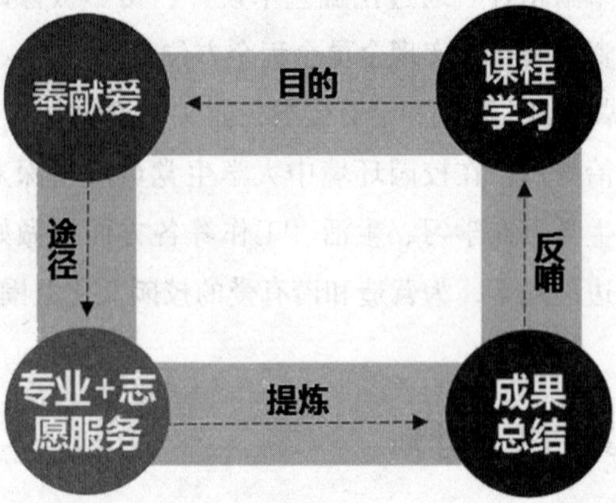

图 8-2 “党服中心”工作思路

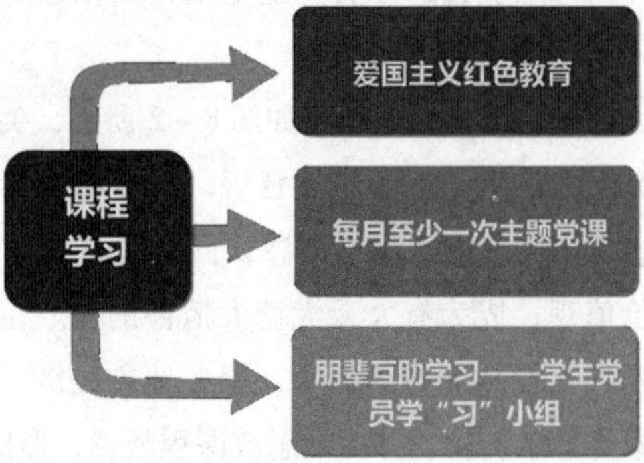

图 8-3 “党服中心”思政课程学习框架

怀。艺术设计学院党总支邀请党员教师或结对社区退休老党员每月至少开展一次主题党课教育活动，活动形式不限，讲座、沙龙、演讲等都可，每年五月开展一次大学生党员微党课竞赛活动。充分挖掘多媒体资源，多渠道拓宽学生知识来源，鼓励学生发展朋辈互助学习精神，利用碎片化的时间学“习”，依托媒体平台如“学习强国”App 对学生进行每周学习积分排名，一定程度上掌握学生学“习”动态。

（二）党建+专业=服务地方经济

艺术设计学院依托衢州地区各文化行业、企事业单位，充分发挥艺术设计、摄影摄像技术专业优势，积极服务地方经济文化建设，具体见图 8-4。

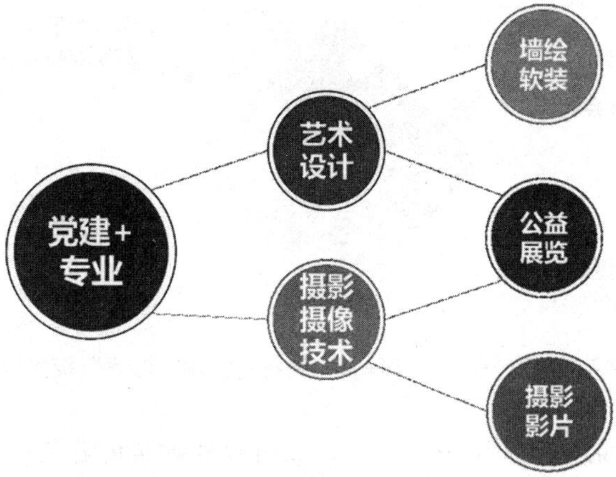

图 8-4 “党建+专业=服务地方经济”模式框架

艺术设计专业结合衢州文化建设制作“衢州印象”文创产品，党服同学为新农村建设设计绘制墙绘，为新农村庭院、民宿改造设计方案等，取得了较好的社会反响和经济效益，实现了文创产品的产业化尝试。摄影摄像技术专业多年来坚持与企业深度合作，为企事业单位拍摄宣传片、微电影100余部，如府山街道党建中心“微心愿：乐淘党员之家”等。2017年与衢州日报社共同策划“为百位老人拍照”公益活动，并在校内、校外（水亭门）举办公益展览，社会反映良好，其中拍摄、化妆、布展等各环节都活跃着党服志愿者的身影。校外实训基地，包括：衢州市广电传媒、衢州日业集团、衢州市美术家协会、衢州市摄影家协会、衢州市文化馆视觉艺术部、柯城区委宣传部新闻中心、衢州市教育局电教中心等，为其提供各类文化服务活动。

（三）党建+志愿服务=践行党的群众路线

艺术设计学院党服志愿者们提供高雅艺术进校园、艺术创作进社区等志愿服务，丰富人民群众的精神生活，主要包括：白云社区结对与爱心帮扶、城市管理志愿活动、责任区创建以及社会调研四部分。

党服在白云社区挂牌成立“艺能量”志愿服务点，经常性地开展志愿服务。2018年全年参与白云社区志愿服务27次，参与黑板报设计共计12期，如：一月“反邪教”“迎新春，防流感”主题社区黑板报设计、三月白云社区清洁家园活动、六月白云社区防止非法集资讲座、十一月“衢州有礼”主题社区黑板

图8－5 “党建＋志愿服务＝践行党的群众路线”模式框架

报等；开展新老党员“手拉手”活动，在白云社区聘请老党员为校外辅导员，加强与青年入党积极分子的交流、沟通，通过老党员的传、帮、带，努力解决青年学生思想上入党的问题；党服志愿者发挥自己的专业优势，对社区居民开展手机摄影、绘画等培训；母亲节、重阳节、中秋节前往社区孤寡老人家陪伴老人。此外，党服志愿者不定期参加创文城市巡逻、创文社区站岗、校内责任包干区维护、校园外卖调查等社会服务活动。大学生党员走进学校、社区、城市进行志愿活动，充分践行了党的群众路线。

（四）成果总结

党服中心通过志愿活动展览、新闻报道、微信公众号“党旗下的青春”常态化栏目发布、党服志愿者月度心得交流以及思想汇报等形式，对思政课程学习以及志愿实践进行提炼，总结反思，反哺思政课程教育（见图8－6）。

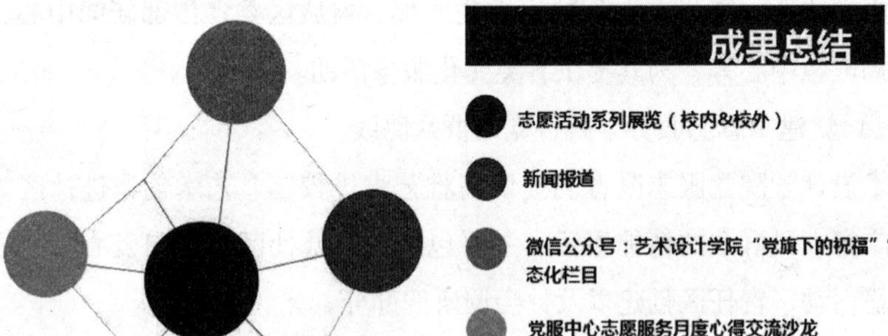

图8－6 “党服中心”活动成果总结

三、活动成果（数量、图表化）

（一）数据统计

艺术设计学院党服中心自2011年成立以来，思政课程教育日益完善，服务地方经济活动逐年增加，社区、学校、城市服务次数逐年增多，活动人次8年来呈现递增趋势。2011年活动次数为5次，2018年活动次数达到32次，同时，参与人次从2011年的62人次增加至2018年的356人次。8年来，活动次数及参与人次呈现出递增的趋势，详见图8－7。

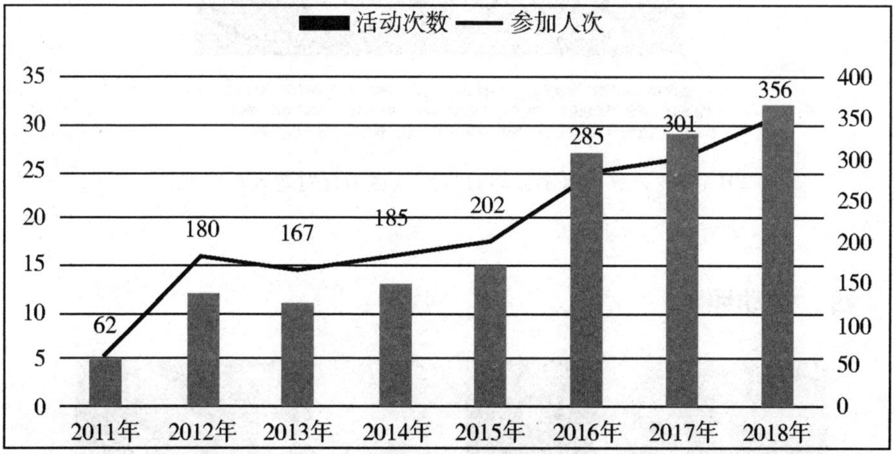

图8－7　2011—2018年党服白云社区志愿服务数据

8年来，党服志愿者通过系统的思政课程学习、专业实践，服务地方经济，激发了一批又一批大学生党员形成主体意识，完成共产党员身份认同，并最终引导其树立共产主义远大理想和中国特色社会主义共同理想，踏踏实实修好品德，成为有大爱大德大情怀的人。

（二）媒体报道

《浙江教育报》：为百对老人拍照圆梦

作者：　人气:632　发布时间:2017-04-06

《浙江教育报》2017年4月3日 报道（本报通讯员 朱 峻 王志瑢 摄）

为百对老人拍照圆梦 "真没想到，在我们金婚之前也拍了一组婚纱照。"一张张照片给老人们留下了美好的回忆。近日，衢州职业技术学院的学生们利用专业特长，投身公益，为全市百对老人量身定制合影。学生们无偿为老人们提供了化妆、服装、道具、拍摄等服务。图为学生正在为老人拍摄。

2017 年 4 月 3 日《浙江教育报》报道为百对老人拍照圆梦

四、活动照片

红色教育基地：烈士扫墓、参观细菌战纪念馆

社区志愿服务：公益黑板报、清洁家园义工

服务地方经济活动：专题摄影、墙画绘制

五、师生心得

（一）学生心得

2014 级党员义务服务中心主任摄影摄像专业蔡同学说：

“白云有梦，艺术花开，白云社区的志愿服务活动增强了我们作为党员的身份意识，我们要牢记自己的使命，坚持从自身做起，从点滴做起，自觉塑造和维护党员的良好形象，发挥党员的先锋模范作用，强化组织纪律观念，增强责任意识，提高党员服务意识，牢固树立为人民服务的宗旨，以实际行动树立党员这支队伍的良好形象，发挥党员志愿者在服务群众、服务社会、促进和谐方面的作用。我们用行动做实事，以照片记录生活。白云社区的志愿服务 2011 年我们就已经开始做了，基本每月都会画两次主题黑板报；我们打扫过亭川，打扫过开关厂；我们还会定期去白云社区慰问老人；我们还带着礼品去看望困难的家庭，我想这份小小的心意，一定能给他们带去一份温暖。我们怀着赤诚的心，尽力地做着这份让我们心中充满自豪的志愿活动。”

2016 级党员服务中心志愿者艺术设计专业叶同学说：

“我们是社会主义的接班人，我们志愿为学校、为社会、为广大群众奉献我们的一切！我们不会忘记革命先烈为了新中国抛头颅洒热血，清明节，我们和白云社区的老党员们一起去了衢州细菌战博物馆。社区的老党员们也和我们亲切地交谈，一路上和我们谈人生，谈理想，言语中希望我们好好学习技能，给社会带去帮助，我们也一定会尽自己最大的力量去服务社会，服务大家。我们排着队来到了烈士陵园，站在烈士纪念碑前，宣誓定以忠心对国家，孝心对父母，诚心对社会，不忘国耻，努力学习。社区的老党员们为我们带上徽章，我们一起献上鲜花，真诚地表达我们对先烈们的敬意。清明节党服都会组织参观细菌战纪念馆，去烈士陵园缅怀烈士，和老党员们探讨生活，探讨理想，他们给予我们的教导和老师一样，给了我们柳暗花明又一村的惊喜。”

2017 级摄影摄像专业方同学说：

“关于社区黑板报，我们用画笔描绘生活中的一点一滴，提示每一次路过社区居民。我们的主题一般以生活为主，或是垃圾分类，或是爱护环境，或是拒绝黄赌毒，一切的一切，我们做的是小事，但是只要有一个人注意到，并且做到，爱护环境，拒绝黄赌毒等，我想我们都是成功了。”

(2) 教师心得

衢州职业技术学院艺术设计学院徐老师说：

“自党员义务服务中心成立以来，党服志愿者通过系统的理论学习、校内外社会志愿服务、专业的实践，不断激发自身的政治身份认同、主体意识。‘党建 + 专业’的模式，构建‘三全育人’助力思政教育体系，把学生的思政教育与专业建设进行结合，使专业课程在培养学生技术技能的同时，发挥了价值引导、情怀传递和道德示范的作用。‘党建 + 志愿服务’的模式，将学生的思政培养与城市的发展进行了有机结合，做到了两手抓、两手硬。在艺术设计学院党总支的引领下，祝愿党服中心能够继续为建设和谐、有爱的校园和社会做出应有的贡献!”

白云社区工作人员马老师说：

“2011 年以来，衢州职业技术学院艺术设计学院党总支在我们白云社区内挂牌成立了党员义务服务中心志愿服务点并与我们开展了一系列内容丰富、意义深远的合作活动，促进了社区服务队伍的建设，丰富了社区的服务内容，同时也拓展了社区服务领域。几年来，党服志愿者与我们的社区老党员开展了‘一对一手拉手’‘中国画培训’‘为百位老人拍照’‘绘制肖像’‘出黑板报’等活动，丰富了社区群众的精神生活。接下来，我们将对多年来的校社共建进行提升，希望能够结合你们的专业和我们的社区实际，争取为社区提供更多‘订单式’的居民文化艺术培训，不断提升文明社区建设水平，党服中心学生志愿活动具有非常好的实践推广意义。”

六、推广经验分享

（一）加强思政课程教育，培养大学生党员主体意识

教育引导大学生党员培育和践行社会主义核心价值观，成为有大爱大德大情怀的人，必须从大学生党员的思想认识入手，通过常态化的思政课程学习，进行爱国主义教育，不断增强大学生党员对中国特色社会主义的政治认同、思想认同、理论认同、情感认同，激发大学生党员的主体意识。本项活动的设计以大学生党员的自我身份认同和社会认同作为活动开展的思想前提，保证大学生党员能够自发地完成各项服务活动，并最终引导其树立共产主义远大理想和中国特色社会主义共同理想，增强学生的中国特色社会主义道路自信、理论自信、制度自信、文化自信，使其立志肩负起民族复兴的时代重任。

（二）狠抓专业艺术实践，提高大学生党员服务地方经济的能力

文化能为人民提供坚强的思想保证、强大的精神力量、丰润的道德滋养，必须不断加强文化建设。目前，衢州发展的势头越来越好，需要一大批优秀人才参与其中、融入进来，这就要求教学业务、教育事业要与地方经济社会发展紧密贴合，真正做到“一张皮”“一条心”，努力为衢州发展提供强大的智力支持和人才支撑。艺术设计学院因专业的特殊性，通过指导优秀大学生党员创意创新，定能为繁荣衢州当地的文化产业贡献一份绵薄之力。本项活动中，大学生党员通过校企合作、单位合作项目，拓宽自身的专业艺术实践领域，从企业到单位、从城市到乡村，用一件件精心完成的作品为衢州文化产业建设奉献爱。

（三）搭建多元化服务平台，确保大学生党员深入践行党的群众路线

大学生党员以志愿者的身份走进学校、社区、社会开展志愿服务工作，能更好地引导他们学习、开展和践行党的群众路线，对于解决学生党员的再教育问题、更好地服务基层的思想问题具有十分重要的意义，也是为他们将来更好地服务社会夯实基础。本活动中大学生党员志愿者提供了高雅艺术进校园、艺术创作进社区等志愿服务，同时，艺术设计学院党总支近年还发展联系了青少

年宫、儒学馆、图书馆等志愿服务平台，希望通过党服的志愿活动，实现“党群服务零距离”。

（四）拓展宣传教育阵地，构建润物无声的校园育人环境

大学生党员是大学生群体中具有代表性的一个群体，需要发挥先锋模范作用。提高大学生的政治觉悟、社会担当意识是新形势下赋予教育工作者的责任。艺术设计学院积极打造集官方网站、官方微信、官方微博、校外媒体于一体的全媒体宣传矩阵。例如：依托微信、微博等新媒体打造每周一期的“党旗下的青春”品牌栏目；依托“创意文化节”“影像文化节”学院品牌活动，宣传艺术设计、摄影摄像专业党服志愿者的活动；通过校内展览、校外媒体合作输出艺术设计学院思政育人的理念。如2017年与《衢州日报》合作推出的“留住岁月的痕迹”主题公益展览，获得了较高的评价。党服中心通过志愿活动展览、新闻报道、微信公众号“党旗下的青春”常态化栏目发布、党服志愿者月度心得交流以及思想汇报等形式，对思政课程学习以及志愿实践进行提炼，总结反思，反哺思政课程教育，丰富了校园文化建设。

（五）存在的问题和突破策略

党员义务服务中心志愿活动在开展中存在以下问题：一是常态化社区服务活动不够深入，缺乏解决群众实际困难的能力。在社区服务工作中，主要以社区黑板报、清洁家园、重阳节慰问为主，在活动内容的选择上相对单一。同时，面对社区居民可能存在的“生活痛点”，如：老龄居民如何使用智能手机等，缺乏及时的感知。二是缺乏对志愿活动品牌化运营，活动的延续性不强。近年来，党服中心志愿活动举行的次数逐年增加，但缺乏统一的品牌化运营，活动成果缺乏理论研究及推广经验。

接下来的突破策略：一是深入调研社区环境，加强与社区的沟通，深化活动内涵。通过定期调研社区居民的生活痛点，及时更新志愿服务内容；二是打造品牌化志愿活动，加大推广力度。整合专业特性，提炼党服活动品牌。重视理论研究，整理总结活动经验，进行分享与推广。

附件8－1

艺术设计学院学生党员义务服务（自律）中心准则

为深化党员（建党对象）创先争优工作，营造良好的学风、院风、党风，培养学生党员“自律、奉献、服务、引领、成才”的意识，实现学生“自我教育、自我管理、自我服务”的目标，进一步加强对学生党员（建党对象）的教育培养，锤炼大学生党员的奉献精神和社会责任感，促进预备党员（建党对象）真正做到思想入党，经研究，决定成立艺术学院党员义务服务（自律）中心（以下简称：党服中心），现将有关事项通知如下。

一、指导思想

以《党章》、科学发展观和党员创先争优等重要思想为指导，认真践行全心全意为人民服务的根本宗旨，突出服务师生、服务群众、奉献社会的主题，引导和动员广大预备党员，建党对象亮身份、尽义务、做奉献、树形象，展示共产党员的先进性，展示当代大学生的风采，为建设和谐校园和社会做出应有的贡献。

二、组织机构

党员义务服务（自律）中心下设4个部门，分别为办公室、宣教部、自律部、义工部。根据工作需要，设主任1名，副主任2名，各部门实行一正一副制，干事若干。

党员义务服务（自律）中心成员聘期为一年。

三、党员义务服务（自律）中心主要职能

艺术设计学院学生党员义务服务（自律）中心是在院党总支指导下开展工作的学生自治组织。学生党员义务服务（自律）中心坚持以校园精神文明建设为重点，以全心全意服务同学为宗旨，充分发挥“自我教育、自我管理、自我服务”的作用，致力于维护校纪校规，倡导良好的院风、学风，促进同学之间的团结与沟通，协助学院建设良好的教学秩序和学习、生活环境；开展党员责任区建设活动，落实“一帮一”“多助一”制度；加强学院与广大同学的联系，通过各种正常渠道，及时反映同学的意见、建议和要求；参与涉及学生、学院事务的民主管理，维护同学的正当权益；参与教育教学管理，培养学生的参与意识、实践意识、团队意识、责任意识、文明礼貌意识；加强对学生预备党员、建党对象的教育培养与监督考核；加强对党的知识的学习；开展党员义务服务活动。

四、主要方式和内容

大学生预备党员，在一年的预备期内，根据学习、工作和自身特点，选择适当方式，必须参加不少于50小时的志愿者服务。大学生预备党员50小时的志愿者服务是指预备党员利用课余时间，自愿、无偿地服务他人、奉献社会的行为。

1. 开展公寓党员责任区建设活动。每一名党员在做好自身寝室文明创建活动的同时，要根据统一安排，落实一个责任寝室，负责该寝室的环境卫生、政治思想、文明和谐、寝风学风、突发事件等工作，并做好《责任区联系记录》。

2. 认真做好党员的教育、自律工作。认真开展党员的“每月一学习”、主题讨论、创先争优等活动，不断提升对党的认识，端正入党动机，同时加强对党员队伍的监督考核。

3. 带头参加志愿服务活动。党员（建党对象）要带头参加助老扶残、扶贫济困、支教助学、社会实践、科普宣传、环境卫生等各类志愿服务活动。参加“志愿星期天”活动。

4. 结对帮扶困难群众。党员（建党对象）在其生活、学习以及学生工作的范围内，与社会困难群众和困难同学结成帮扶对子，实行“一帮一”或“多助一”的长期结对服务。

5. 参加团总支、学生会活动。根据团总支、学生会的统一安排，积极献计献策，并带头参加各种活动，协助做好活动的组织工作。

6. 参加各种慈善活动。向遭受自然灾害或其他灾难的群众以及其他需要帮助的群体献爱心、送温暖，帮助他们渡过难关。

7. 参加暑期社会实践活动。利用暑期时间，参加团委组织的“三下乡”社会实践，集中开展志愿服务。

8. 参加各种临时性、突击性的服务工作。如为大型社会活动提供服务，参加植树造林、清洁卫生等义务劳动，做抗灾救灾、重大活动义工等。

五、基本原则

1. 坚持党员自觉与组织引导相结合。开展学生党员（建党对象）义务服务活动，既要激发广大党员履行义务、服务群众、奉献社会的自觉意识，引导他们在社会生活的方方面面以实际行动发挥作用，又要在各级党组织的领导和组织下，有计划、有组织、有针对性地开展志愿者服务活动，为群众办实事、解难题，为社会公益事业献爱心、做贡献。

2. 坚持集中活动与分散活动相结合。密切关注学生所想所盼，针对学生日常学习、生活中急需解决的突出问题，组织党员（建党对象）集中开展志愿者服务活动，扩大影响，推动工作。同时，根据服务项目的特点，把集中活动与党员分散开展活动有机结合起来，把志愿者服务活动延伸到学生生活的各个方面，使志愿者服务活动成为党员八小时之外发挥先锋模范作用的重要载体。

3. 坚持尽力而为与量力而行相结合。加强对预备党员的教育，使志愿者服务精神深入每个预备党员的心中。鼓励大学生预备党员充分发挥自身特长，积极主动地参加志愿者服务活动。同时，讲究实效，不搞形式主义，真正做出成效。对活动内容、服务项目进行调查、分类，在了解情况的基础上，根据服务项目的要求与党员本人的能力、水平，确定服务的形式与内容。

4. 坚持党员志愿者服务活动与学生的专业相结合。充分发挥学生的专业优势，利用所学之长为社会服务。

六、具体工作要求

1. 高度重视，加强领导。各党支部要高度重视，把大学生党员（建党对象）义务服务活动作为新时期加强学生党建和思想政治教育、培养大学生的服务意识和社会责任感的一项重要载体来组织实施，按照活动的整体要求，从本组织的实际出发，制订工作计划、实施办法，加强对活动的指导、检查和督促，及时研究解决遇到的问题，促进活动顺利健康开展，保证活动的实效。

2. 组建学生党员（建党对象）志愿者服务队伍。党员（建党对象）志愿者实行登记注册管理，由党员（建党对象）向所在党组织提出申请，并根据自己的年龄、特长、意愿和身体状况，申报服务项目。党组织对报名的党员进行审核、登记造册并确定服务项目，有计划地组织开展活动。党员（建党对象）义务服务队可与青年志愿者服务队、服务社会的学生社团等其他服务组织结合起来，共同开展活动。

3. 实行活动登记制度。党组织要建立党员志愿者服务活动登记制度，将党员参加志愿者服务活动的情况登记在册（登记卡由党总支负责制作发放）。登记内容包括参加活动的时间、地点、内容、证明人等。要定期对党员参加志愿者服务活动的情况进行检查，对服务效果进行评估。对表现突出者要进行表扬表彰。各党支部要及时将党员志愿者服务活动的开展情况进行汇总并上报，一般两个月上报一次。

4. 及时总结，营造氛围。各党支部要加大对党员（建党对象）志愿者服务活动的宣传力度，广泛宣传党员志愿者服务的先进事迹，总结、推广党员志愿者服务活动的好做法、好经验，结合我院党总支的工作计划，创造性地开展工作，形成工作特色。

5. 大学生党员（建党对象）志愿者服务活动由党总支牵头，各支部、学生工作办公室、院团总支具体负责并组织实施。

附件8-2

党服“九九重阳”敬老活动策划书

尊老敬老是中华民族的传统美德，在社会经济飞速发展，竞争愈演愈烈的今天，有越来越多的老人被冷落。尊重老人、敬爱老人，说到底就是尊敬自己、敬爱自己。懂得孝顺父母的我们，更应该打开心胸去给老人欢乐，给他们祝福，陪伴他们去更好地生活。要加强学生思想品德教育，培养学生的社会责任心和尊敬老人的优秀品质，让同学们的社会实践能力得到提高。

一、活动主题：登高度重阳，百行孝为先

二、活动时间：2017. 10. 28

三、活动地点：白云社区

四、活动流程：

1. 联系白云社区居委会；

2. 物品准备：购买水果（利于老人身体健康的水果并且方便老人们吃的水果）、一些生活用品；

3. 摄影：黄同学、李同学；

4. 劳动工具：扫帚，拖把，毛巾等；

5. 帮老人打扫房间卫生、剪指甲、跟老人聊天，听老人讲过去的事情，给老人讲自己的所见所闻，交流彼此对生活中一些问题的看法，重点应该放在对老人们的倾听上。让老人感受快乐与温暖。在聊天过程中，为老人们（尤其是行动不便的老人们）做一些小事，如帮老人按摩、倒水等，在点滴细节上关怀老人，给老人们送去温暖。一起打扫社区卫生，如擦玻璃、打扫院子、整理花草等。另安排部分同学到厨房为老人们切水果；

6. 见到敬老院的老人、领导及工作人员要微笑、主动地问好，体现良好的个人素养；

7. 清理房间时要注意安全，不要碰坏老人的东西，不能改变房间原有的布局。

党员义务服务中心

2017.09.20

架起心手之桥，点亮生命之爱

——心肺复苏志愿服务

一、活动设计理念

在上一篇“天使之爱”志愿服务活动中提到了，我们医学院一直坚持倡导在广大师生中弘扬“奉献、友爱、互助、进步”的志愿者精神，紧紧围绕学校“俯身贴地，服务地方经济”的号召，从自我做起、从身边做起、从小事做起，投身到帮贫救困、扶弱助残、倡导文明、维护秩序、爱护环境等社会公益性志愿服务活动中去。

2012 年 7 月，国务院印发《关于促进红十字事业发展的意见》（国发〔2012〕25 号），指出要建立红十字应急救护培训长效机制，充分发挥红十字会在公众参与的应急救护培训中的主体作用，全面推动应急救护工作。

2013 年 5 月，中国红十字会第十次全国会员代表大会召开，习近平总书记在会上指出，红十字不仅是一种精神，更是一面旗帜，跨越国界、种族、信仰，引领着世界范围内的人道主义活动。（人道主义事业是全人类共同的事业，红十字精神应该不断发扬光大。）

红十字精神、志愿者“奉献爱心、服务社会”精神，正和社会对医学专业所期望的“医学”精神相契合，和我们医学院所追求的职业精神——“五心”天使（爱心、耐心、细心、责任心和关心）一脉相承。医学精神是指一个医务工作者除必须具备一定的专业知识和技能外，还必须具备高尚的医德医风，包含全心全意为人民服务和救死扶伤的革命人道主义精神。

另一方面，随着中国特色社会主义进入新时代，我国社会主要矛盾已经转化为人民日益增长的美好生活需要和不平衡不充分的发展之间的矛盾。按照马斯洛的需求层次理论，人们从基础的物质需求开始朝着更高层次迈进，人们越来越关注生命、关注健康、关注生活质量。健康是幸福的前提和基础，确保人民健康、打造健康中国是国富民强的保障，作为医学院学生，更需要为此做出努力，为十九大提出的“实施健康中国战略”而努力。

在健康中国蓝图下，我院“天使之爱”志愿服务队伍根据学生入校的能力、需求，结合专业特点、精神，将普及急救知识和技能作为我院的长期志愿服务项目，让带有专业特点的医学志愿服务项目智慧地服务社会，用行动传播爱心，营造传递友爱、共襄善举、守望相助的社会风气，使核心价值观在潜移默化、润物无声中浸润群众心底，融入日常生活，为社会进步贡献自己的一份力量。

其实，我院2002年就成立了“爱心协会”，近年来，协会力量不断壮大，志愿服务项目越来越多，分支出“CPR志愿服务小分队”。为了扩大影响，我院决定将协会升级为校级社团，并正式更名为“校红十字协会”，由医学院教师担任协会指导教师，会长由医学院学生担任。这一方面旨在便于向全校招募更多的志愿者加入该项目中；另一方面也便于加强与衢州市红十字会的紧密合作。

除学生参与外，我们还吸引了许多护理教师一起参与。

本项活动的特色可以用“五度”（如图9-1）来概括：

（一）紧扣时代高度，规划好健康发展“一张图”

据《医学科学报》了解，我国急救知识培训发展较晚，应急救护技能普及率远低于发达国家，例如德国普及率为80%，法国为40%，日本中学生的普及率甚至高达92%，而中国仅有不到1%。普及急救知识，教民众用好“急救黄金五分钟”，是提升我国应急救护效率、减少突发病患猝死率的有效途径，也可以让人们更多地了解有关生命、健康的知识，不断推动健康中国建设。

（二）拓展服务广度，涵盖普罗大众“一张网”

CPR不仅实用，而且也能吸引更多不同群体参与，甚至一些企业中的特殊职业、岗位更需要掌握这样的知识和技能。

（三）挖掘服务深度，手把手下好健康“一盘棋”

随着志愿服务的日益深入，我们发现“授人以鱼不如授人以渔”，我们开始将更多技能普及给广大人民群众。在与群众交谈中，让学生有机会与社会接轨，明白“纸上得来终觉浅、绝知此事要躬行”，在志愿服务中实现自我成长。一方面，也使医学健康知识不再“藏着掖着”，让广大群众一起参与，亲身实践，掌握一门救命技能。

（四）他救自救有温度，合力画好健康“一幅画”

通过让民众不仅是“听”“看”，更重要的是在“做中学”“学中做”“边学边做”，让百姓学会在危急时刻能更冷静地协助医务人员救助他人，也让民众更体会到作为医务人员能救助他人的“大爱”精神。

（五）增强服务可持续度，传承医学精神“一杆旗”

我们深知应急救助的道路“漫漫其修远兮”，我院以红十字协会为载体，每年按期换届选举产生新一届协会会长，通过“学长学姐”带“学弟学妹”的“传帮带”的方式，将该项志愿服务活动长久地持续下去，“吾将上下而求索”。

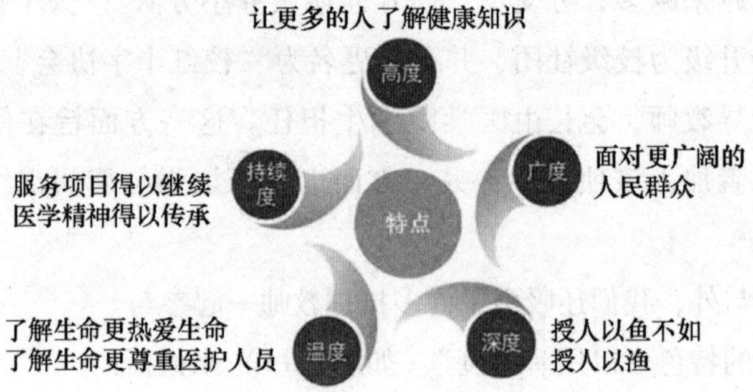

图 9－1　CPR 志愿服务项目的特点

二、活动方案

本活动以服务民众健康为宗旨，面向广大市民，开展以普及 CPR 知识技能为主的志愿服务活动。

（一）CPR 志愿服务项目主要内容

除了普及 CPR 之外，我院还根据学生的技能学习要求和社会需求对志愿服务内容进行了不同层次划分（如图 9－2）：

该项目最核心的是 CPR 黄金五分钟的急救知识普及和技能的普及。

其次是体外应急包扎。随着伤亡事故的增加，应急包扎知识和技能的普及显得格外迫切。

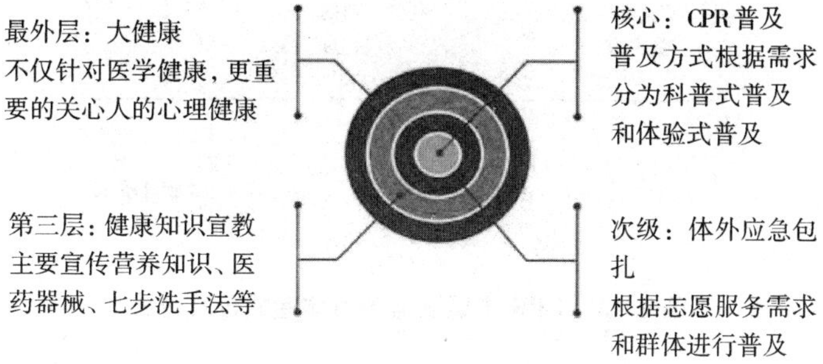

图9－2　CPR志愿服务项目内容

再次是健康知识的宣教。宣传的内容包含健康常识、营养知识、药物常识、医药器械使用如血压计使用、七步洗手法等。

最外层“大健康”是对我们健康事业的一种设想。护理工作是针对“人”的工作，从霍兰德职业兴趣测试我们可以看出护理工作者应该具备“社会型”的特点，不但要求我们能在技术上对人们进行救死扶伤，更重要的是在心理上帮扶。美国医生特鲁多的墓志铭被众多医务工作者视为座右铭，他讲述了为医的三种境界，即“有时去治愈，常常去帮助，总是去安慰”。我们希望在我们实施志愿服务的时候，更重要的是可以去帮助更多需要帮助的人们，不仅是从专业上的，更是从心灵上，让人们体会到志愿服务的精神——“爱”。

（二）CPR志愿服务项目普及方式

CPR急救普及是一项实操性较强的志愿服务项目，根据CPR的要求，我们将项目分为科普式和体验式普及：

“科普式”普及是指用时短，以图片等静态实物或一次讲座的方式向群众展示CPR的理论知识和实际操作步骤等，主要目的是让民众了解“黄金五分钟”的意义。

“体验式”普及时间相对比较充裕，一边讲解CPR的理论知识，一边给群众进行实务操作和指导，让群众能亲身体验、参与模拟救助现场的志愿服务。具体如图9－3。

（三）实施群体

CPR普及项目也会根据不同群体需求开展不同方式、不同层次的方案，见图9－4。

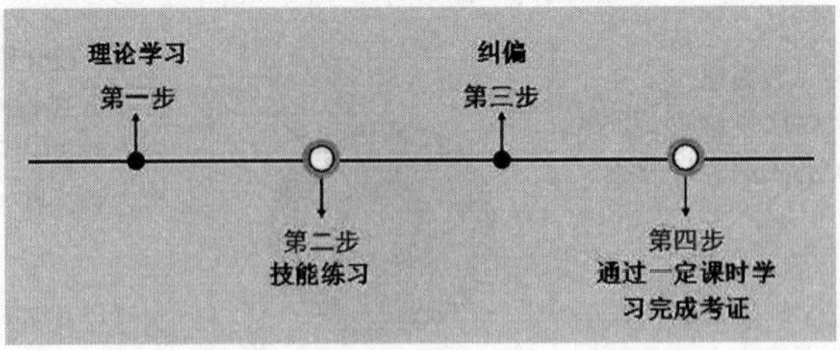

图 9-3　CPR 志愿服务项目体验式普及方式

1. 校内

校内分教师群体和学生群体。

教师群体主要是对医学院专业教师以外的教师实施普及，特别是对体育教师、辅导员等，专门开设讲座进行专题辅导。医学院为此还在行政教师群体中举行了 CPR 技能竞赛。

学生群体中，医学院护理、助产专业学生是人人都要学、都要考取红十字会颁发的救护员证书。而其他二级学院学生，学校将急救作为一门公共必修课。

2. 校外

我们与社区、企业、学校都有合作。特别是在学校普及中，我们还配合衢州市红十字会，开设大学先修课，将急救普及作为先修课程。

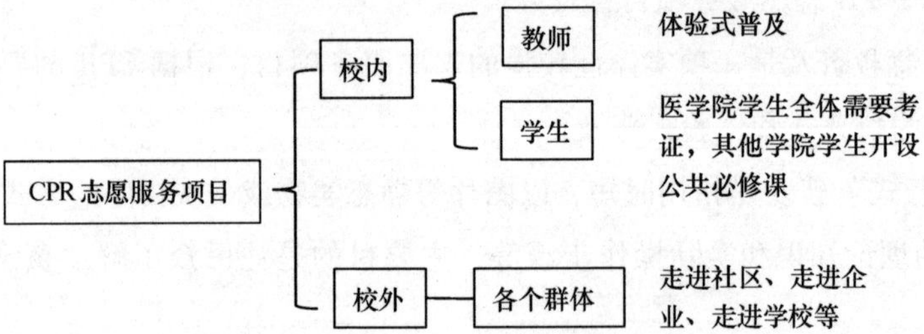

图 9-4　CPR 志愿服务项目实施群体

三、活动成果

CPR 志愿服务项目自开展以来，受到了校内师生的好评，医学院的同学们更是一张“名片”，用自己的实际行动为他人生命护航，获得了社会的肯定。

（一）“爱”的代言人

从实施志愿服务以来，学生逐渐将志愿者精神和护士职业精神内化于心、外化于行，将“爱”时刻谨记于心，不断涌现了像姜新芸、周心怡、徐茗婕、韩莺这样一批批践行“爱”的使者。这些同学犹如“星星之火”，让我们医学院“天使之爱”的美名荡漾三衢。

1. 周心怡个人事迹

2015 年 9 月 5 日上午 7 点，作为实习护士的周心怡像平常一样骑着自行车从学校出发，到衢州市人民医院实习。刚走一半，她发现骑在她前面的一位女士突然从自行车上摔下，昏倒在地，失去意识。看到此景，周心怡没有丝毫犹豫，立即跳下车，跑上前进行现场急救。经过检查，她发现女士的颈动脉搏动和呼吸都在，但已完全丧失意识，右手和左脚都有擦伤，考虑到脑震荡和骨折等因素，她没有随意移动该女士，同时她掏出手机拨打 120 急救电话。在救护车到达后，怕医生不了解情况影响救治，她随同救护车一起护送女士到衢州市人民医院进行急救。周心怡用该女士的手机联系上了她的家属。等到女士的女儿赶到医院后，她才匆匆离开赶去上班。

被她送到医院救治的女士姓周，是衢州市姜家山人。周女士病愈出院后一直想找到这位“救命恩人”。在周女士的请求下，医院通过监控视频找到了“好心人”的影像截图，并通过微信公众号推送了找寻消息。浙江新闻客户端、衢州日报等媒体纷纷转发寻找信息，全城寻找救人不留名的“好心人”。在全城共助下，周女士最后终于找到了周心怡。周女士说：“我只记得那天骑着骑着就晕了，再有意识就是躺在医院。我是个有恩必报的人，找不到好心人心里就有个疙瘩，再困难也要找到她。现在社会风气这么不好，看到马路上有人摔倒，都要离得远远的生怕被‘讹上’，这个救我的小姑娘，不光善良，而且很勇敢，所以我一定要找到她，当面跟她道谢，好人就该有好报！我要好好谢谢她……”

周心怡一直认为，扶危济困是每一个普通公民都应具有的品德，救死扶伤是一名医护人员的职业本能，碰到有人遇险，相救是她应该做的事，所以她也没有放在心上。没想到，半个月后，她在工作时收到了被救女士送来的锦旗和鲜花。此时，她才知道，自己已经成为这座城市的“名人”，被全城寻找的“好心人”。她说：“没有想到阿姨找了我这么多天，今天还特地来感谢我。”回忆当天的情景，周心怡感到有些害羞。“我是一名护士，学过急救处理，当时周阿姨就倒在我前面，我根本没有考虑那么多就赶紧施救了。这不是很应该很平常的事情吗？没想到阿姨还特地来医院谢谢我。我其实更要感谢周阿姨对我行为的肯定和鼓励，让我今后再遇到他人遇险时，能挺身而出，没有顾忌。”

周心怡救人事件经媒体报道后，在社会上引起了广泛反响，许多人认为，当有人还在为“有人倒地该不该扶”各执其见时，周心怡已经用自己的行动给出了正确的答案。在她身上，我们看到了一位普通大学生的善心、爱心和责任心。她的这一行动，充分展示了当代大学生积极向上、勇于担当的良好形象，值得大大地点赞。

也正因如此，周心怡被评为“衢州市十佳最美大学生”“最美青春——浙江省第二届感动校园人物”。

2. 姜新芸个人事迹

2015 年 8 月 3 日晚上 7 点，每天晚上都有锻炼习惯的姜新芸，如往常一样在学校操场跑步，跑到第 10 圈的时候，突然从她的身后传来“砰”的一声，她转身一看，一个人倒在地上，正面着地，全身抽搐，姜新芸意识到情况不妙，她立即飞奔上前，想扶起患者，却发现该患者脸色苍白，牙齿死死地咬住舌头，口水不断溢出。“不好，是癫痫”，学医的姜新芸从患者的症状立马判断出了病情，事态紧急，手头上没有抢救器械怎么办？癫痫病人一旦咬伤舌头会造成气道堵塞。姜新芸来不及多想，不假思索地用手指撑开患者紧闭的牙齿，让患者保持呼吸通畅。与此同时，姜新芸一边用手按压患者的人中，一边让患者靠在自己的身上不断呼喊患者，可是患者仍旧意识模糊。周围的人越聚越多，一位中年妇女匆匆赶来，说是患者的邻居，见此情景还是手足无措。姜新芸一边安抚她，一边让她拨打 120 急救电话请求帮助。救护车赶到后，姜新芸和患者邻居一起将患者送往衢州市人民医院，而在这之前，为了避免患者咬伤舌头，姜新芸一直用手掰开上下牙关长达 20 分钟。由于抢救及时，该患者的父母接到消息赶到医院时，患者的生命体征已恢复平稳。姜新芸见患者情况好转，就默默地离开了现场，此时，已经是深夜 10 点。

两天后，记者见到姜新芸时，她正在病区忙碌，穿着一身素洁的护士服，脸上总是挂着甜甜的笑容。回忆起当天的事情，姜新芸仍然挥挥手说不值一提。她说：“我只不过做了一件很普通的事情，任何人看到都会这样做的。你们不用报道我。”

3. 徐茗婕、韩莺个人事迹

2018 年 12 月 9 日衢州马拉松比赛现场，比赛进行到 9 点 10 分左右，在衢江大桥至创新大厦路段（马拉松 13 到 14 公里处），一名中年男子跑者踉跄摔倒，在同跑的夫人的搀扶下，起身继续跑了几步后，又摔倒在地。见状，来自我校的 2017 级护理 3 班徐茗婕、2017 级助产 1 班韩莺两名医疗救护志愿者，马上飞奔过去，通过在校学习的医学技能试探男子鼻翼呼吸、观察胸扩、检查颈动脉等。见到男子情况并不乐观，开始出现昏迷和意识丧失的症状，徐茗婕立马拨打了 120 急救电话。随后在判断该男子符合做心肺复苏术（CPR）的条件下，两人轮流开始对其进行胸外按压，开放气道，人工呼吸，在进行了四分钟的心肺复苏术后，患者开始恢复意识，并缓缓睁开眼睛。在医护人员赶到后，两人又随医护人员一起将患者抬上救护车，送往柯城区人民医院接受进一步地全面检查和治疗。

两人抢救完患者后一直双手颤抖，或许这就是对于生命的敬畏之情。

徐茗婕一直认为，在生命的危急关头，在保证自身安全的前提下，伸出援手是每个普通公民应该具有的品德，而作为医护工作者，救死扶伤更是本职，作为衢州马拉松的医疗组志愿者、护理专业的学生，遇到这种情况就应该义不容辞地前去救人，做冲在最前面的白衣天使。她说，每一次志愿服务她都格外珍惜，每一次志愿都是成长，帮助他人的同时也在奉献着自己的力量，或许这个力量很渺小，但是她会利用这股力量去鼓励身边更多的人去帮助他人。未来她会谨记两句话：一是“燃烧自己、照亮他人”的南丁格尔人道主义精神，二是“健康所系、生命相托”的从医誓言，砥砺前行，为健康事业奋斗。

韩莺说很庆幸当初填写志愿时毅然决然地填报了关于医学的专业，也为今后自己即将成为一名医务工作者而骄傲。她参加过很多志愿活动，当然也很荣幸参加了两次衢州市级活动的志愿服务，一次是衢州铁人三项赛、一次就是衢州马拉松。在衢州马拉松比赛中作为一名医疗志愿者，能运用自己的所学帮助到需要帮助的运动员选手，她感到很开心很欣慰。虽然自己平时在学校 CPR 练了很多次，可当意外第一次真实地发生在身边时，第一次在真人身上做 CPR 时，她坦言很紧张。她说服自己必须沉着冷静下来，要充分相信自己、相信患者，要对得起志愿者袖套上红十字赋予的责任。那一天对她来说真的是刻骨铭心，那天的紧张、心跳加速与激动至今都历历在目。那天还是她 20 岁生日，这份与众不同的生日礼物太有意义了。她说，护士洁白的燕帽象征着圣洁的天使，燃烧的蜡烛象征着“燃烧他人，照亮他人”，今后的生活中她将以一名合格医务工作者的标准要求自己，将南丁格尔精神作为信仰，尽自己所能承担好“为生命站岗”的责任与使命。

徐茗婕、韩莺救人的事迹在社会上也引起了广泛关注，如图9-5所示。

图9-5 救人过后的社会反响

（二）“爱”的缔造者

在每年的5月12日护士节到来之际，医学院围绕“天使之技”参加各类CPR技能竞赛，并获得了多项奖励。

表9-1 CPR竞赛获奖情况

时间	所获荣誉	主办单位	级别
2012年7月	团体综合奖三等奖	浙江省红十字会	省级
	骨折固定单项二等奖		
	搬运单项三等奖		
2015年5月	团体一等奖	衢州市红十字会	市级
2017年7月	知识竞赛三等奖	衢州市红十字会	市级

学校还积极组织各二级学院进行急救技能竞赛。

（三）“爱”的传播者

每年在“3·5”志愿者日暨学雷锋纪念日里，我们都会走出校园，来到社区、企业等地进行 CPR 推广。

每年5月份，随着“5·12 护士节”的到来，我们也在校园内普及 CPR，具体数据如图 9－6 所示。

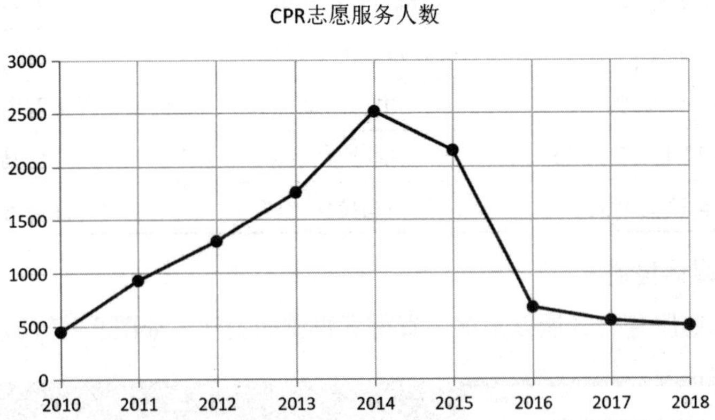

图 9－6　近几年来我院 CPR 志愿服务项目服务人数

（注解：2016—2018 年由于国家取消了养老护理员证书，所以服务人数略有下降）

我们还积极参加衢州马拉松志愿者服务，为衢州马拉松参赛者提供医疗救助。2016 中国·衢州半程马拉松于 12 月 11 日顺利谢幕。我院 151 名志愿者，通过三次集中培训，掌握了马拉松急救技能，出色地完成了衢州半程马拉松的医疗志愿服务工作，受到了组委会的充分肯定。“天使医疗志愿者”服务队获衢州半程马拉松优秀志愿者组织奖。2018 年衢州马拉松，我院 100 位学生参与，并在比赛途中成功救助了一位参赛选手。

下面将 2018 年我院 CPR 志愿服务项目列表呈现（节选）：

表 9－2　2018 年医学院 CPR 志愿服务项目

时间	活动名称	活动对象
2018 年 3 月 27 日—6 月 6 日	二级学院培训	衢职院学生
2018 年 4 月 15 日—4 月 29 日	衢州学院培训	衢州学院楼层长

续表

时间	活动名称	活动对象
2018 年 5 月 7 日	“急救相伴，与爱同行”应急救护技能大赛	衢职全体比赛人员
2018 年 5 月 8 日	世界红十字日主题活动	全校师生
2018 年 5 月 12 日	校园开放日现场 CPR 培训	面向社会各类人员
2018 年 5 月 12 日	衢州中专急救培训	衢州中专护理班
2018 年 5 月 17 日	湖州农民工培训	农民工
2018 年 6 月	电工培训	信息工程学院电工考证人员
2018 年 7 月 12 日—7 月 15 日	暑期社会实践	开化马金
2018 年 12 月 9 日	衢州马拉松比赛	面向社会各类人员

（四）媒体报道

CPR 志愿服务自开展以来就一直得到媒体的关注，如图 9 -7 所示。

衢州绿色产业集聚区实干快上

今日衢州 3

浙江日報

ZHEJIANG DAILY

上一期 上一版 上一篇

下一期 下一版

收藏 推荐 打印

版面导航 | 标题导航 | 返回主页

月嫂学急救

月嫂学急救

近年来，衢职院加大各类职业技能培训力度，先后成立衢州农民学院、衢州女子学院，设置家政、月嫂、养老护理等20多个专业性培训班。衢职院利用自身红十字会救护培训基地优势，在大多数培训班中加入急救培训课程。据悉，近年来，衢职院每年要为社会输送近2000名红十字救护员。图为3月16日，在衢州职业技术学院农民学院的月嫂培训班上，月嫂们正在学习心肺复苏等急救、保健等方面的实践操作培训。

汪培坚 郑霄毅 摄影报道

图 9 -7 《浙江日报》报道

文字内容：

月嫂学急救

（汪培坚 郑霄毅 摄影报道）近年来，衢职院加大各类职业技能培训力度，先后成立衢州农民学院、衢州女子学院，设置家政、月嫂、养老护理等 20 多个专业性培训班。衢职院利用自身红十字会救护培训基地优势，在大多数培训班中加入急救培训课程。据悉，近年来，衢职院每年要为社会输送近2000名红十字救护员。图为3月16日，在衢州职业技术学院农民学院的月嫂培训班上，月嫂们正在学习心肺复苏等急救、保健等方面的实践操作技能。

四、活动照片

浙江省第二届红十字应急救护技能大赛颁奖典礼

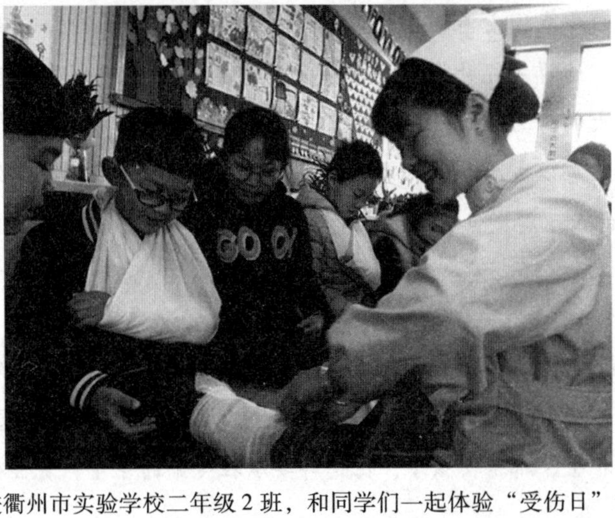

走进衢州市实验学校二年级2班，和同学们一起体验“受伤日”活动

“天使医疗志愿者”服务队获衢州半程马拉松优秀志愿者组织奖

五、师生心得

（一）学生心得

衢州职业技术学院校红十字会会长徐同学说：

“2018 年我进入了衢职，学习护理，作为一名护士很荣幸加入了红十字会的大家庭，既提高了自我修养，还可以锻炼一系列知识技能、行为习惯、文化涵养。在教学过程中我们看着同学们的不足，同时也反省着自己的不足，努力让自己变得更好，这样才能让同学们学得更好。虽然过程中有些辛苦，但是我们都能尽自己最大的努力让每一位同学都学得更好，同时我们也乐在其中、学在其中。我很荣幸可以成为会长，接过前辈手中的‘接力棒’，我必将努力推广 CPR，让更多的人了解，让更多的人受益。”

衢州职业技术学院信息工程学院王同学说：

“这个学期我学习了急救知识，了解到 CPR 不仅要有专业准确的手法，还要增强自己的体力，一个循环下来感觉有点吃力，也让我意识到每行每业都不容易，特别是护士，都是女孩子，但是却要承担生命的重量，责任很重大。”

（二）教师心得

衢州职业技术学院医学院余老师说：

“我们一直要求医学院的学生不光要有技能，更要有爱心，还要拥有知识和爱以外的东西，做一名复合型的人才。只有将爱真正融入生活的人，才能让自己的生活中充满爱的味道，医学院学生用行动展现出的‘天使之爱’，一直让我觉得骄傲。”

衢州职业技术学院医学院周老师说：

“自救互救和逃生避险技能已成为目前社会背景下，大学生们必备的生活技能。在大学生群体中普及急救知识，有利于提高大学生的综合素质，增强大学生的安全防范意识，减少突发事件对学生的伤害。此外，大学生是社会急救知识普及的主力军，可以进一步推进民众急救知识的普及。当发生意外情况时，可及时救助。

徐茗婕等同学的马拉松救人事件，充分说明大学生掌握急救技能的重要性。”

（三）社会人员心得

参加校园开放日的一位65岁的市民陈女士说：

“可以在专业人员指导下有节奏地为模拟人进行心肺复苏机会很难得，我年纪大了，学这个很有用，如果有意外情况发生，能够帮助身边的人。”

组织“受伤日”活动的衢州市实验小学汪老师说：

“非常感谢衢职院护理专业的学生们能利用课余时间来帮助小朋友学习包扎知识。通过这次活动让孩子们体验到了被包扎着做操和学习的不方便，让大家懂得了自我保护的重要性。在操场上运动完了之后，小朋友都认为受伤包扎起来真不方便，以后做任何事都会小心，增强自己的安全意识。”

六、推广经验分享

通过这些年志愿服务活动的开展，我们越来越明白志愿服务的魅力，更坚定了我们投身于志愿服务活动的决心，现将经验总结如下：

（一）你心我心，共画同心圆：在CPR普及的道路上，我们师生用自己的爱心造福他人、温暖他人，用自己的双手紧紧抓住“健康”“平安”的衣襟，大家同心同力，劲往一处使，一起构建健康的美好心愿。

（二）你手我手，共牵你我情：只要你愿意学，我们就愿意教，健康知识不应该高高在上，我们让更多的人了解急救知识，学会在危急时刻如何打通救助电话，如何争取“黄金五分钟”，如何减少受伤保护自己，让广大群众受益。

（三）你能我能，共谱健康梦：很多志愿服务项目是为别人送去服务，但是CPR项目却是不仅“输血”还鼓励大家“造血”，服务者自己参与，不仅能让他们受益，更重要的是让他们真正学到一门本领，一门可以在危急时刻去帮助他人的本领，从而对生命更加珍惜。

（四）自救她救，共怀医护情：通过CPR志愿服务活动的开展，通过救助他人，可以让大众更加敬畏生命，点燃责任感，也更让人们理解了医护人员的不易与伟大。

（五）亦师亦友，共勉职教魂：每次进行CPR普及的时候，我们师生都会一起结伴而行，不仅师生友谊更深厚，更重要的是教师在治病救人过程中的精神传承，以及手把手示范给学生的这些技能传承。正如习近平总书记所说的，这些教师是“学生锤炼品格的引路人、学生学习知识的引路人、学生创新思维的引路人、学生奉献祖国的引路人”。这种耳濡目染使“五心”护士的职业精神得以届届相传，铸就职业教育的精髓。

但是当我们越深入，越发现自己的力量是渺小的，CPR的推广道路是漫长的，我们在活动中也发现存在一些问题：我们不能寄希望于一次两次的培训就可以让市民学会一项专业的技能，而是需要反反复复、多学多练。其次，我们还需要经常在一些人流密集的场合，结合实际情况，开展急救知识的普及。再次，对一些取得了证书的人，我们也要加强回炉学习，让他们加入CPR救助服务队伍，使其知识有用武之地。

在今后的实施中，我们需要注意的有两点：

一是持续性。我们还要长期进行这样的志愿服务活动，并且在更多的场合让人们了解。

二是反复性。我们要定期回访进行过比较深入学习的企业单位，了解他们现在的情况，并及时更新他们的观念、纠正他们的动作，反复练习才能记忆深刻。

附件9-1

关于开展普及CPR志愿服务活动的通知

一、活动宗旨

为进一步弘扬“人道、博爱、奉献”的红十字精神，推进公益事业发展，培养社会公德意识，为构建“和谐校园·衢职有礼”做出贡献，我院将紧紧围绕“人人学急救，急救为人人”的活动主题，积极开展丰富多彩的活动，不断提高应急救护知识的普及率，加大应急救护知识的推广力度，让应急救护走进每一位师生的心。

二、活动主题（目标）

人人学急救，急救为人人

三、办理单位

主办单位：医学院

承办单位：医学院分团委学生会、校红十字协会

四、时间，地点

2017年5月　校内

五、参加对象：红十字协会成员

六、服务对象：社会及学校同学、教师

七、活动内容

项目	活动内容	活动时间	活动地点	活动方式
活动一	校园开放日CPR普及	2017年5月10日 9：00—16：00	医学实训中心一楼多功能厅	现场心肺复苏体验
活动二	医学院学生CPR竞赛	2017年5月14日 12：30—14：00	医学实训中心一楼多功能厅	五人一组进行现场CPR竞赛及包扎竞赛
活动三	校辅导员救护培训	2017年5月21日 14：00—17：00	医学实训中心一楼多功能厅	现场心肺复苏理论讲解+实操

八、具体安排

（一）活动宣传及报名。校园开放日活动项目将刊登在《衢州日报》上，

征集CPR项目体验者，并免费向广大市民开放。其他活动则通过微信、宣传公告的方式在校内发布，学生可以通过微信或联系活动负责人进行报名。

（二）组织学习。红十字协会指导教师组织辅导员理论学习和实操。医学院师生负责组织市民观摩体验CPR项目，学生志愿者做好后勤服务。

（三）开展竞赛。以“以赛促进、以赛促改”为原则，根据学生参赛数量，在医学院内部学生中选拔出20%的队伍进行决赛，邀请校外专家进行评审。

九、预期效益

一是增强师生与社会的互动，普及CPR项目，让人们更加珍惜生命，更加热爱生命，甚至在危急时刻可以伸出援手；二是通过志愿实践，提升学生的职业能力和职业素养。

附件9-2

在了解了周心怡学姐他们的事迹之后，2017级护理专业的学生徐同学、庄同学写了一篇青春宣讲，题为《医路向前，春暖花开》并在2019年医学院元旦晚会上，和一群“白衣天使”们一起朗诵表演。

朗诵稿内容如下：

徐：我时常想，成为白衣天使的意义是什么？

庄：我也时常想，选择这个职业，我的初衷是什么？

徐：2018年12月9日，发生了这么一件事情，让我心里有了答案。

庄：当时，在衢州马拉松比赛的某个赛道，有位参赛者晕倒了，发现有人倒下的瞬间，我们毫不犹豫地上前施救，利用课堂所学，第一时间观察选手的生命体征，第一时间拨打120急救电话，第一时间给选手进行胸外按压，第一时间指导其夫人进行人工呼吸，利用自己的一技之长救起了那名参赛选手，为选手后续的治疗提供了宝贵的时间。

徐：那是我第一次拨打120急救电话。

庄：那是我第一次在真人身上进行了胸外按压操作。

徐：看着救护车载着已经复苏的选手呼啸而过，我们浑身战栗。

庄：那是对生命的敬畏。

徐：那一刻，我真真切切地体会到医护工作者的价值。

庄：那一刻，我真真切切地认识到无数次操作练习的必要性。

徐：那一刻，我清清楚楚地了解到老师在课堂上传授知识的重要性。

庄：那一刻，我真真切切地感受到生命的伟大！

徐：2015 年 8 月，医学院姜新芸同学在操场上救助癫痫病发作的病人。

庄：2015 年 9 月，医学院周心怡同学在实习路上救助骑车摔倒的市民。

徐：2017 年 7 月，医学院吴秀仙老师在海边救助溺水者。

庄：作为医学院的学生，在危急关头，挺身而出，早已深深印刻在我们心里。

徐：护士与每个人都有着千丝万缕的关系，当你降生到这世界上第一个迎接你的是助产士。

庄：当你病魔缠身时为你解除痛苦的是护士。

徐：当一个人走完人生历程，带着沉重告别的时候，送他归去的还是护士。

庄：人们把护士比作生命的使者，爱的化身，我要感谢我的专业，是它让我明白如何平等、善良、真诚地对待每一个生命。

徐：是它让我理解了活着就是一种美丽！我的未来职业使我比别人活得沉重，但我能用我的生命搀扶着另一个生命慢慢走过！

庄：在支付我的生命艰辛的同时，也收获着他人获得生命的喜悦，当我回头时，看到的是生命的律动与蓬勃。

徐：我庆幸，我能如此地贴近生命，去触摸、去聆听、去感悟！

庄：作为一名护士，我将把我一生的爱奉献给我的病人！因为，平凡就是幸福，奉献让我更美丽！

徐：习总书记说："中国梦是历史的，现实的，也是未来的，是我们这一代人的，更是青年一代的。"

庄：而作为青年一代的我们，梦想想必就是医患关系能够越来越融洽。

徐：梦想着医疗技术水平更加完善。

庄：梦想着每一位病人都能够早日康复。

徐：梦想着能为未来的医学事业添砖加瓦。

徐、庄：未来，我们将会怀揣着爱心、细心、耐心、责任心，全心全意地投入到医护行业中去，不忘初心，砥砺前行！医路向前，春暖花开！

潜在课程篇

超市聚爱心　青春志愿行

——“校园有爱”之爱心超市

一、活动设计理念

我国社会的主要矛盾已经由“人民日益增长的物质文化需要同落后的社会生产之间的矛盾”转化为“人民日益增长的美好生活需要和不平衡不充分的发展之间的矛盾”。习近平总书记指出：“要在加强品德修养上下功夫，教育引导学生培育和践行社会主义核心价值观，踏踏实实修好品德，成为有大爱大德大情怀的人”。为提升公民素质进一步指明了方向。开展志愿服务能有效地提升公民道德水平，衢州市市委书记徐文光在创建全国文明城市万名志愿者誓师大会暨“小锦鲤”志愿服务队授旗仪式上说：“文明城市，志愿先行。无论是炎夏，还是寒冬；无论是刮风，还是下雨，我们都能看到志愿者辛勤忙碌的身影，大家都是‘南孔圣地、衢州有礼’城市品牌形象的最好代言人，大家都是‘一座最有礼的城市’中那一抹最靓丽的‘志愿红’。”志愿服务已然成为一座城市公民道德文明程度的象征。2018 年的全国教育大会首次将教育定位为“国之大计、党之大计”，把立德树人融入思想道德教育、文化知识教育、社会实践教育各环节。如何提升大学生的思想道德水平，除了开展思想政治理论教育，还要深挖第二课堂，鼓励学生积极参加社会志愿服务活动。“爱心超市”就是在鼓励学生积极参加志愿服务的基础上建立的，为参加志愿服务的同学按照服务时长兑换相应的生活学习用品。

衢州以打造“一座最有礼的城市”为导向，让这里成为一个令人心生向往的温暖之地。但和很多地方一样，衢州在发展中也存在着或大或小的问题，有的问题尚缺乏成型的解决渠道或机制，这就需要志愿者发挥作用。从 1995 年衢州创建国家卫生城市开始至今，二十多年来，在衢州城市提升工作中，我们已无法统计志愿者有多少人次参加，也无法统计有多少“牛皮癣”被清除，有多少乱堆乱放的垃圾被搬走，有多少黑臭水体被整治……我们见证并亲历了衢州日新月异的变化，这都是无数城市志愿者默默地奉献所收获的，而大学生作为志愿服务的主力军，要热于奉献，甘于付出。参加志愿服务活动可以培养大学生的社会责任意识、参与意识，锻炼并提高社会活动能力，有利于理论联系实际指导实践，更好地了解社会和现实，更好地理解和掌握书本知识。有利于大学生的健康成长，培养其综合素质，等等。大学生积极承担社会责任是志愿服务的基本要求。积极参与社会公益活动是服务社会、奉献社会的好形式。在活动中，当我们用爱心火炬照亮别人的时候，其实也在温暖着自己，当很多人将爱心火炬传递下去的时候，其实也在照亮整个社会。让大学生明白人生的意义不在于索取，而在于奉献。奉献既表现为在国家和人民需要的关键时刻挺身而出，也融会和渗透在人们日常的工作和生活中。我们只有不断为他人、集体、国家和社会做出奉献，人生才能更光彩，自身价值才能更好地实现。奉献是一种真诚自愿的付出行为，是一种崇高的精神境界，是美好的人生追求。大学生在参加志愿服务得到快乐的同时，也帮助了别人。当你帮助别人时所获得的快乐是做任何其他事所不能比拟的。鼓励大学生积极参加志愿服务活动是高校德育教育一个重要环节，社会各界也在积极倡导大学生参与志愿服务活动，通过活动提升公民整体道德水平，衢州市为了鼓励和激励志愿者的服务热情出台了《衢州市志愿者激励机制》，志愿者可以通过志愿服务得到公益币兑换各种物品。这为我们“爱心超市”的发展提供了依据和支持，是对所有大学生志愿者的鼓励和肯定，对提升大学校思想道德建设有着不可磨灭的作用。

衢州职业技术学院紧紧围绕高校“立德树人”的根本标准，致力于打造一座最有“爱”的校园，并将“衢职有爱”融入学校人才培养计划和学生德育实践活动，通过开展各类大学生志愿服务活动，引导广大青年学生增强社会道德意识，努力成长为身心健康、爱与关怀、尚德弘毅的高素质人才，践行学校培养具备爱与关怀的匠心型人才的目标。衢州职业技术学院“爱心超市”是为大学生志愿者提供志愿服务时长兑换的平台，“爱心超市”的工作人员全部由热爱社会公益事业的青年学生志愿者担任，按虚拟市场运作的模式，构建一个实体超市，共同负责爱心超市的各类事务。“爱心超市”活动方案结构图如图 10－1 所示。

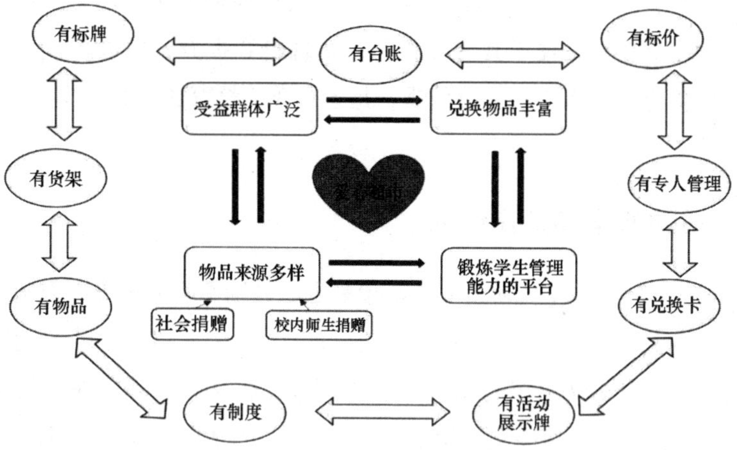

图 10－1 “爱心超市”活动方案结构图

“爱心超市”项目有以下特点：

1. 受益群体广泛。只要参加过志愿服务有志愿服务时长的同学都可以用志愿服务时长兑换相关物品，只要是在校期间产生的志愿服务时长都可以进行物品兑换，受益对象不仅仅局限于贫困生，鼓励更多的同学参与到志愿服务工作中。

2. 兑换物品丰富。兑换物品从洗发水、沐浴露、牙膏、牙刷、洗衣液等普通的生活用品，到笔记本、中性笔、橡皮、修正液等学习用品，几乎涵盖了学生在校期间所需要的各类物品。定期根据学生所需物品变化调整库存。丰富多样的兑换物品吸引了更多的同学走进“爱心超市”。

3. 物品来源多样。学生兑换的物品共来自三个渠道：（1）教职工捐赠；（2）社会爱心人士捐赠；（3）学生捐赠。物品的多样化来源使得“爱心超市”成了社会、教师和学生共同传递爱心的桥梁。对支持大学生参与志愿服务活动起到了促进作用。

4. 学生会锻炼平台。“爱心超市”的工作人员全部由热爱社会公益事业的青年学生志愿者担任，超市的进货、兑换、库存整理、活动组织、人员管理等一系列环节全仿实体超市，管理全都是由学生自主完成。让学生在参与项目的同时锻炼了自身的管理能力，既服务同学又自身受益。

5. 思想政治教育载体。通过积分兑换物品的方式鼓励更多学生积极参加志愿服务，维护“爱心超市”的正常运转。这是一种道德实践活动，适应了大学生思想道德发展要求，便于其修养德行，实现自我提升，完善价值体系，逐步树立科学的世界观、人生观和价值观，是思想政治教育的有效载体。

二、活动方案和工作计划

“爱心超市”是一个传递爱心、汇聚爱心、鼓励奉献的地方。鼓励了我校更多大学生参与到各类志愿服务活动中，在提升学生个人道德素养的同时也促进了社会的和谐发展，为衢州打造一座有礼城市，为学校打造一座有礼校园奠定了基础，“爱心超市”从成立之初就有着严格的工作制度和活动要求。

开放时间固定：2011 年成立至今，爱心超市的兑换时间都固定在每周三和周五的下午 12：00—17：00。这段时间，课程安排较少，便于同学们参与兑换。

人员数量稳定：通过前期报名选拔共产生 15 名“爱心超市”工作人员。负责人由志愿服务协会负责人担任。任期为一个学期，服务一个学期后如表现优异者在更换人员时可优先考虑。

工作人员岗前培训到位：“爱心超市”工作人员上岗之前会就礼仪和工作内容进行培训。同学进入超市要说“你好，欢迎光临”；同学离开超市时要说“感谢您对志愿服务的支持，欢迎下次再来”；每一位工作人员要对超市中所摆放物品的位置、价格及数目清楚，每次交接班的时候，要做好物品核对工作；对不清楚兑换规则的同学要进行耐心解读。提前 1 个小时到达超市清点并记录货物，结束兑换后要统计当日兑换物品的名称和数量，保证每次兑换都不会出现差错。

定期开展活动：每个学年开展三次大型户外兑换活动，分别为新生报到期间、迎新期间、毕业生离校期间。每一次大型活动的开展吸引了更多同学参与兑换，也让更多同学了解了“爱心超市”，提高了其参与志愿服务的积极性。

三、活动成果

以习近平总书记系列重要讲话为指导，以提升大学生思想道德为根本，秉持“南孔圣地·衢州有礼”的城市发展口号。通过正向服务时长奖励机制，推行“以激励带动志愿服务，以志愿服务提升道德水平”的新模式，提升大学生道德水平。按照“学校主导、学院联动、服务有效”的原则，“爱心超市”于2011年正式成立。成立至今的8年时间内，通过广泛宣传“爱心超市”的建设意义和运行机制，逐步形成了全员参与的良好氛围。我校“爱心超市”设施完善、物品充足、机制健全、运转良好，确保了其在大学生志愿服务中的正向激励作用。

“爱心超市”设置在人流量密集的学校食堂门口，悬挂红色“爱心超市”标识牌。8年的运营始终坚持“九有”的标准，即有标示牌、有货架、有物品、有制度、有台账、有标价、有专人管理、有兑换卡、有活动展示牌。运营8年时间在社会、学校和学生们的共同努力下由最早的帮助扶持贫困生，到现在全员参与成为学校德育工作的第二课堂、志愿者的加油站，在工作中同学们不断努力和总结更新，编写了《爱心超市管理手册》。

8年来无论是参与人数，还是兑换物品数量，都随着学校发展的变化而变化。但不变的是，这里一直是一个传递爱心、传承爱心的基地。8年来受益人群从最初的年均750余人到现在的3000余人，兑换物品从最早的年均520余件到现在的1500余件（详见图10－2和图10－3）。物品由最早的衣物、牙膏、牙刷、牙杯、洗衣粉、笔记本等10余件物品增加到现在的保温杯、热水壶、雨伞、洗衣液、毛巾、钢笔、中性笔等50余件商品。

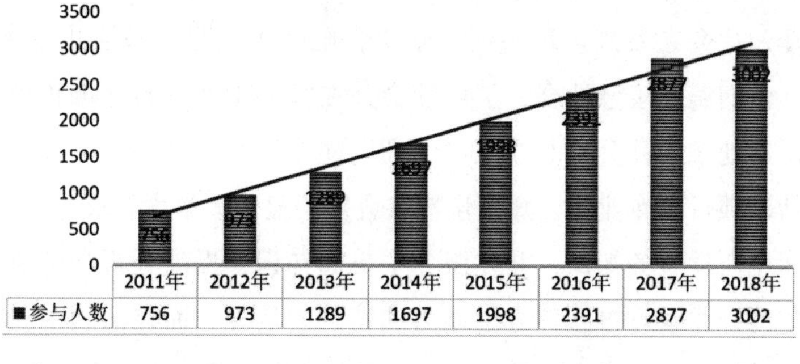

图10－2　2011—2018年参与兑换人数对比图

数据的展现一方面说明了“爱心超市”在不断发展，另一方面也说明了参加志愿服务的学生数量越来越多，参加志愿服务活动在学生自身得到锻炼的同时，对提升其道德水平、完善其人格塑造都有积极意义：（1）提高道德评价。志愿服务活动与志愿者精神符合现代的道德规范，获得了社会的积极评价。通

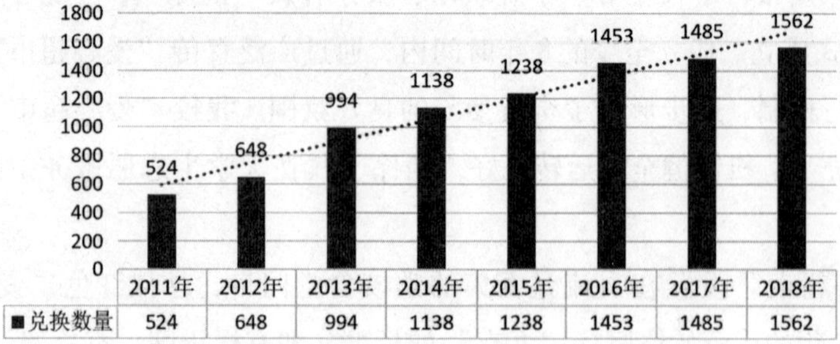

图 10－3　2011—2018 年兑换物品数量对比图

过正向激励，志愿者收获了心灵的净化，提升了社会、集体和他人对自己的道德评价，这对大学生而言具有非常重要的意义。（2）满足心理需求。大学生作为特殊的青年群体，总体素质较高，有很强的责任心和使命感。大多数大学生都认为参与志愿服务是自己应尽的社会责任和义务，并希望能做一些有意义的事情来回报社会的培育，积极推动社会文明建设。志愿服务活动倡导的“奉献、友爱、互助、进步”的精神符合广大大学生的特点，满足了他们的心理需求，这也是许多大学生加入志愿者行列的最直接原因。（3）丰富社会经验。大学生志愿服务活动的组织和开展大多以校外的社会需求为服务终端。积极参与各类志愿服务活动，已经成为当代大学生接触社会、积累社会经验的一条重要途径。时代在变迁，社会在发展。现在的大学生，已经不满足于校园内的故步自封、孤芳自赏，他们渴望接触社会、了解社会并在社会中实现自己的价值，使自己今后能够迅速地融入社会。（4）学习知识技能。随着志愿者行动的不断深化，志愿服务活动项目的专业化、知识化特点愈发明显。大学生开展志愿服务活动，能够充分运用所学业务知识，并在服务中巩固知识，提高分析和解决问题的能力。大学生特别注重对自己各方面能力和特长的培养，而在活动中获得专业培训，掌握实用技能，就成为大学生从事志愿者工作可期待的直接回报。

大学生通过参加志愿者行动，可以将自己与社会融为一体，把服务他人与教育自我有机结合起来，一方面可以增强大学生的社会责任感、奉献精神和公民意识；另一方面也可以开阔视野，丰富人生经验，锻炼和增强参与社会事务和公共事务的能力，提高专业知识水平和技能。

“爱心超市”在对志愿者进行正向引导之时，也激励了更多同学走下网络，走进志愿服务。提升全校学生道德思想水平的同时也促进了综合素质的发展。

“爱心超市”工作集锦

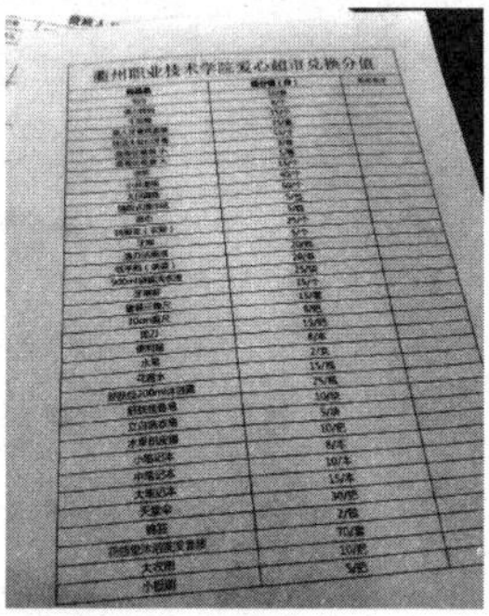

分值兑换表

日常值班

“爱心超市”管理制度

“爱心超市”值班记录

四、活动照片

“爱心超市”活动集锦

“爱心超市”设置兑换摊位照片

2012 年 2 月 23 日　爱之阳光　播撒你我

——“爱心超市”组织开展新员工培训

“爱心超市”置物架图片

2011 年 12 月 9 日　“让爱一路同行”——“爱心超市”开展校园爱心积分兑换活动

2012 年 3 月 28 日　物品有价　爱心无价——“爱心超市”携手“一缕阳光”开展积分兑换活动

2018 年 5 月 12 日工商模拟大赛——“爱心超市”兑换活动

五、学生得

衢州职业技术学院兑换过物品的潘同学说：

“‘爱心超市’物品较为丰富，生活用品居多，用小时去兑换物品，我认为是非常合理的，因为小时是做志愿活动所得到的，而兑换的物品是个人所需，‘爱心超市’兑换物品的活动，会带动个人参加志愿活动，从而获得小时去兑换物品。”

“‘爱心超市’的物品‘小时价格’都很合理，让人觉得物有所值，看管人员服务态度很好，你想要兑换的物品也是即换即拿，对我而言‘爱心超市’用小时兑换物品是非常好的一个活动，我觉得应该一直把这个活动延续下去，让每一届学生都感受到。”

衢州职业技术学院学生柯同学和陈同学说：

“去了‘爱心超市’兑换东西，里面的东西比想象的要多，算了算自己的小时，我把它换成了相应的生活用品，也算是为自己省下一笔钱。不过也是自己通过劳动所得到的，很开心。那里的工作人员也很热情，不仅积极地向我介绍了有什么物品可以换，还主动帮我拿来了我想要的东西，以后会努力赚取更多的小时来换。学校办了这个‘爱心超市’很好地帮助了一些有需要的人，同学们也可以把自己不需要的东西捐到那里，传递自己的爱心。”——柯同学

进入大学，我们好像每一个人都要修规定的学分和小时。本来以为这只是拿到毕业证书的前提，感到修这些很枯燥乏味。但是我们学校为了让我们更有动力地去修这个小时和学分，特意为我们弄了一个叫作‘爱心超市’的活动。这个活动就是可以用相对应的小时去换取你所需要的生活用品。‘爱心超市’的东西可多了，有我们离不开的笔和笔记本，还有生活上离不开的牙杯，牙刷，洗衣粉之类的。真的是琳琅满目，数不胜数啊。我第一次去的时候眼睛都看花了，都是想要的，而且‘爱心超市’的工作人员也超级好，因为作为一名大一的新生，总是有一些不懂的问题，学长学姐都会一一为我解答。因为我刚进入学校不久，所有也没有很多小时，我就把我去当志愿者的几个小时换了一只黑色墨水笔和一本笔记本。而且这些小时换了物品之后，期末还是有用的，只是学校为了让我们更有动力。学校其他的或许我还不了解，但是学校弄的这个我觉得真的很好，不会让学生修小时只是完成一个任务，感到枯燥乏味，而是更有动力。而且我们也可以把自己不需要的东西捐给‘爱心超市’，‘爱心超市’的工作人员会把你所捐的物品给那些更需要的同学们。在这里我们无形之中又帮助了别人，何乐而不为呢。所以我们不管是为了顺利毕业，还是为了可以去兑换物品，我们都要努力地去修满自己应该修的学分和小时哦，一举两得呢。”——陈同学

衢州职业技术学院“爱心超市”工作人员程同学说：

“我在‘爱心超市’兑换过一块毛巾，虽然不是什么大东西，但是它的意义却不一样，它是爱心，是好多爱心换来的，是爱心的结晶，我也在‘爱心超市’值过班，这里不是以卖东西，或者是盈利为目的，它为的是让更多的人贡献自己的一份爱心，动员更多的人参与爱心活动，并能从中收获帮助他人的喜悦。‘爱心超市’活动能让大家的爱心有地方给予，能让更多的人感受爱心的魅力，

能让社会的氛围变得更加有爱，也让大家更加有爱。‘爱心超市’应该越来越好，有爱心的人也会越来越多，希望有更多的人参与这样的活动，贡献自己的一份爱心，爱心不分大小，它是人们给予他人的一种喜悦，一种快乐的感受！”

六、推广经验分享

（一）全国高校中较早创办“爱心超市”

据了解，我校于2011年创办“爱心超市”在全国高校范围内属首批，其他高校“爱心超市”的主要职责是为贫困生提供帮助，接受学生衣物捐赠等功能。我校“爱心超市”创办之初在服务贫困生的基础上将受益面扩大为全部在校生，作为鼓励学生参与志愿服务，提升学生道德修养的主要基地。这在全省乃至全国都是第一个。在为贫困生提供帮助的同时积极鼓励和支持全体大学生参与志愿服务活动，成为我校学生德育和自助工作的一大亮点。

（二）统一思想

“爱心超市”的建设和运营是引领文明新风尚，创新志愿服务管理，凝聚发展正能量的一项重要举措，各二级学院和相关学生组织要统一思想认识，把建设“爱心超市”与提升学生整体思想道德水平结合起来，共同努力，通力合作。

（三）宣传力度大

大力开展“爱心超市”宣传工作，通过宣传发动，形成学生干部带头参与志愿服务、同学争相奉献参与的良好氛围。爱心超市物品的接收、分配情况定期向同学们公布，接受同学监督。同时重视表彰、宣传在志愿服务中的优秀个人和团队，促进个人和团队参与的积极性。通过宣传吸引更多的社会力量参与到我校“爱心超市”建设的工作中。

（四）做好全方位服务

一是做好精神层面的服务。进一步加强道德建设，深化校园文化建设，倡导团结互助、乐于奉献的风尚，提高学生整体素质。二是做好兑换服务。关于“爱心超市”的工作时间和兑换活动多和同学们讲解。三是开展形式多样的志愿活动。积极为同学参与志愿服务活动建载体、搭平台，使大学生在志愿服务活动中回报社会、收获爱心，提升战胜困难的信心和勇气，形成共建共享和谐的动力机制，推进“爱心超市”实现更好更快发展。

（五）标准化管理，长效运转

一是建立规范的兑换制度，使兑换物品、兑换时间日趋科学化。二是制定严格的物品兑换管理制度。逐步形成有效的内部监督和外部监督机制，自觉接受学校和同学监督。三是积极探索“爱心超市”管理、运营方式，以确保“爱心超市”健康稳定发展。

（六）强化督查

对“爱心超市”的管理负责部门要定期开展督查，对工作开展情况进行通报。对“爱心超市”运营工作不重视、工作不积极、不主动的相关工作人员要进行面对面批评教育。

附件 10－1

“爱心超市”活动方案

一、活动宗旨

提升公民道德水平，推进社会公德、职业道德、家庭美德、个人品德建设，激励人们向上向善、孝老爱亲，忠于祖国、忠于人民。大学生是祖国未来的希望，大学生志愿服务活动是新时期加强大学生世界观、人生观、价值观，进行传统文化教育道德修养教育的有效形式之一；是大学生接触社会、了解社会、融入社会、提高德育实践能力的重要实践载体，是将德育理论教育与实践能力培养相结合的最佳途径。为了贯彻党中央、国务院《关于进一步加强和改进大学生思想政治教育的意见》，提高大学生参加志愿服务活动的积极性，采用正向激励措施鼓励大学生积极参与志愿服务活动，建立了“爱心超市”。

二、计划目标

“爱心超市”，是借助学校、社会的力量，搭建起的正向激励参与志愿服务者、并帮助贫困学生的平台。旨在弘扬博爱精神，通过志愿服务时间兑换相应的生活学习用品，提高在校大学生积极主动参加志愿服务的热情，提升我校学生的思想道德水平。

三、办理单位

主办单位：衢州职业技术学院经济管理学院分团委学生会。

四、时间安排

每周三、周五下午

五、服务对象

衢州职业技术学院全体学生。

六、设施

货架、兑换物品、兑换记录本及值班表、帐篷、工作证。

七、预期效益

通过“爱心超市”的正向激励使大学生志愿服务实现相应的价值：①社会价值。对社会而言，志愿活动具有以下积极意义。一是传递爱心，传播文明。志愿者在把关怀带给社会的同时，也传递了爱心，传播了文明，这种“爱心”和“文明”从一个人身上传到另一个人身上，最终汇聚成一股强大的社会暖流；二是有助于建立和谐社会。志愿工作，提供了社交和互相帮助的机会，加强了人与人之间的交往和关怀，减少了彼此之间的疏远感，促进了社会和谐；三是促进社会进步。社会的进步需要全社会的共同参与和努力。志愿工作正是为了鼓励越来越多的人参与到服务社会的行列中来，对促进社会进步有一定积极作用。②个人价值。对志愿者个人而言，志愿活动具有以下积极作用。一是奉献社会。志愿者通过参与志愿工作，有机会为社会出力，尽一份公民责任和义务。二是丰富生活体验。志愿者利用闲余时间，参与一些有意义的工作和活动，既可扩大自己的生活圈子，更可亲身体验社会的人和事，加深对社会的认识，这对志愿者自身的成就和提高是十分有益的。三是提供学习的机会。志愿者在参与志愿工作的过程中，除了可以帮助他人以外，更可培养自己的组织及领导能力。学习新知识、增强自信心并学会与人相处等。③服务价值。对服务对象而言，志愿活动具有以下积极意义。一是接受个人化服务。志愿者服务，提供大量的人力资源的同时，更能发挥服务的人性化、个性化及全面化的功能，从而令服务对象受益。二是帮助服务对象融入社会，增强归属感。通过志愿者服务，能有效地帮助服务对象扩大社交圈子，增强他们对人、对社会的信心，同时，志愿者以亲切的关怀和鼓励，帮助服务对象减轻接受服务时的自卑感和疏远感，从而使其建立自尊心和自信心。

八、衢州职业技术学院“爱心超市”志愿者宣誓词

我志愿成为“爱心超市”的一名爱心志愿者。

我承诺：

尽己所能，不计报酬，帮助他人，服务社会、传播文明、奉献爱心。

积极倡导“无私奉献、友爱互助、共同进步”的志愿者精神。

付出小爱共聚大爱，为“爱心超市”的和谐发展奉献自己的一份力量。

九、活动意义

爱心超市的举办，激励和鼓励了更多的大学生参与到志愿服务中，对提升大学生思想道德水平起到了不可或缺的作用。作为学校德育新平台，为大学生奉献爱心提供平台，传递爱心，让世界充满爱。

“绿色通道”畅行　入学之路无忧

——入学绿色通道

一、活动设计理念

脱贫攻坚是当前国家的重大政治任务，学生资助是党和政府的德政工程，是促进教育公平的重要途径，是脱贫攻坚的重要举措，是教育扶贫的主要任务之一。2019 年，浙江省学生资助工作的总体思路是以习近平新时代中国特色社会主义思想为指导，深入贯彻落实党的十九大精神和全国、全省教育大会精神，提高政治站位，强化责任担当，聚焦精准资助。为切实保障家庭经济困难学生顺利入学，教育部、国家发改委、财政部规定各全日制普通高等学校必须建立“绿色通道”制度，即对被录取入学的家庭经济困难新生，学校一律先办理入学手续，然后再根据核实后的情况，分别采取不同办法予以资助。

为全面贯彻落实高校资助政策，学校始终坚持“决不让一名学生因为家庭经济困难而辍学”的基本目标，坚持“教育与资助并重，管理与育人并举”的资助理念，建立“奖、助、贷、勤、免、补”六位一体的资助体系，不断提高资助水平。2009 年，在学校党委的高度重视下，在全体师生的共同努力下，我校以高度的使命感、责任感、紧迫感，开展了“绿色通道”工作。主要目的：一是关心关注入学新生，表达学校对新生的爱与关怀，确保“不让一个学生因家庭经济困难而失学”；二是通过活动，让新生及家长感受到学校的爱与关怀，提高学生对国家、学校办学的满意度。

本项活动的主要特点有五个方面。

一是前置工作，确保信息对称。要做好高校绿色通道工作，必须解决信息不对称的问题。学校会同过前置宣传、申请与审核，主动掌握学生家庭经济情况。具体做法是在向新生发放录取通知书时，会向学生发放一份高校资助政策简介、申请流程以及审核要求。这样，所有学生在家里就都能有效地获得绿色通道相关信息，能提前申请专项爱心补助，在家就能安心做好入学准备，学校也能提前掌握学生的具体信息，无需在现场进行逐一确认。

二是优化程序，集中便捷办理。学校成立新生接待领导小组，学生处、后勤保卫处、计财处、教务处等办理绿色通道手续的有关部门集中在一个地方，密切配合，采取有效措施，明确在同一地点办理登记、审批、收费等手续，出现问题及时沟通解决，确保绿色通道畅通。同时，学校公布绿色通道投诉电话，如果绿色通道不畅通，新生可以及时投诉，使家庭经济困难新生能够轻松进入学校，使绿色通道真正成为学生的“爱心通道”和“便捷通道”。

三是保护隐私，“人性化”帮扶。公共场所对家庭经济困难新生的压力是潜在的，学校采取更“人性化”的方式来帮助他们。学校配备专人负责绿色通道，统一由学校负责，并对相关学生干部进行岗前培训，提高工作效率。同时，在开学初，学校设置了“爱心礼包”，在表达学校的关心与关爱的同时，积极开展思想教育和心理辅导，帮助家庭经济困难学生摆脱心理劣势，使学生逐步建立起自信心和责任感，在入学初做好大学生涯规划，努力实现从物质到精神的全面扶贫。

四是精准认定，扶贫扶智扶志。精准认定是做好精准帮扶的前提条件。为了完善家庭经济困难学生数据库，做好家庭经济困难生认定工作，需对家庭经济困难学生的情况做精准的认定。困难生家庭的困难是多方面的，学生在新生报到期间，提交的相关困难证明材料是辅助学校认定困难生的依据之一，而通过在新生报到期间，对家长、朋友的访谈，对学生的观察与了解，可以更立体、全面地掌握学生家庭经济情况，能更好地做好家庭经济困难学生情况的认定，从而更好地开展扶贫扶志扶智工作。

五是困难补助，关心关怀到位。2018 年学校从学费收入中严格按照 400 元/人足额提取资助工作专项经费，专款专用，用于家庭经济困难学生资助项目的开支。开学报到当天，资助 56 名家庭经济困难学生爱心大礼包，礼包项目包含了空调租赁费、军训服抵金券、棉被爱心券、通话费、生活礼包、收音机券、生活路费补助、水电费补助及勤工助学快车券，共计 7.44 万元资助经费，坚决确保“决不让一名学生因为家庭经济困难而辍学”，提高资助效率与水平，从新生入学报到起不断缩小家庭经济困难学生与普通学生发展可能与发展要求的差异。

二、活动方案和工作计划

我校“绿色通道”工作主要做好“无障碍的绿色通道”和“八个到位”确保新生顺利入学。具体工作内容如下：

（一）前置申请到位　确保新生无忧入学

学校通过“迎新网”开通“绿色通道”申请，前置申请与审核，专网专用，并配备校级1名专职人员、二级学院1名专职辅导员负责线上“绿色通道”审核。前置的申请与审核，使家庭经济困难学生在家就能第一时间了解申请材料是否符合要求，是否审核通过，通过审核的学生与其他普通同学到校报到的流程一模一样，确保学生能“无标签”式入学，安心报到，准时入学。2018学年开学初，共有56人通过“绿色通道”顺利入学。

（二）政策宣传到位　确保不留死角

在宣传资助政策中，学校主要做好两点：一是运用新生班级群做好宣传工作。运用QQ、微信，积极做好家校联系、师生联系，开展教育宣传、政策告知等工作，确保宣传到位，宣传到人。二是在摸排新生家庭经济困难情况过程中，分类分层次向不同需求的学生重点解读相关政策。学校在新生报到前通过新媒体、电话随访等形式广泛宣传资助政策，并随同新生录取通知书给每名新生寄发《高等学校学生资助政策》等资助材料，使学生方便、快捷地了解资助政策；新生报到后，根据前期的摸底情况，向不同类别的学生宣传对应的资助政策，提高政策宣传效率，加强学生对政策的了解与掌握。

（三）普查联系到位　关爱关怀到心

为了确保家庭经济困难新生能顺利入学，做到“早联系、早掌握、早处理”，百分百普查每一位新生，二级学院提前两周给每一位新生打电话，用加QQ群、微信群的方式，实时关注学生动态，摸底了解新生是否存在困难；重点关注家庭经济特别困难学生，逐一排查每一名学生家庭困难情况，秉承“爱心、细心、贴心”的工作原则，百分百解决学生的入学困难。如：2018级护理专业新生蓝同学，6岁时因车祸丧父，母亲半身截瘫，其母生活基本不能自理，十多年来带母求学，学校得知情况后，帮助解决被褥、军训服装、勤工助学岗位等，并做好毕业后就业引导等工作，给出了一些缓解入校学习和照顾母亲之间的矛盾的方案供其选择，解决学生入学的后顾之忧。

（四）专人专线到位　答疑解惑到底

确保政策咨询和问题投诉渠道畅通，校级、院级分别开通资助工作咨询专线，组建学生团队专职负责资助政策咨询接待与解答，启用QQ群、微信公众号，积极解答疑问、宣传政策，做到“件件有说法，事事能落实”。在新生报到之前，共接听42个资助热线电话，一次性不能解决的疑问，做详细记录，并进行电话跟踪随访，确保学生全面了解资助政策，不因家庭经济困难而辍学。其中42个为资助政策整体咨询，投诉电话0个。

（五）安全教育到位　做到提前覆盖

“安全教育”做好三个提前，一是提前做好家校联系、师生联系，将《安全告知书》随同录取通知书寄给学生，电话联系每一名新生告知其安全事项；二是“安全知识”线上提前考，新生在入学前即布置安全教育考试，让学生在家学习“安全教育”知识，包含：杜绝校园贷事件安全知识、公寓安全知识、防火防盗防诈骗安全知识、心理健康教育等方面的内容，在开学前，线上答题率达到98%；三是“安全隐患排查”提前做，开学前，学校与新生实时联系，24小时线上关注新生动态，通过微信、QQ群实时向学生发布安全知识、典型安全案例；不断提高学生的安全意识和甄别能力。新生开学前，我校没有发生一起诈骗分子行骗得逞的案例。

（六）专款专用到位　按规足额提取

学校从学费收入中严格按照400元/人的经费足额提取资助工作专项经费，专款专用，其中一个项目就是用于家庭经济困难学生资助项目的开支。开学报到当天，2018学年，资助56名家庭经济困难学生爱心大礼包，礼包项目包含了空调租赁费、军训服抵金券、棉被爱心券、通话费、生活礼包、收音机券、生活路费补助、水电费补助及勤工助学快车券，共计7.44万元资助经费，坚决确保“决不让一名学生因为家庭经济困难而辍学”，提高资助效率与水平，从新生入学报到起不断缩小家庭经济困难学生与普通学生的发展可能与发展要求的差异。

（七）尊重隐私到位　保护自尊第一

学校采用线上申请“绿色通道”审批制度，学生可在开学前进行网上报到，开学后与普通同学一样直接提交报到材料。通过该项制度在开学前，便可基本掌握家庭经济特别困难学生的情况，无需在报道现场重点了解。在新生报到后，学校即可对新生无缝对接地进行资助。在进行前期摸底后，班主任会依据学生的贫困材料，逐一与学生进行谈话，再进行后期资助。

（八）体系落实到位　严格贯彻执行

学生入学前开展班主任、辅导员、助理班主任、资助宣传大使培训，发放学校的《资助工作手册》，根据学校“奖、助、贷、勤、免、补”六位一体的资助体系政策，严格贯彻执行。2018 级新生报到期间，确保实现“绝不让一名学生因为家庭经济困难而辍学”的资助目标，根据体系制定相应的制度与流程，各二级学院认真执行，严格落实。开学当天，“绿色通道”“征兵入伍国家资助”“爱心礼包”“临时困难补助”等资助政策已惠及新生，制度的保障让新生能安心入学。

“绿色通道”活动中“爱心专项补助”方案见附件《关于开通“绿色通道”确保 2018 级家庭贫困大学生顺利入学的方案》。

三、活动成果

从 2010 年起，新生报到期间，通过“绿色通道”报到的学生总计 481 人，具体情况如图 11－1 所示：

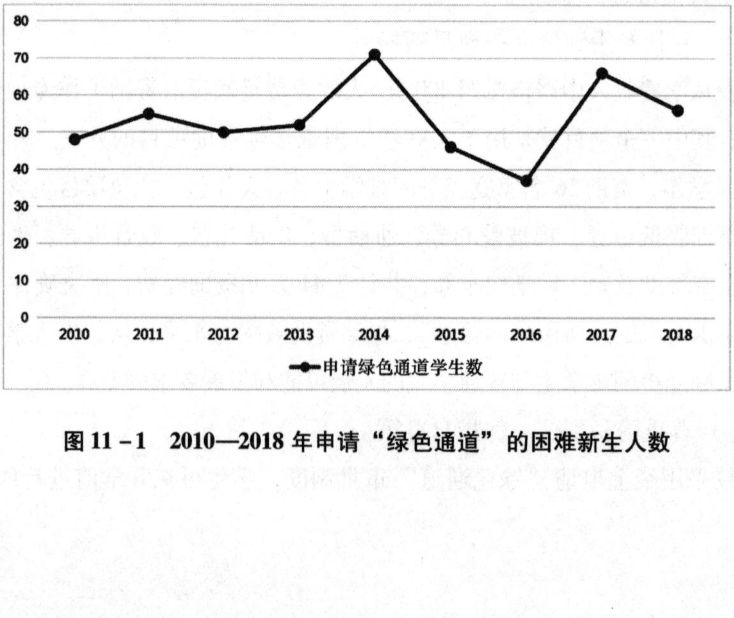

图 11－1　2010—2018 年申请“绿色通道”的困难新生人数

2015—2018 年，共计发放困难新生“爱心礼包”总价 156.88 万元，具体情况如图 11 -2 所示：

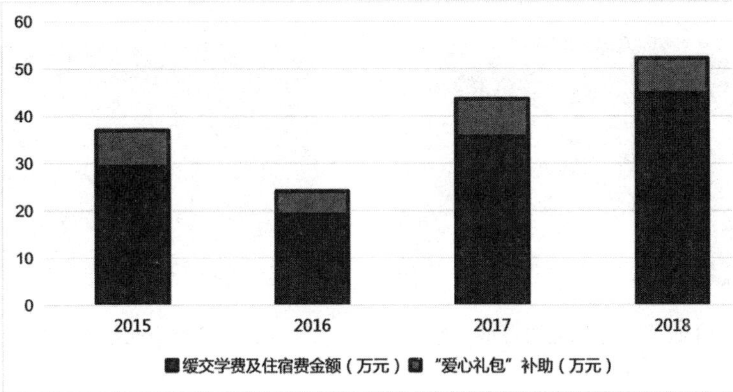

图 11 -2　2015—2018 年申请“绿色通道”的困难新生资助情况

“绿色通道”工作开展以来，惠及了家庭经济困难的学生，得到了学生及家长的认同，受到了社会与媒体的关注。

2018 年 9 月 9 日新蓝网、中国蓝新闻客户端报道：“大一新生带瘫痪母亲上学　乐观坚强感染众人”

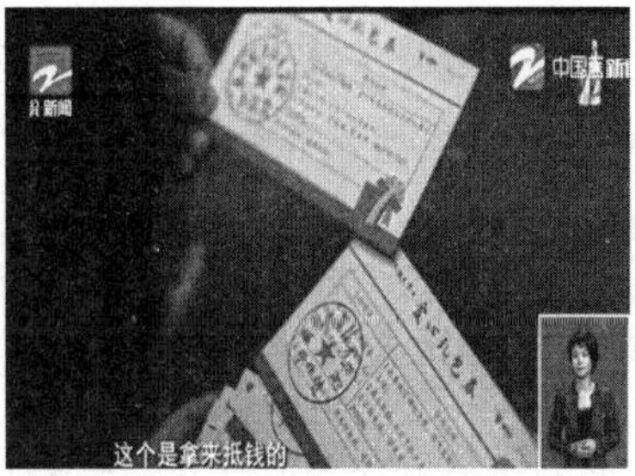

2018 年 9 月 9 日新蓝网、中国蓝新闻客户端报道：“在办理入学手续时，蓝微还收到了学校为她准备的爱心礼包”

四、活动照片

学校开通了“绿色通道咨询”窗口

学校“爱心礼包券”封面

五、师生心得

（一）学生心得

经济管理学院2016级学生林同学领到“绿色通道爱心礼包”后说：

“我在家的时候就申请了绿色通道，我没想到当天申请，当天就审核了，我悬着的心一下子就有了着落。在申请的时候，我一并申请了爱心礼包，当时看到礼包中有棉被、军训服、热水卡、洗澡卡等，我的心真的被暖到了！”

医学院2016级学生汪同学说：

“收到录取通知书的那天，我就和家里人一起看了资助政策，看到了国家奖助贷勤免补的资助政策，也看到了绿色通道的申请流程。我心里的大石头终于落下，如果我申请贷款，爸爸妈妈就不用为了我的学费东拼西凑了，这项政策来的真是太及时了！”

机电工程学院2017级学生刘同学说：

“我是单亲家庭长大的，妈妈很早就离开了我，我爸一人打零工，把我拉扯长大。他身体也不好，我很早就希望自己能够独立生活，不用再向家里要钱要生活费，在新生报到的时候，我提前申请了，到校时直接拎包入住，爱心礼包中什么都有，学校老师还向我仔细地介绍了资助政策，我终于迈向了独立生活第一步，感谢国家、学校的政策！”

艺术设计学院2017级学生徐同学说：

“我一开始填报志愿的时候，就十分犹豫要不要填摄影摄像专业，这个专业学费很贵，而且入学后肯定还要买摄像机，我家经济条件不是很好，入学前我十分担心进校后，可能就会面临退学。但是当我接到学校班主任的电话，她告诉我一定要仔细阅读资助政策，所以，后来我鼓起勇气走向学校，通过绿色通道，缓解了家庭的经济困难，通过老师的鼓励，我也找到了勤工助学岗位。”

信息工程学院2018级吴同学说：

“为了减轻爸妈的负担，凑齐学费和生活费，暑假里我自己到亲戚的餐馆打工，打工生活并没有想象中那么轻松，我每天都要干到凌晨1点多。当拿到录取通知书后，我看到学校的资助政策，瞬间松了一口气。而且，学校在入学时就准备了爱心礼包，也为自己省去了一笔开支。”

医学院2018级学生蓝同学说：

“为了让我能安心学习、生活，学校老师还专程来到了我的家里，和我、和妈妈坐在一起聊入学的事情，老师们的到来，等于是让我吃了一颗定心丸，他们耐心地为我们讲解了绿色通道资助政策，只要好好学习，通过国家资助也能安心上大学。”

（二）教师心得

衢州职业技术学院医学院赵老师说：

“为保证家庭经济困难学生顺利入学，教育部规定各高校要建立“绿色通道”制度，对被录取入学、经济困难的新生，一律先办理入学手续，然后再根据核实后的情况，分别采取不同办法予以资助。绿色通道是为家庭经济困难学生打开的一扇大门，使寒门学子也能像其他普通同学一样，能够正常入学，无差别入学，‘三不愁’入学！”

衢州职业技术学院机电工程学院程老师说：

“脱贫攻坚是当前国家的重大政治任务，学生资助是党和政府的德政工程，是促进教育公平的重要途径，是脱贫攻坚的重要举措，是教育扶贫的主要任务之一。绿色通道是确保普通高校家庭经济困难新生顺利入学最直接、最有效的措施之一，这项措施已经走进了学生、家长心中，使学生能在政策激励下努力奋进！”

（三）家长心得

衢州职业技术学院医学院蓝同学的家长说：

“我的家庭有困难，学校老师得知情况后，便第一时间来到了我家，给我们解读了国家的资助政策，通过政策，我了解到了国家助学金、国家奖学金、国家励志奖学金、浙江省政府奖学金等，我勉励小孩子要好好读书，不能辜负了国家的资助，不能辜负学校的关心，我深刻感受到了国家资助的温情！”

六、推广经验分享

（一）信息化系统运行，实现“有形”变“隐性”资助。通过信息化系统的运行，学校采用线上申请“绿色通道”审批制度，学生可在开学前进行网上报到，开学后与普通同学一样直接提交报到材料。通过该项制度，学生在开学前，便可基本掌握家庭经济特别困难学生的情况，无需在报到现场重点了解。在新生报到后，学校即可对新生无缝对接地进行资助，使“有形”资助（即现场填表、现场问询、现场资助的形式）、变“隐性”资助，学生到现场后直接入学报到即可。在进行前期摸底后，班主任会依据学生的贫困材料，逐一与学生进行谈话，再进行后期资助。

（二）前置调查问询，实现“被动”变“主动”资助。为了确保家庭经济困难新生能顺利入学，做到“早联系、早掌握、早处理”，百分百普查每一位新生，二级学院提前两周给每一位新生打电话，以加 QQ 群、微信群的方式，实时关注学生动态，摸底了解新生是否存在困难；重点关注家庭经济特别困难学生，逐一排查每一名学生家庭困难情况，秉承“爱心、细心、贴心”的工作原则，百分百解决学生的入学困难，使资助工作从之前等学生说明情况到学校主动掌握学生情况，实现百分百精准资助。

（三）体系设置到位，实现“单一”变“整体”资助。在新生入学前开展班主任、辅导员、助理班主任、资助宣传大使培训，发放学校的《资助工作手册》，根据学校“奖、助、贷、勤、免、补”六位一体的资助体系政策，严格贯彻执行。在新生报到期间，确保实现“绝不让一名学生因为家庭经济困难而辍学”的资助目标，根据体系制定的制度与流程，各二级学院认真执行，严格落实。开学当天，“绿色通道”“征兵入伍国家资助”“爱心礼包”“临时困难补助”等资助政策已惠及新生，制度的保障让新生能安心入学，使入学新生不再是“单一”地接受爱心礼包专项资助，而是能通过绿色通道即刻全方位地了解学校“整体”的资助政策。

（四）落实呵护自尊理念，实现“粗放”到“精准”的帮扶。公共场所对家庭经济困难新生的压力是潜在的，为了呵护学生自尊，保护学生隐私，开学前，学校对相关学生干部进行了岗前培训，以提高工作效率；学生通过信息化系统的运行，使学生在家即可做好申请准备；学校在学生入学前即掌握了学生情况，更加便于精准帮扶；入校时，学校配备专人负责绿色通道，负责统一集中办理程序，简化程序，采取了一系列更“人性化”的方式使家庭经济困难学生与普通同学“无差别”入学；让家庭经济困难新生入校时无压、无忧、轻松入学。

（五）关爱延伸到家庭，实现“学生”到“家庭”的帮扶。为了确保家庭经济困难新生能顺利入学，学校按照“早联系、早掌握、早处理”的原则，百分百普查每一位新生，逐一排查每一名学生家庭困难情况。不仅仅关心学生入学情况，更关注学生家庭情况，不断完善帮扶机制，力争最大限度地帮助学生及其家庭，给学生营造一个更加健康、快乐的成长环境。

附件 11－1

关于开通“绿色通道”确保2018级家庭贫困大学生顺利入学的方案

为了全方位、多角度、深层次地宣传高校家庭经济困难学生资助政策，消除家庭经济困难新生及其家长的后顾之忧，学校主要做了以下几个方面的工作：

1. 学校根据省厅要求按时开通高校学生资助热线电话，耐心做好政策咨询和投诉受理工作，学校在发放录取通知书时，一并寄送《高校本专科学生资助政策简介》和《高等学校学生及家庭情况调查表》，确保新生人手一册一表，人人知晓。

2. 畅通“绿色通道”，在新生入学前，通过前置宣传、申请与审核等工作。提前摸清新生的家庭经济状况，有针对性地做好家庭经济困难新生入学工作预案；在新生报到现场设立“绿色通道”专区，简化报到手续，提高办事效率，确保所有提出申请且符合条件的家庭经济困难新生快速通过“绿色通道”办理入学注册手续；注意保护学生隐私，对通过“绿色通道”入学的新生给予更多人文关怀，引导他们正确面对困难，安心开始新的学习和生活。

3. 评定家庭经济状况不能让学生当众诉苦互相比困。各二级学院在新生入学后尽快开展新生家庭经济情况摸底工作，准确掌握新生家庭经济困难的原因、程度和受助需求，扎实做好家庭经济困难学生认定工作；注重保护学生尊严和隐私，评定学生家庭经济状况时，不能让学生当众诉苦、互相比困；有效利用各类奖助学金、国家助学贷款、勤工助学等措施，精准施策，为家庭经济困难学生制定有针对性的资助方案；加大对建档立卡家庭学生、最低生活保障家庭学生、特困供养学生及家庭经济困难孤残等学生的资助力度，帮助解决学费、住宿费和生活费等基本学习生活支出。

4. 倡导学生理性消费、科学消费。各二级学院在新生入学以及奖助学金发放前后，要使用各种有效手段宣传，提醒学生警惕各种打着奖助学金旗号的诈骗行为，通过案例分析、警示教育等提高学生的安全意识和甄别能力，提倡理性消费。

5. 2018 级新生“爱心大礼包”内容。本学期新生报到期间，2018 级新生持低保证、残疾证等有效证件，经二级学院审核后，可到新生报到现场“绿色通道”服务平台申领一份爱心大礼包。礼包以补助券及补助金的形式发放。本学期 2018 级新生爱心大礼包的内容如下：

资助项目	使用说明
空调租赁费抵用券 (3 年制学生抵用 200 元) (2 年制学生抵用 135 元)	此券抵空调租赁费，请于报到当天将此券交班主任；
军训服抵用券（68 元）	此券抵军训服费，请于新生报到当天将此券交班主任；
棉被抵用券（480 元）	凭此抵用券到图书馆一号学术报告厅领取棉被一套；若无需棉被抵用券，同等金额打入学生银行卡中。
中国电信话费抵用券（50 元）	凭此券到学校电信营业厅充值；
勤工助学岗位快车券	此券在参加勤工助学招聘面试时出示；
生活礼包爱心券（107.2 元）	凭此券在新生报到现场“绿色通道”服务平台处领取生活用品；
生活费爱心券（200 元）	学校统一将生活费打入一卡通，请注意查收；
水电费爱心券（200 元）	学校统一将生活费打入一卡通，请注意查收；
收音机（23.9 元）	凭此券抵用收音机费用；

出彩衢职　荣耀有我

——“出彩衢职人”颁奖典礼

一、活动设计理念

“老师，谢谢您！我一直以为自己很平庸，上着平庸的小学、初中、高中，考上的职业院校。是您，让我觉得我不是平庸只是平凡，大家都是平凡人，但是如果掌握一技之长就是平凡中的优秀，就能让自己的人生更丰满，将来为社会多做一些贡献。国家只需要少数卓越的科学家，却需要千千万万平凡的基层工作者！”

舞台上，学生满含泪花，对自己的专业老师兼班主任说出了以上这番话。最后学生送上了代表感恩的鲜花，老师和学生在舞台上拥抱，舞台下的师生们共同见证了这一时刻。

这是我校“出彩衢职人”颁奖典礼活动上的一幕。“出彩衢职人”颁奖典礼紧贴我校人才德育培养目标，在校训“尚德弘毅　知行合一”的指导下，实现思想道德、职业素养、职业技能和职业精神的辩证统一，培养具备身心健康、爱与关怀的匠心型人才。2018 年 9 月，习近平总书记出席全国教育大会并发表重要讲话：“要在增长知识见识上下功夫，教育引导学生珍惜学习时光，心无旁骛求知问学，增长见识，丰富学识，沿着求真理、悟道理、明事理的方向前进。要在加强品德修养上下功夫，教育引导学生培育和践行社会主义核心价值观，踏踏实实修好品德，成为有大爱大德大情怀的人”。中国固有“一日为师，终身为父”的传统美德，职业院校的师生，关系更像是师傅和徒弟的关系，徒弟表达感恩，师傅得到回馈是一种良性形式，也是职业精神的重要组成部分。

出彩衢职人是学生处“三课堂”中荣耀课堂的重要组成部分。荣耀课堂从国家、校（院）、家（班/寝）三个方面激发大学生的爱国之情；弘扬校园优秀文化，增强广大师生对家国的荣耀感、归属感。出彩衢职人隶属以校为荣模块，已在我校连续开展四年，受到了校内师生的广泛关注，并逐渐成为校内的品牌活动。有一千五百余人次参与，表彰先进一万四千余人次，先进集体七十余个。

本活动特点主要有以下几个方面：

一是发挥评优评先德育作用，颁奖形式仪式化。高职院校学生作为一个逐渐庞大的特定群体，由于社会、家庭、学校、学生自身的诸方面原因，呈现出了一些独特的心理特点，部分学生受高考失利的影响，自认为是“低等生”“差等生”，自认为和本科生相比，没有文凭上的优势，同时，社会对职业院校的认同程度不高，更促进了他们对未来的迷茫和对自己人生价值的怀疑，对自身今后的发展缺乏向往和定位，理想信念淡薄。评优评先是学校的日常工作，是结合德育内容，在校内搭建的一个表扬先进、弘扬先进的平台。最大程度地发挥此项日常工作的作用，可以达到“一箭双雕”的目的。在舞台效果、领导致辞等正式的氛围下，潜移默化地增强优秀学生的自豪感。让学生明白荣耀感比奖学金更重要，精神奖励比物质奖励更重要。并让他们知道奖学金是国家肯定同学们的学习成果，鞭策全员努力学习，为社会建设做准备的一种激励方式。

二是全方位展示，榜样对象亲和化。先进典型的引导激励作用，能激发人的生机与活力。加强先进个人和集体的宣传，使学生对模范崇高的学习理想、高效的学习方法、孜孜不倦的精神产生由衷地敬佩；使模范学生对高职院校学生职业素养的形成产生重要的示范作用，成为学生们在校期间的工作范例，产生激励作用。通过全方位展示典型学生代表学习、工作、生活现状，给了后进学生一个真实的可靠近的目标。学生通常认为榜样目标高不可攀，却不知道所有榜样都是从日常生活中逐步变得优秀的。用视频展示、个人演讲、主持人访谈等方式，真实再现榜样的真实状态，让榜样更接地气。学生能认识到生活在共同的环境下的榜样是怎样利用学校现有的师资，一步步实现优秀的。榜样的力量是无穷的，未获奖学生可以通过和先进典型对比差距，能更明确自己的学习目标，更加自信，更容易接纳榜样精神，形成学习的动力。

三是融合感恩教育，思政教育过程温情化。“乌鸦有反哺之情，羔羊有跪乳之义”“受人滴水之恩，当以涌泉相报”这些千古流传的谚语，充分说明了感恩自古是我们中华民族的传统美德。感恩意识是高职院校学生思想道德素质的重要组成部分，关系到个人的成长成才，关系到民族的未来和希望。利用好评优评先表彰大会这个仪式化的平台，给背后默默为学生培养工作付出努力的恩师一次露面的机会，培养学生感恩的心和表达爱的能力至关重要。评优评先中的奖学金奖励有了物质基础，要让国家发放的奖学金发挥育人的作用，就必须通过多种形式的表达手段。“95 后”“00 后”学生普遍表达传递感情的能力不足，体验感受情感能力缺乏，高职院校的思政教育要有知情交融的观念，将情感因素和励志认知协调起来，才能最大程度地发挥个人的心智潜能，实现感恩教育的目的。在评优评先的舞台上即时展示被表彰人和感恩对象的故事，呈现感恩对话，激励背后辛勤付出的老师（同学）继续努力，给背后助力优秀学生成长的“师傅”一次温暖回馈，当学生不断被感恩、感想和体会所滋养，感恩的心灵就会不知不觉地提升，学生内心的感恩意识提升，就可以将感恩意识化为行动。会后，主办方将制作标兵和感恩对象的合影纪念贺卡，个性化的订制，能给标兵留下母校的专属的温暖回忆。

四是仪式活动可以引导全体学生价值认同，传递社会主义核心价值观。高职学生处于生理和心理需要完全得到成长的特殊阶段，兼具个性需求和归属需求，“三观”在快速塑造成型过程中。颁奖典礼作为仪式活动是学校校园文化的精炼场所，强调了秩序规则，用显性和隐性方式传递校园的价值观，颁奖典礼就是属于“强化仪式”的一类，能在关键时期给予学生价值观教育和培养学生稳定的价值认同感。

五是颁奖典礼作为仪式教育可以体现集体意志，增强师生感情，规范个人言行。社会学家涂尔干指出，仪式教育的主要目的是“确保集体仪式的可持续性”“确认自己与他人共同处于一个群体中，同时时刻保持并能够唤醒集体高于个人的意识”。在颁奖典礼上，当文明班级代表上台的时候，班委代表作为班级一员，讲述班级故事，具有高度的归属意识、责任感和荣耀感，以集体的发展审视个人举止，以集体的利益决定个人得失。班主任教师也在此仪式中意识到自己的育人成果得到了学生的肯定，师生作为一个集体，潜移默化地得到了精神方向的统一。

以上五个特点，相辅相成，利用好国家助学政策，融合感恩教育，用最亲和的方式贴近“90 后”“00 后”学生群体，五个特点联动才能将一台典礼发挥最大的功能。

活动特点逻辑如图 12－1。

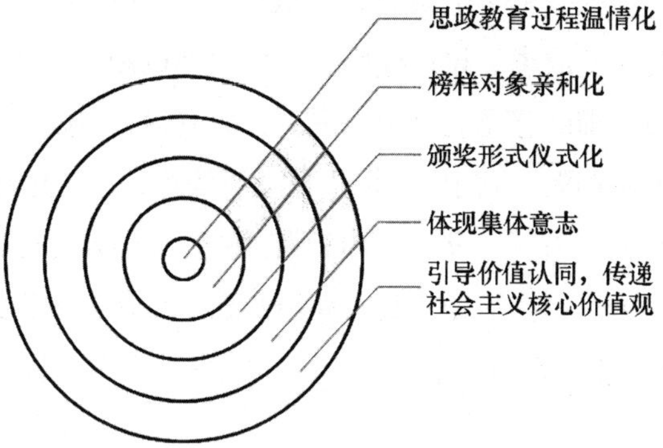

图 12－1　活动特点逻辑图

二、活动方案和工作计划

本项活动是校思政工作体系三个课堂中荣耀课堂的重要组成部分，是为了培养学生以己为荣的意识。通过表扬先进、感恩他人的平台，践行“衢州有礼”，培养有爱有礼的新一代大学生。主要做法分为三个阶段：

（一）活动宣传、动员阶段。纵观一年内学校内各类竞赛、学生活动的情况，确定表彰类型。如 2018 年表彰对象有七大类，分别是学习标兵、励志标兵、文体标兵、竞赛标兵、学生干部服务标兵，集体类的有文明寝室标兵、文明班级标兵。各学院辅导员通观全局，根据培养目标，挑选各领域的典型学生代表为标兵。

（二）材料准备阶段。通过主持人和标兵一对一的了解情况，挖掘先进故事，制定拍摄方案，撰写具有个人闪光点的颁奖辞和演讲稿/访谈稿。演讲稿和访谈稿要求结合实际情况，以真实、温馨的讲述方式表达，切忌假大空，杜绝喊口号。挖掘标兵感恩对象，感恩故事，事先邀请感恩对象，准备两人之间具有特殊意义的礼物。主题为结合学校的教学、实训、生活场地，展现各类学生日常学习工作和生活，增加学生的亲切感和归属感。

（二）正式开展活动阶段。邀请相关领导出席，奏唱国歌，增强现场的仪式感；介绍本年度评优评先基本情况，含奖金发放数、奖金发放人次，各项荣誉获得情况，增加学生对国家政策的了解；滚动播放获奖者名单，宣读获奖学生名单，颁发奖状，增强获奖学生荣誉感；依次宣读颁奖辞，优秀人物进行演讲或进行访谈，展现真实故事，拉近榜样和学生之间的距离；邀请感恩对象上台，授予标兵绶带，台上即时感恩，合影，进一步响应感恩主题。

（三）会后总结阶段。专门定制标兵纪念明信片，送给标兵和感恩对象。既有纪念意义，又有教育意义，提醒学生不忘感恩，砥砺前行，提醒感恩对象，不忘初心，继续努力。制作活动专刊，存档留念。活动方案详见附件1、2。

直观活动流程见图12－2。

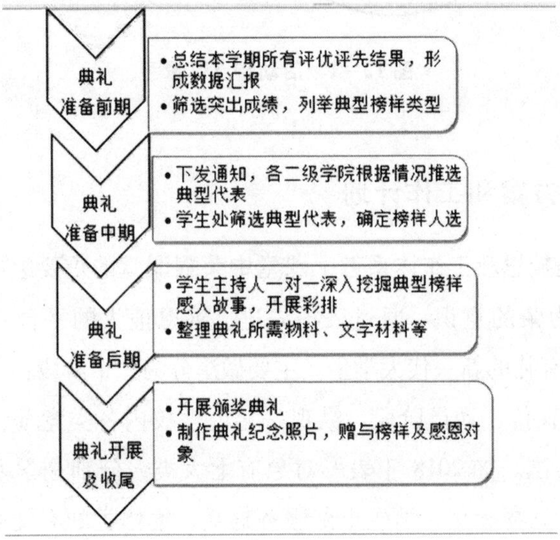

图12－2　活动流程图及各阶段重点工作

三、活动成果（数量、图表化）

自2015年开展表彰会以来，表彰人次逐年增高，参加活动人次逐年增加，提高了学生参与率。如图12－3所示。

表彰大会是常规性工作，各大高校均有举办。但是大多数比较生硬、呆板，严肃而缺乏活力。我校在形式上有所突破，通过活泼生动的表达法，轻松幽默的任务访谈展示了获奖代表的日常，360度展示优秀榜样的状态。并融合感恩的

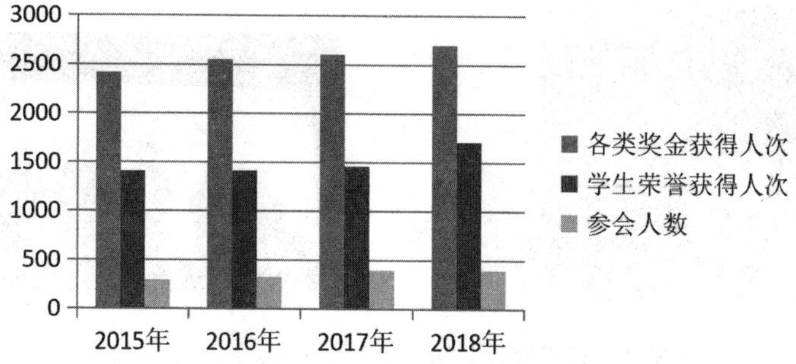

图 12－3　近四年表彰人次及参会人数统计图

内容，展示感恩故事，展现感恩对话，制作感恩卡片，制造感恩人和被感恩对象的专属回忆，让活动兼具仪式感的同时添加了温情的成分，是在日常工作上人性化的设计，是爱的表达。

四、活动照片

学生处处长给文明班级代表颁奖

优秀班主任代表分享班级管理故事

榜样代表给感恩老师献花

榜样代表和感恩老师温情拥抱

文明班级班委代表分享班级管理故事

优秀班主任代表上台领奖

五、师生心得

（一）2015 年优秀班主任发言代表徐佩玉老师说：

“这是我德育工作收获的光荣时刻，高职院校班主任工作背后的疲惫很多人不能理解，通过这个舞台，我们尽诉心酸和幸福，让大家知道班主任平凡又忙碌的工作，学生们热情的掌声和肯定的眼神让我充满了继续前行的动力，被学生代表感恩拥抱的时刻非常温暖和感人。”

（二）2016 年优秀学生发言代表 2014 级护理 2 班徐钟瑾同学说：

“记得刚入学的时候，我是迷茫的自卑的，不知道自己能从哪些角度努力，觉得自己依旧是高中时期默默无闻的‘丑小鸭’。没想到自己能得奖学金，还能走上这么大的舞台表达自我。当我在聚光灯下演说的时候，我很激动很自豪，觉得对自己的未来又充满了信心。这是一个很好的机会，我可以在台上自豪地说出自己的成绩，自豪地喊出我尊师的名字，邀请她上台并拥抱她，这个环节让我觉得是最好的回馈。”

（三）2017 年活动组织者信息工程学院 2016 级应用电子技术学生刘鑫说：

“我也是奖学金获得者，虽然没有上台领奖。但是作为组织者，在台下看到舞台上代表们的真实视频生活，感触很深，是自己真实生活的写照。做到优秀的背后有很多不为人知的辛苦，我们都是类似的，又是不同的。希望下次我能在这个舞台上展现自我，拥抱导师，我会继续努力！”

（四）2016 年观众席新生代表，后在 2018 年登上颁奖典礼的 2016 级汽车检测 1 班曹同学说：

“两年前我还是坐在台下的聆听者，是新生代表。刚入学的时候觉得自己是不可能得奖学金的，那是遥不可及的目标，但是在 2016 年 11 月的那次颁奖典礼上，我看到奖学金获得者同样也是电竞游戏的爱好者，每天学习的时间也不会是没日没夜的，我就知道学习要靠巧劲，下功夫好好研究学习法。两年内我一步步靠近我的目标，如今我站在了这个舞台上。我代表的就是出彩衢职人，感谢这个舞台，点醒了我，成就了我，塑造了我。”

（五）2017 年被感恩老师医学院辅导员裘老师说：

“我只是做了自己的分内之事，却没想到学生却记在了心上，能登上舞台和她互相倾诉，让我觉得之前付出的一切都值得了。作为一个德育工作者，一切都在潜移默化中进行，我说的每一句话，做的每一件小事，都有可能对学生产生深远的影响，我要更加注意工作艺术。”

（六）2018 年活动组织者 2017 级护理 2 班学生顾芳艳说：

“颁奖典礼在学校已经连续举办了四年，这次在活动形势上进行了很大的改革和创新，这得益于我们指导老师的脑洞，将一台典礼变成了一次访谈，这对我们学生干部的挑战也很大。筹备阶段我了解到了很多温暖的故事，对于我来说也是一次感恩教育。我进步了很多，得到了很多，未来我还要再接再厉。”

（七）学生处处长陈海清老师说：

“仪式感在榜样教育中非常重要，德育的艺术，不在于颁奖这件事情做的有多华丽，而是在于激励、唤醒、鼓励。没有兴奋感如何唤醒沉睡的人？只有通过生机勃勃的颁奖仪式，才能让学生和榜样走得更近，开展真正的对话并相互理解。通过这样的平台，我看到了学生和同事们之间平凡又感人的故事，感受到了先进的力量。这是很好的德育平台，是很好的一次爱的教育，值得长期开展下去。”

六、推广经验分享

（一）转变思维模式，将呆板的常规性工作变成全方位的展示平台。随着社会发展，颁奖典礼的表达形式已经越来越丰富多彩，作为校园里的颁奖典礼应该紧跟时代。时刻关注不同年龄阶段学生的心理特点，根据学生特点打造学生日常管理工作品牌，将德育工作潜移默化地融入日常工作中，用学生喜欢听的方式去表达故事。积极采用新媒体表达方式，深入挖掘榜样背后真实的学习和生活，使榜样真实化，更有助于树立可持续接近的真实榜样。

（二）丰富颁奖内容，融合感恩文化，实现一台典礼两种教育的目标。颁奖典礼的目标定位更为多元化，不仅能发挥榜样故事育人的作用，更能发挥颁奖典礼培养被表彰对象的感恩意识的作用，同时开展了榜样教育和感恩教育。典礼功能多元化有利于节约资源，在有限的时间和空间内发挥更大的作用。苏联教育家苏霍姆林斯基说，情感如同肥沃的土壤，知识的种子就播种在这个土壤上。将德育内容和情感表达结合起来，能更好地激发学生积极情绪，达成思想共鸣，扩大典礼的德育功效。

（三）可能遇上的困难及解决方案。一是在前期准备方面，需要消耗大量的时间和精力，在视频制作和颁奖辞的撰写上。标兵背景故事的挖掘不是几日之内完成的，光靠学生处一个负责老师尚不能全面展示出该生的闪光点。建议今后能成立此项工作的专班，联合五个学院辅导员工作团队，打造标兵宣传材料，让宣传内容更加丰富和多元。二是在活动影响力方面。因场地限制，一号报告厅最大容量为390人左右，能到场的学生人数有限，如何运用新媒体，开展网络直播，让现场之外的学生，乃至学生家长都能通过远程视频观看颁奖盛会，将是接下来的工作思路。三是故事深度不够，因时间限制，感恩对象的故事挖掘比较浅，现场氛围没有充分调动起来。台上师生因为是故事的亲历者，感情已经很丰沛，台下观众却如同隔靴搔痒，难以触及观众心底柔软的部分。

（四）建议将来能扩大感恩范围，让评优评先季能掀起一股感恩的氛围。不仅仅上台的学生能有机会表达，给其他没有上台的更多学生提供一个舞台下的互动感恩方式。可以通过开展会后的“给老师的三句情话”“我给老师点赞”等活动配合扩大本次典礼的教育程度。

（五）建议将来能更深入地挖掘感恩故事，打造品牌。将来可集中在3—4个典型代表身上，不一定要求覆盖面广，而是要挖掘的深。故事能打动人心，充分体现师生情。继续扩大颁奖典礼在全校师生心中的影响力，通过多元的表达方式，喜闻乐见的宣传手段，甚至可以结合学校其他品牌活动合力打造，如校团委的青春成人礼活动、机电工程学院的感恩季活动，实现全校范围内的良好氛围。

附件12－1

关于开展“出彩衢职人——2018年度先进个人、先进集体”表彰会的通知

各二级学院：

为充分发挥评优评先的育人功能，激励全体学生向优秀学生，向榜样致敬，展示优秀学生风采，酝酿感恩祖国、感恩老师的氛围。学校决定开展“2018年度先进个人、先进集体”表彰会，具体安排如下。

一、活动宗旨

鼓励先进，为后进树立全方位的榜样，帮助学生养成感恩的习惯

二、活动主题（目标）

不忘初心　笃志追梦

三、办理单位

主办单位：学生处

协办单位：大学生自我发展中心

四、时间，地点

11月28日下午14点　一号学术报告厅

五、参加对象

国家奖学金、国家励志奖学金、十佳大学生、奖学金获得者，文明班级代表、文明寝室代表、优秀班主任代表，各学院学生代表。

六、活动内容

（一）各二级学院请于11月14日上午之前上报以下各类标兵姓名、班级、

具体事迹。要求如下：

1. 先进个人

学习标兵类（1人）：在获得国家奖学金、优秀学生奖学金等涉及学习方面的获奖学生中，遴选热爱所学专业，勤奋学习，严谨踏实，勇于进取，德、智、体、能全面发展，有模范表率作用的榜样。

励志标兵类（1人）：在家庭经济困难学生中遴选自强、自立、自信、自尊和艰苦奋斗、励志成才、健康向上、学习成绩优秀的榜样。

竞赛标兵类（2人）：学术竞赛标兵：遴选在校级以上学生课内外科技竞赛中获得优秀成绩者。积极参加校级以上单位组织的科技比赛活动，并且取得好名次者。

文体竞赛标兵：在国家、省、市级文体比赛中取得优异成绩或在组织比赛中做出突出贡献的在校生。

学生干部服务标兵类（1人）：学习努力，本学期获得校奖学金（优秀学生奖学金或单项奖学金）。担任校级或院级班委以上干部一学期，有全心全意为同学服务的思想，工作任劳任怨，有较强的工作能力，组织参与过大型活动，在工作中成绩突出，得到同学们的好评。积极参加体育锻炼，身体健康，学生体质成绩合格。

优秀班主任标兵类（1人）：从优秀班主任中遴选奉献意识强，有较强事业心和责任感，热爱学生，业务水平高，工作有亮点、有特色，受学生爱戴的班主任代表。

2. 先进集体

文明寝室（1个）：在文明示范寝室中遴选，学习成绩优良，宿舍成员团结一致，温馨和谐，有突出表现的宿舍。

文明班级（1个）：在文明班级中遴选，全班同学学习目的明确，成绩优良，尊重教师，遵守纪律，诚实守信，无作弊现象，全班同学团结友爱，自觉保持环境卫生和个人清洁，文明寝室达标率较高，积极组织或参加社会实践、公益活动的班级。

（二）学生处将开展校级评选，对各二级学院选送的各类标兵开展材料审核评选。最终遴选各领域标兵各1人，登上颁奖舞台，接受标兵称号。

七、工作要求

（一）高度重视，积极动员。各二级学院以本次遴选活动为契机，扩大评优评先影响力，发挥奖学金的育人功效，全面宣传，认真遴选，在二级学院酝酿表现优秀，学习优秀的氛围。将真正能代表本领域特色的学生遴选上来参与校级遴选。

（二）积极配合，齐心协力办好表彰会。最终确定标兵名单后，相关学院请指定专人专责，和学生处责任老师一起，撰写标兵颁奖辞，挖掘标兵背后的精彩故事，让学生标兵在舞台上真正发挥出榜样效应。

学生处

2018 年 11 月 16 日

附件 12 -2

关于开展出彩衢职人——2018 年度先进个人、先进集体颁奖典礼策划方案

鼓励先进，表扬先进，弘扬先进精神，倡导感恩是思政教育的重要内容，发挥高校学生奖学金的育人作用，在校内营造向优秀看齐，学习优秀青年榜样，感恩的氛围至关重要。现定于在 11 月下旬开展青春榜样颁奖典礼，具体事项如下。

一、活动宗旨

鼓励先进，为后进树立全方位的榜样，帮助学生养成感恩的习惯

二、活动主题（目标）

不忘初心　笃志追梦

三、办理单位

主办单位：学生处

协办单位：大学生自我发展中心

四、时间，地点

每年 11 月 28 日 14 点一号学术报告厅

五、参加对象

国家奖学金、国家励志奖学金、十佳大学生、奖学金获得者，文明班级代表、文明寝室代表、优秀班主任代表，各学院学生代表。

六、活动内容

（一）活动宣传、动员，挑选优秀学生的典型代表人物。根据培养目标，挑选各个领域的杰出学生代表，挖掘先进故事，制定拍摄方案，撰写颁奖辞和演讲稿。

1. 表彰对象类别（7个类别，8人）：

（1）先进个人：

学习标兵类（1人）：在获得国家奖学金、优秀学生奖学金等涉及学习方面的获奖学生中，遴选热爱所学专业，勤奋学习，严谨踏实，勇于进取，德、智、体、能全面发展，有模范表率作用的榜样。

励志标兵类（1人）：在家庭经济困难学生中遴选自强、自立、自信、自尊和艰苦奋斗，励志成才，健康向上，学习成绩优秀的榜样。

竞赛标兵类（2人）：遴选在校级以上学生课内外科技竞赛中获得优秀成绩者。积极参加校级以上单位组织的科技比赛活动，并且取得好名次者。

文体竞赛标兵：在国家、省、市级文体比赛中取得优异成绩或在组织比赛中做出突出贡献的在校生。

学生干部服务标兵类（1人）：学习努力，本学期获得校奖学金（优秀学生奖学金或单项奖学金）。担任校级或院级班委以上干部一学期，有全心全意为同学服务的思想，工作任劳任怨，有较强的工作能力，组织参与过大型活动，在工作中成绩突出，得到同学们的好评。积极参加体育锻炼，身体健康，学生体质成绩合格。

优秀班主任标兵类（1人）：从优秀班主任中遴选奉献意识强，有较强事业心和责任感，热爱学生，业务水平高，工作有亮点、有特色，受学生爱戴的班主任代表。

（2）先进集体：

文明寝室（1个）：在文明示范寝室中遴选，学习成绩优良，宿舍成员团结一致，温馨和谐，有突出表现的宿舍。

文明班级（1个）：在文明班级中遴选，全班同学学习目的明确，成绩优良，尊重教师，遵守纪律，诚实守信，无作弊现象，全班同学团结友爱，自觉保持环境卫生和个人清洁，文明寝室达标率较高，积极组织或参加社会实践、公益活动的班级。

（二）现场活动流程

1. 初心

（1）诗歌朗诵《我的初心我的梦》开场。

（2）介绍学校评优评先总体情况（大屏幕 PPT 滚动 + 领导/主持人介绍，时间：3—5 分钟）

（3）学生初心采访视频（大屏幕播放视频，时间：3 分钟以内）

2. 笃实

（1）第一环节：8 人，60 分钟以内

先进个人颁奖辞（屏幕/主持人）（1 分钟）

先进个人出场，感恩对象/领导颁奖（2 分钟）

主持人和先进个人进行访谈

互赠具有特殊意义的礼物

（2）第二环节：由各二级学院党总支书记颁发本学院校级各类奖状

宣读获奖学生名单，颁发奖状。依次播放视频，宣读颁奖辞，进行演讲，邀请感恩对象上台，台上即时感恩，合影。

3. 追梦

（1）校党委副书记陈青书记讲话

（2）大学生自我发展中心励志歌曲《年轻的战场》快闪，主持人宣布典礼结束

（三）后期

制作活动总结，印发并送上标兵和感恩对象的纪念照片，既有纪念意义，又有教育意义，提醒学生不忘感恩，砥砺前行。温情化的礼物设计，也会让德育工作者看到礼物时就想起学生的感恩回馈，坚定自己的工作初心。

七、预期效益

大学生的主要任务是学习，大部分学生能在大学期间有明确的学习目标和奋斗方向，对自己的大学和人生有一个规划，但还是有部分同学的学习积极性较差，缺乏动力和兴趣。此类颁奖晚会能有效激发这一类大学生的成就动机和

积极性，使得他们更有动力去学习和培养多方面技能。评优评先是对大学生在校各方面表现的肯定，是激发学生努力学习专业知识，综合培养各方面能力的动力之一，也是为小部分缺乏积极性和自觉性的学生群体树立榜样，施加压力的有效手段。使得他们在适度压力下努力学习和完善自己并达到以下目的。一是树立学生自豪感和归属感。通过仪式化的表彰过程，表达学校对学生的爱与关怀，鼓励先进学生以己为荣，培养对学校的归属感。二是通过活动，让学生和老师、同学之间有次心和心的交流，提高表达爱的能力。

附件 12-3

出彩衢职人串场诗：

出彩衢职人

蓝俊以　邱实

第一篇章　初心

A：闻到桂花香的时候，学弟学妹就来了。

B：自习室开始拥挤的时候，学弟学妹就在了。

C：学长学姐好。

D：学长学姐好。

A：欢迎你，学弟学妹，生活还习惯吗？吃不吃得惯辣辣的衢州菜？

B：欢迎你，学弟学妹，有没有哭过鼻子，想过放弃？

C：学长，还记得你的初心吗？

A：当然记得，我是背着沉甸甸的梦想来的衢职。

D：学姐，你的初心一如既往吗？

B：变了。我当初，是哭着来这里的，我不热爱这个专业，不知道自己能成为什么样的人，时刻想逃走。

D：是什么让你留了下来？

B：是我那胸腔中被日夜滋养、热爱、接纳的心。我想，我会哭着来，也会哭着离开。

A：我希望我能拿奖学金，这样，妈妈可以多休息一天。

B：我希望我能成为专业第一，这样，爸爸会放心一些。

C：我希望我的大学能不负韶华！

D：我希望我的大学能五彩斑斓！

第二篇章：笃志

A：你可知，我曾兜兜转转，

你可知，我曾迷茫无助，

你可知，我手足无措。

B：我明白，我曾同你一样无助迷茫，

我怕努力没有结果，

我怕梦想被现实磨灭。

D：这道题怎么这么难？

C：这项操作我不会做。

A：我曾在实训室弄破过胳膊。

B：我曾在下沉式广场哭过鼻子。

C：我害怕考试，因为知识点太多了。

D：我害怕前进，因为原地不动显得轻松些。

A：得记得妈妈的嘱托，你只要好好念书，我们就高兴！

B：得记得老师的信任，你只要肯接受挑战，我们就去全国比赛！

C：我不困，我再看一会儿书。

D：老师您等等，我想再问一个问题。

A：谁说我们是差生。

B：我们只是调皮，起跑慢了一点点。

C：谁说我们是笨。

D：科学家说，正常人的智商都是差不多的（俏皮）。

A：我是优秀的，因为我是踏实的。

B：我是优秀的，因为我是勤奋的。

C：我是优秀的，因为我是细腻的。

D：我是优秀的，因为我是善于思考的。

AB：我们可能起跑慢了一点，但是我们脚步不会停。

CD：我们可能不是完美的，但是在某个领域，我们将做到卓越！

第三篇章：追梦

C：我的梦想有点小，微不足道。

A：谁说你的梦想小？梦想从来不分大小。

D：我的梦想有点远，实现不了。

B：谁说你的梦想远？梦想从不怕距离。

D：我一遍遍核对数据，反复调整表格的形式。

B：宽宏坚毅，胜任远道！

D：未来我做的账目将没有分毫的差错。

C：我一天天挑灯夜读整本的医书，重复实践护理动作。

A：勤能补拙，修德正身！

C：未来我护理的病人可以康复出院，继续幸福人生。

D：我一次次用心衡量每一根线条与每一束光，不厌其烦地修改打磨。

B：精雕细琢，精益求精！

C：未来我设计的样板房将无可挑剔，客户追着我跑。

D：我一遍遍给机器编制程序语言，传递精确指令。

A：和自己“死磕”，与未来“赛跑”！

D：未来我操控的机械金属将富有智慧，精准卓越。

A：今天，我们也许是平凡小草！

B：明天，我们便将是出彩衢职人！

C：我们的身影将活跃在各行各业各个岗位上。

D：我们的梦想将触及星空，遨游灿烂星河。

AB：这是我们的战场！时刻准备着！

CD：这是我们的战场！奋力拼搏着！

ABCD：尚德弘毅、知行合一，让世界为我们激荡！

构建资助体系　助力学生成长成才

——“六位一体”资助体系

一、活动设计理念

（一）理念

2017年10月，中共中央总书记、国家主席、中央军委主席习近平在十九大报告中提出要坚决打赢脱贫攻坚战。要动员全党全国全社会力量，坚持精准扶贫、精准脱贫，坚持中央统筹省负总责市县抓落实的工作机制，强化党政一把手负总责的责任制，坚持大扶贫格局，注重扶贫同扶志、扶智相结合，深入实施东西部扶贫协作，重点攻克深度贫困地区脱贫任务，确保到2020年我国现行标准下农村贫困人口实现脱贫，贫困县全部摘帽，解决区域性整体贫困，做到脱真贫、真脱贫。

教育是我国构建社会主义和谐社会的重要基石，党中央、国务院始终高度重视家庭经济困难学生的资助工作。由于我国地区之间、家庭之间的收入存在较大的差距，部分学生因家庭经济困难而不能顺利完成学业。为了促进教育公平和教育事业的协调发展，2007年5月13日，国务院发出《关于建立健全普通本科高校、高等职业学校和中等职业学校家庭经济困难学生资助政策体系的意见》（国发〔2007〕13号），决定从2007年秋季学期开始起，进一步建立健全我国家庭经济困难学生资助政策体系。2007年，财政部、教育部等有关部门又相继连续下发了8个配套实施办法。2015年12月9日，教育部发布的《规划纲要》中期评估学生资助专题报告显示，2010—2014年全国学生资助资金共计5564亿元，其中2014年为1421亿元，比2009年翻了一番。从受助学生看，2010—2014年全国累计资助学生4.1亿人次，其中2014年为8544万人次，比

2009 年增长 30% 以上。学生资助经费投入和受助学生人数均大幅增长，基本保障了“不让一个学生因家庭经济困难而辍学”，我国教育公平迈出重大步伐。

多年以来，特别是党的十八大以来，按照党中央、国务院的决策部署，在各方面的共同努力下，我国已建立起覆盖学前教育至研究生教育的，具有中国特色的学生资助政策体系。普通高校建立了以国家奖助学金、国家助学贷款、学费补偿贷款代偿、勤工助学、校内奖助学金、困难补助、伙食补贴、学费减免等多种方式并举的资助政策体系，同时实施家庭经济困难新生入学“绿色通道”。

面对党和政府提供的完备政策和充足资金的支持，我校高度重视资助工作，始终坚持“以生为本，资助育人”的工作理念，认真落实资助政策。2015 年 10 月 16 日，习近平在 2015 减贫与发展高层论坛上强调：“中国扶贫攻坚工作实施精准扶贫方略，增加扶贫投入，出台优惠政策措施，坚持中国制度优势，注重六个精准，坚持分类施策，因人因地施策，因贫困原因施策，因贫困类型施策，通过扶持生产和就业发展一批，通过易地搬迁安置一批，通过生态保护脱贫一批，通过教育扶贫脱贫一批，通过低保政策兜底一批，广泛动员全社会力量参与扶贫”。

新时代新要求，根据习总书记的指示，全国学生资助管理中心对资助工作提出了新要求：“大力推进精准资助和资助育人，着力解决好学生资助存在的不平衡、不充分问题。”浙江省教育发展中心（省学生资助管理中心）主任林成格在 2018 年全省学生资助工作研讨会上，围绕“精准资助”和“资助育人”对我省的学生资助工作做出整体布局和准确把握。在“精准资助”工作要求的驱动下，构建资助育人质量提升体系，强化资助育人理念，全面推进资助育人工作成为我校的重点资助工作，在这样的工作背景下，2015 年学校拓展资助工作方式，强化资助育人服务，规范评审机制及流程，严格执行认定标准，严控资金管理，注重工作实效，构建了“奖、助、贷、勤、免、补”六位一体资助体系，不断提高人才培养质量，促进学生成长成才，构建“解困—育人—成才—回馈”的良性通道。

（二）目的

资助体系旨在响应党和政府“精准资助”政策，以生为本，精准关爱，践行学校培养具备爱与关怀的匠心型人才的目标。实现“决不让一名学生因为家庭经济困难而辍学”的基本目标，建立与完善“发展型资助”的战略目标。通过“六位一体”资助体系均衡资助效率与公平，不断提高资助水平，确保个体发展水平较高或发展进步较大的家庭经济困难学生能从资助体系中获得更多、更好的资助，统一家庭经济困难学生与普通学生发展目标的一致性，缩小家庭经济困难学生与普通学生发展可能与发展要求的差异，实现家庭经济困难学生全方面的成长成才。

（三）特色

“六位一体”资助体系有5个特点，如图13－1。

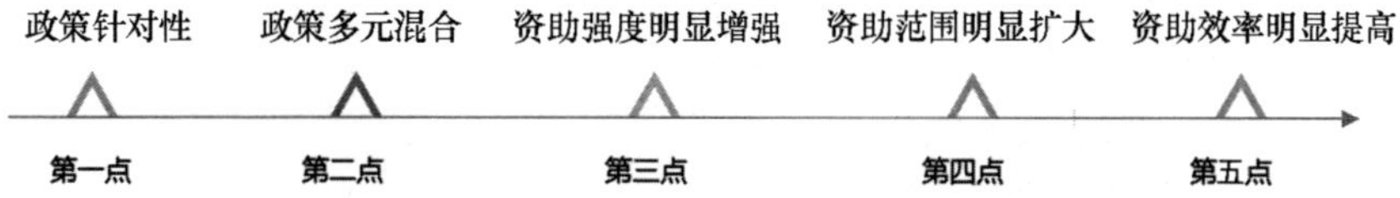

图13－1　“六位一体”资助体系特点构架图

1. 政策针对性强

国家助学贷款、国家励志奖学金主要用于保障学生学费、住宿费的开支；国家助学金、勤工助学保障学生生活费的开支，基本保障学生的在校开支。

2. 政策多元混合

国家奖学金、国家励志奖学金、国家助学金、国家助学贷款、临时困难补助、“绿色通道”爱心大礼包、社会奖学金等资助政策多元混合。

3. 资助强度明显增强

国家奖助学金：2006年国家奖学金4000元每人每学年，2007年国家奖学金8000元每人每学年；2006年国家助学金1500元每人每学年，2010年之后国家助学金3000元每人每学年，浙江省国家助学金资助标准一档为4000元每人每学年，二档2500元每人每学年。

国家助学贷款：2013学年国家助学贷款申请每人每学年最高不超过6000元，2014学年调整为每人每年不超过8000元（含校园地国家助学贷款和生源地信用助学贷款）。

4. 资助范围明显扩大

2006年全省共有21493人获得国家奖学金、助学金，占全部在校生的2.99%；2012年全省共有145686人获得励志奖学金、国家助学金，占全部在校生的15.65%。我校近三年以来的资助范围基本覆盖家庭经济困难学生。其中国家奖学金名额为4—6人，国家励志奖学金名额为150人，国家助学金名额为

860 人（其中一档助学金 290 人，二档助学金 570 人）。

图 13 - 2 为 2015—2017 年衢州职业技术学院资助人数柱状图。

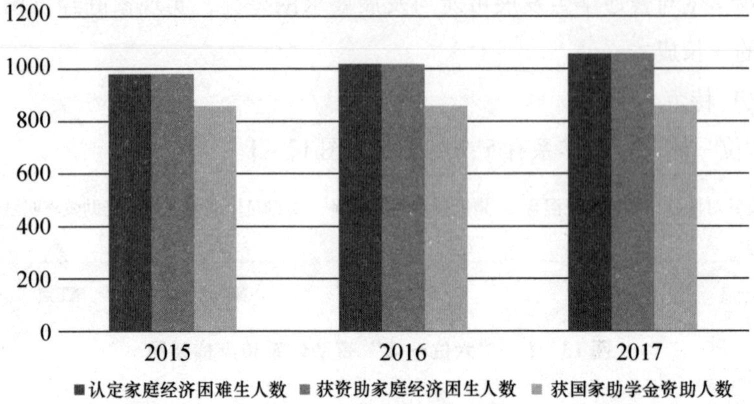

图 13 - 2　2015—2017 年衢州职业技术学院资助人数

5. 资助效率明显提高

学校为家庭经济困难学生建立了数据库，特别针对孤儿、残疾学生等进行了重点关注。确保品学兼优的学生或学习进步较大的家庭经济困难学生能从资助体系中获得更多、更好的资助，统一家庭经济困难学生与普通学生的发展目标，缩小家庭经济困难学生与普通学生发展可能与发展要求的差异，使家庭经济困难学生有机会、有条件实现全方面的发展与成长成才。

二、方案

（一）“六位一体”资助体系的理念、内涵、做法

1. 六位一体资助体系旨在响应党和政府“精准资助”政策，以生为本，精准关爱，践行学校培养具备爱与关怀的匠心型人才的目标。实现“决不让一名学生因为家庭经济困难而辍学”的基本目标，建立与完善“发展型资助”的战略目标。项目是“双线条”搭配，采用保障性资助方式 + 发展性资助方式落实资助政策。

2.《衢州职业技术学院“六位一体”资助政策简表》见表 13 - 1，具体政策方案详见附件。

表 13－1　衢州职业技术学院“六位一体”资助政策简表

资助项目			资助对象	资助标准
奖	国家奖学金		全日制二年级以上（含二年级）在校生中特别优秀的学生	8000 元/人·学年
	国家励志奖学金		全日制二年级以上（含二年级）在校生中品学兼优的家庭经济困难学生	5000 元/人·学年
	省政府奖学金		全日制二年级以上（含二年级）在校生中特别优秀的学生	6000 元/人·学年
	校内奖学金		全日制在校生，一等奖 800 元/学期；二等奖 400 元/学期；三等奖 200 元/学期；单项奖学金 200 元/学期	
	优秀毕业生奖学金		全日制在校生，省级优秀毕业生奖金 500 元/人；校级优秀毕业生奖金 300 元/人	
助	国家助学金	一档	全日制在校生中家庭经济特别困难学生	4000 元/人·学年
		二档	全日制在校生中家庭经济困难学生	2500 元/人·学年
	江山毛氏助学金		全日制江山籍家庭经济困难学生；资助名额：6 人/新学年	4000 元/人·学期
	康恩贝自强奖学金		特等奖；一、二、三等奖；自强成才奖	详见当年文件通知
贷	国家助学贷款	校园地	全日制在校生中家庭经济困难学生	限额 8000 元/人·学年
		生源地	全日制在校生中家庭经济困难学生	根据生源地助学政策
勤	勤工助学		全日制在校生中家庭经济困难学生优先，15 元/小时，分固定岗位与临时岗位；	
免	应征入伍服义务兵役国家资助		应征入伍服义务兵役高校学生（全日制在读生、毕业生）	限额 8000 元/人·学年
			退役士兵教育资助（入学前退役的全日制学生）	
			士官（全日制毕业生）	
补	临时困难补助		全日制家庭经济困难学生；一等 3000 元/人；二等 2000 元/人；三等 1000 元/人	
	爱心礼包、节日慰问金、交通费资助等其他资助形式		依据学校资助政策确定资助标准及金额	

（二）调整前后理念、内涵、做法的差异

1. 理念

调整前，为了促进教育公平和教育事业的协调发展，2007 年 5 月 13 日，国务院发出《关于建立健全普通本科高校、高等职业学校和中等职业学校家庭经济困难学生资助政策体系的意见》（国发〔2007〕13 号），决定从 2007 年秋季学期开始起，进一步建立健全我国家庭经济困难学生资助政策体系。2007 年，财政部、教育部等有关部门又相继连续下发了 8 个配套实施办法。2015 年 12 月 9 日，教育部发布的《规划纲要》中期评估学生资助专题报告显示，2010—2014 年全国学生资助资金共计 5564 亿元，其中 2014 年为 1421 亿元，比 2009 年翻了一番。从受助学生看，2010—2014 年全国累计资助学生 4.1 亿人次，其中 2014 年为 8544 万人次，比 2009 年增长 30% 以上。学生资助经费投入和受助学生人数均大幅增长，基本保障了“不让一个学生因家庭经济困难而失学”，我国教育公平迈出重大步伐。

调整后，特别是党的十八大、十九大的召开，根据习总书记的指示，全国学生资助管理中心对资助工作提出了新要求：“大力推进精准资助和资助育人，着力解决好学生资助存在的不平衡、不充分问题。”在这样的工作背景下，2015 年学校拓展资助工作方式，强化资助育人服务，规范评审机制及流程，严格执行认定标准，严控资金管理，注重工作实效，构建了“奖、助、贷、勤、免、补”六位一体资助体系，主要做法包括四个方面：一是大力推进精准资助。努力确保对象精准，建立家庭经济困难学生认定机制和认定办法；努力实现力度精准，根据学生困难程度分档资助，不搞“一刀切”；努力做到发放时间精准，在学生最需要的时候，把资助资金发放到他们手中。要花好每一分钱，改大水漫灌为精准滴灌，充分尊重学生个人隐私，把资助工作做得更有精度，更有人情味。二是大力推进资助育人。高举“立德树人”大旗，建立起“扶困助学—立德树人—唱响中国梦”这样一条特色通道，促进学生全面发展，把学生资助做得更有深度，更加大气。三是大力推进依法资助。充分保障学生权益，确保资助工作依法实施，把学生资助做得更加公平有序，更有透明度。不断提高人才培养质量，促进学生成长成才，构建“解困—育人—成才—回馈”的良性通道。

2. 内涵

调整前，我国的资助政策还不够完善，2007 年，国务院发出《关于建立健全普通本科高校、高等职业学校和中等职业学校家庭经济困难学生资助政策体系的意见》。2007 年秋季开学起，新的资助政策在全国实施。新资助政策让人振奋，含金量高，覆盖面广，资助强度大，帮困奖优并举，在积极促进教育公平的同时，注重优化教育结构。整体政策重在扶困。

调整后，我国资助政策从应助尽助，到精准资助，再到资助育人，资助工作不断取得了新的进展。资助是育人的措施和途径之一，而育人则是资助的根本目的。学校“六位一体资助体系”始终坚持“教育与资助并重，管理与育人并举”，切实实现个人全面发展的基本原则，主要做好“三个坚持两个注重”，“三个坚持”即坚持资助育人工作与立足思想政治教育工作相结合；坚持资助育人工作与培养学生成长成才相结合；坚持资助育人工作与构建和谐校园文化相结合。“两个注重”即注重发挥资助资金对满足家庭经济困难学生基本生活需要的保障性作用；注重发挥资助资金对促进家庭经济困难学生成长成才的发展性作用。

3. 做法

调整前，学校的资助政策基本帮助家庭经济困难学生顺利入学并完成学业为目标。家庭经济困难学生考入大学，首先可通过学校开设的“绿色通道”按时报到。入校后，学校对其家庭经济困难情况进行核实，采取不同措施给予资助。其中，解决学费、住宿费问题，以国家助学贷款为主，以国家励志奖学金等为辅；解决生活费问题，以国家助学金为主，以勤工助学等为辅。此外，国家还积极引导和鼓励社会团体、企业和个人面向高校设立奖学金、助学金，共同帮助家庭经济困难学生顺利入学并完成学业。

调整后，六位一体资助体系项目是“双线条”搭配，采用保障性资助方式+发展性资助方式落实资助政策，同时，在满足学生保障性资助资金需求的前提下，不断研究与确定发展性资助资金的规模。从功能上出发，一方面为家庭经济困难学生的基本生活提供保障，另一方面要为家庭经济困难学生的综合素质提高提供必要的支持。学校基本建立了以奖助学为主体，以勤工助学为主导的“奖、助、贷、勤、免、补”六位一体的资助体系，出台了 10 余项资助政策文件，资助方式主要为保障性资助与发展性资助两种方式。其中，保障性资助为：国家助学金、国家助学贷款、临时困难补助、残疾人学费减免、助困型勤工助学、新生入学助学项目；发展性资助为：国家奖学金、国家励志奖学金、学校奖学金、江山毛氏助学金、名阁（自强之星）奖学金、杭州商会成才奖学金。

三、成果

（一）参与人数、成长状况

在“奖、助、贷、勤、免、补”六位一体资助政策下，我校学生获得国家助学金情况如图 13－3 所示。

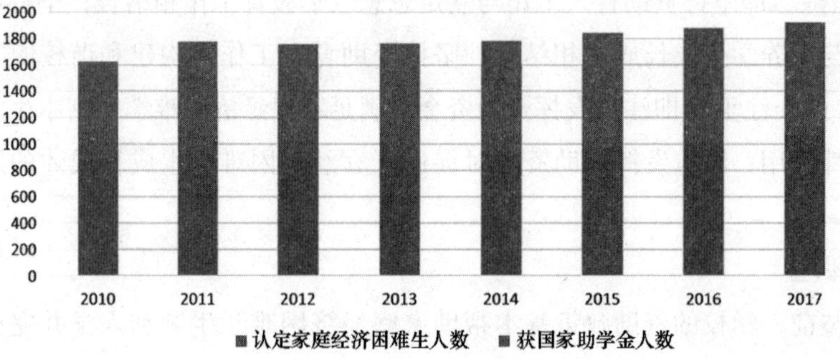

图 13－3　获国家助学金人数占比家庭经济困难生人数表

六位一体资助政策体系基本保障了“不让一个学生因家庭经济困难而失学”的基本目标，获助学生在校期间德智体美劳全面发展，对学校的满意度较高。

（二）具体成效

近 3 年来，学校积极响应省厅要求，开展各项学生活动，获得省级及以上奖项如下：

1. 2017 年浙江省学生资助摄影作品征集活动一等奖

2. 2017 年浙江省学生资助摄影作品征集活动入围奖

3. 2017 年浙江省学生资助微电影征集活动入围奖

4. 2018 年浙江省学生资助卡通形象征集活动一等奖

5. 2018 年浙江省学生资助卡通形象征集活动入围奖

6. 2018 年浙江省学生资助卡通形象征集活动鼓励奖

7. 2018 年浙江省“感恩季”学生资助征文比赛二等奖

8. 2018 年“圆梦微心愿　让爱驻心间”荣获浙江省学生资助“最美爱心故事”

9. 2019 年“爱的私人订制”活动荣获浙江省学生资助“精品项目”

四、活动照片

国家奖学金公开评审会

校内勤工助学招聘会

“六位一体”资助体系之绿色通道

国家助学贷款诚信还款教育

五、师生心得

（一）学生心得

经济管理学院获得国家奖学金的宋同学说：

“对我来说，这次的获奖不仅是一项荣誉，和一笔奖金，更多的是对自己一直努力付出的肯定，激励着我为未来奋斗的决心，给了我努力地理由和不竭的动力，获得国家奖学金是在激励着我继续努力学习、刻苦训练，以求不断地进步，对我来说更重要的是精神上的激励。我知道今天的自己能够获奖，并不只是自己努力的结果，更应该感谢的是一直关心与支持我的所有人，首先，感谢我的父母，一路走来，得到父母的所有支持，让我也很自觉地踏上自立自强之路，父母所给予我的是一笔享之不尽的财富；其次感谢教练的辛苦付出，用心栽培；感谢学校领导的肯定；感谢师长的教诲；还要感谢队友的陪伴，室友的理解。不管曾经取得怎样的成绩，都只代表着过去，我知道自己的未来要怎么走，所以我为自己定下了更高的目标，我坚信梅花香自苦寒来。”

信息工程学院获得国家助学金的王同学说：

“今年学年初因为爸爸出车祸，家里的顶梁柱倒下了，我们家就更加困难了，妈妈身体不好，每月的收入也十分有限，幸好辅导员向我介绍了国家助学金政策，经过申请，我获得了国家助学金一档，共计 4000 元/学年，加上在学校参加勤工助学，我的生活费就有着落了，也减轻了家里的负担。”

医学院获得江山毛氏助学金的陈同学说：

“江山毛氏助学金对我不仅是物质上的帮助，更是精神上的鼓励，我感谢家乡毛氏对我们大学生的关怀，我要把家乡人民对我的关怀化为前进的动力，学好专业知识，将来回报社会。我明白人生的道路上不能只喊口号，行重于言，用行动说服别人，用成绩来证明自己。”

（二）老师心得

学生处林老师说：

“我国近五年来相继出台了 6 项新的学生资助政策，完善了 11 项原有资助政策；学生资助金额累计近 7000 亿元，年均增幅 10.66%；更新理念，拓展功能，创新方式，走出了一条中国特色的学生资助之路，促进了经济和社会事业的发展。我校于 2015 年构建了六位一体资助体系，根据我国资助政策的新使命，从应助尽助，到精准资助，再到资助育人，资助工作不断取得了新的进展。这项每年都惠及我校 16% 左右的同学的资助政策的具体实施，不断勉励了学生积极向上，全面发展，使自己成为一名合格的社会主义接班人。”

六、推广经验

（一）特色或创意

现行“奖、助、贷、勤、免、补”六位一体学生资助政策体系是在学校根据国家要求对家庭经济困难学生投入最多、资助范围最广、资助力度最大、家庭经济困难学生得到实惠最多的一项制度安排。主要特点：制度设计系统全面，政府投入占主体地位，社会各界广泛参与，政策导向作用明显。

（二）优点、经验传承

在创建“六位一体”资助体系过程中，从应助尽助，到精准资助，再到资助育人的政策发展，对于落实各项资助政策的高校来说，都是一种挑战。在具体实施过程中，也遇到了如何做好顶层设计、寻找最终落脚点的困惑。在对“精准资助”和“资助育人”政策的落实与把握过程中，结合学校自身特点，积极构建“精准关爱”平台，取得了初步成效，但仍然需要努力落实“资助育人”政策。

（三）持续改善、更好建议

1. 进一步完善资助体系。在今后的工作中，应继续高度重视资助体系的完善，狠抓政策落实，加大工作力度，着力健全资助体系，创新资助方式，完善资助机制，全面推进资助育人，只有实现了学生资助的全覆盖和资助工作的多元化、规范化、全程化，才能激发学生成长成才的内生动力，实现体系目标，凸显体系意义。

2. 进一步加强资助育人成效。在具体开展育人工作时，虽然通过开展“感恩、励志、责任”等主题教育，建立了“衢职有爱”资助文化品牌，在把资助宣传、资助育人与思想政治教育有机地结合起来，利用丰富多彩的教育活动，对学生进行德育教育，弘扬中华传统美德，引导学生增强道德荣誉感，逐步培养学生的诚信意识、感恩意识、责任意识方面，收到了一定的育人成效。但学校在构建资助体系的过程中，更侧重对资助政策的把握，没有很好地建立资助育人机制，缺乏顶层设计与规划。

3. 进一步提升资助工作管理水平。学校建立了家庭经济困难生数据库，通过对学生的档案材料、本人反映、侧面了解、谈心谈话以及平时的观察，对学生的基本情况进行了详细的数据采集，但因家庭经济困难学生人数众多，无法做到对每个家庭进行家访、实地考察以及对第三方的访谈，无法完全核实学生的信息。如果能融入浙江省大救助信息平台建设，实现与扶贫、民政、残联等部门数据库有效对接，即能精准掌握学生情况，做到人本化认定、动态化认定、精准式认定，提升资助工作科学化管理水平。

附件 13－1

普通高校（本专科）学生资助政策
帮助您入学前、入学时、入学后“三不愁”
（2018 年）

目前，我省已经建立健全了以“奖、贷、助、补、减”为主要内容的普通高校学生资助政策体系，在政策上能够确保不让一个学生因家庭经济困难而失学。家庭经济困难新生入学前不用愁，拿到大学录取通知后，可以申请助学贷款，解决大学期间的学费和住宿费，在校期间的助学贷款利息都由国家负担；入学时也不用愁，可以通过学校“绿色通道”申请缓交学费和住宿费；入学后更不用愁，学校会根据核实后的家庭经济情况，给予其他各类资助。我省普通高校学生资助政策内容主要包括：

1. 国家奖学金

国家奖学金用于奖励普通高校全日制本专科二年级以上（含二年级）的学生中特别优秀的学生。奖励标准为每生每年 8000 元。

2. 国家励志奖学金

国家励志奖学金用于奖励资助普通高校全日制本专科二年级以上（含二年级）学生中品学兼优的家庭经济困难学生。奖励标准为每人每年 5000 元。

3. 省政府奖学金

省政府奖学金用于奖励普通高校全日制本专科二年级以上（含二年级）的学生中特别优秀的学生，奖励标准为每生每年 6000 元。

4. 国家助学贷款

国家助学贷款是由政府主导并贴息，金融机构向普通高校家庭经济困难学生提供的信用贷款，帮助解决在校学习期间的学习和生活费用，本专科生贷款金额原则上每生每年不超过8000元。我省生源的家庭经济困难学生也可向户口所在地农村信用社申请生源地财政贴息助学贷款。

5. 国家助学金

国家助学金主要资助家庭经济困难学生的生活费用开支。资助标准分为两档，家庭经济一般困难学生每生每年2500元，家庭经济特别困难学生每生每年4000元。

6. 应征入伍高校学生国家资助

国家对应征入伍服义务兵役以及直接招收为士官的全日制普通高校学生，在入伍时对其在校期间缴纳的学费实行一次性补偿或对获得的国家助学贷款实行代偿；应征入伍前在高校就读的学生（含新生）退役后自愿复学或入学的，国家实行学费减免。学费补偿、国家助学贷款代偿及学费减免标准，本专科生每生每年最高不超过8000元。

7. 退役士兵教育资助

对退役一年以上，考入全日制普通高校的自主就业的退役士兵，根据本人申请，由政府给予学费资助，资助标准为每生每年最高不超过8000元。生活费及其他奖助学金资助，按照国家现行高校学生资助政策的有关规定执行。

8. 校内资助

高校从事业收入中提取专项经费用于资助家庭经济困难学生。资助方式主要包括校内奖助学金、勤工助学、特殊困难补助、学费减免等。

通识课程篇

《中华诗词中的品格与修养》课程大纲

一、设计理念

我国古典诗词源远流长，浩如烟海。是我国宝贵的文化遗产。继承优秀的文化遗产，取其精华，去其糟粕，是我们今天发展社会主义先进文化的需要，也有助于提高民族自信心，促进精神文明建设。我们将在“三个代表”重要思想的指导下，继承和借鉴前人的鉴赏理论和经验，将文艺学、美学、心理学、训诂学、校勘学等学科知识综合运用，以求较为合理地感知艺术形象，探求作品情志内蕴，获取美感享受。高职学生接触传统文化的机会相对较少，开设《中华诗词中的品格与修养》这门公共选修课，其目的是希望通过这门课的学习，要求学生阅读一定数量的古典诗词中的佳作名篇，引导学生学会鉴赏古典诗词，提高古典诗词的欣赏水平，从而培养学生“文理会通”的能力，提高学生的文学素养。

二、教学特色

中华诗词中的品格与修养课程以中华诗词中的品格与修养特征为核心，围绕高职学生身心发展的特点，设计了理想、毅力等相应教育模块，多角度地介绍了中华诗词以及古代的作家在作品中所传达的人生理念及道德品质；在授课内容上，强调理论和实践的结合，强调课程的科学性、针对性、实用性和可操作性；在教育形式上，除了传统的课堂讲授外，结合在线课程、互动游戏、小组讨论等形式丰富教学手段，同时在课堂中引入团体辅导活动课程理念，通过将学生随机分组形成学习团体，通过引导学生在团体中的人际互动，促使学生在课堂活动中观察、学习、体验，帮助学生认识自我、探索自我，引导学生自尊自爱和关爱国家、社会、他人，促进学生良好适应与发展。

《中华诗词中的品格与修养》课程既是一门素养类课程，更是一门爱的课程，让走在青春时期的大学生明确自己的人生理想，树立正确的世界观、人生观、价值观，以积极、乐观、健康的心态去面对世界人生。

衢州职业技术学院《中华诗词中的品格与修养》课程大纲

＊＊ 学年度第 ＊ 学期 ＊＊ 专业（ ＊＊ 班）

课程名称	中华诗词中的品格与修养			课程代号	＊＊＊
课程类型	☑素质通识 □专业核心 □专业选修 □专业方向			授课教师	＊＊＊
修读方式	□必修 ☑必选 □选修			学分	2
开课学期	大一第一学期	总学时	32	实践学时	0
办公地点	＊＊＊	课外答疑时间	＊＊＊	联系方式	＊＊＊

A 课程描述	本课程旨在通过这门课的学习，让学生掌握一定数量的古典诗词中的佳作名篇，学会鉴赏古典诗词，提高古典诗词的欣赏水平，从而培养学生“文理会通”的能力，提高学生的文学素养。同时，在学习的过程中通过贴近前贤的经典作品，感受超越时空的美与心灵的碰撞。引领学生领悟前贤的品格与修养，身体力行、修身正己。
B 课程教学目标 （标注能力指标）	1 知识 1.1 掌握意象、意境等文学鉴赏的理论知识 C1 1.2 熟悉屈原、陶渊明、苏轼、李白、杜甫、袁枚等作家的人生历程及创作特点 C1 2 技能 2.1 能使用意象、意境等文学理论知识鉴赏诗词 D2 2.2 能有感情地朗诵屈原、陶渊明、苏轼、李白、杜甫、袁枚等作家的作品 D2 2.3 能口头具体表达出对作家、作品的理解 D2E1 2.4 能准确书写自己对作家、作品的理解 D2E1 3. 素质 3.1 具备宽宏坚毅、爱与关怀的素养 A1B2 3.2 具备一定的人文底蕴 C1

C 核心能力	A 尚德弘毅		B 健康关怀		C 专业知识		D 熟用技能		E 沟通协作		F 问题解决		备注
D 课程权重	A1	A2	B1	B2	C1	C2	D1	D2	E1	E2	F1	F2	合计 100%
	10	10		40	20			10	10				

E 学分数分配权重	数学（信息或专业）相关课程	专业课程－理论	专业课程－设计实作	通识	其他	合计
				100%		100%

F 教材内容大纲	章节教材内容（能力指标）	分时分配		
		理论	实践	合计
	1. 中华古典诗词品格与修养与现代社会	2		
	2. 国家之爱篇 B2C1D2（屈原、杜甫）	6		
	3. 理想之爱篇 B2C1D2（曹操、辛弃疾）	6		
	4. 自信之爱篇 B2C1D2（苏轼）	6		
	5. 自然之爱篇 B2C1D2（陶渊明、王维）	6		
	合计	26		

续表

<table>
<tr><td>G
课程要求</td><td colspan="5">结合课程大纲教学进度，阅读一定数量的古典诗词中的佳作名篇；学会鉴赏古典诗词，提高古典诗词的欣赏水平，培养“文理会通”的能力，提高文学素养；继承和借鉴前人的鉴赏理论和经验，将文艺学、美学、心理学学科知识综合运用，以求较为合理地感知艺术形象，探求作品情志内蕴，获取美感享受，树立正确的职业理想，积极乐观的人生态度。</td></tr>
<tr><td>H
教学方式</td><td colspan="5">☑讲授 ☑讨论或座谈 ☑问题导向学习 ☑分组合作学习 □专题学习
□实作学习 发表学习 □实习 □参观访问 ☑其他（ ）</td></tr>
<tr><td rowspan="7">I
学习评价</td><td>成绩项目</td><td>配分</td><td>配分评价方式（呼应能力指标）</td><td>细项配分</td><td>说明</td></tr>
<tr><td rowspan="3">平时成绩</td><td rowspan="3">50</td><td>实作评价 B1</td><td>10</td><td>迟到 1 次扣 1 分、旷课 1 次扣 2 分；迟到 5 次或旷课 3 次以上扣 10 分</td></tr>
<tr><td>实作评价 B1</td><td>20</td><td>积极互动，上课主动回答问题或提问，每次加 1 分。对作家进行专题介绍（10 分）</td></tr>
<tr><td>实作评价 B1</td><td>20</td><td>读后感（20 分）具体评分标准参考</td></tr>
<tr><td>期中成绩</td><td>15</td><td>纸笔考试 B1E1</td><td>15</td><td>考查学生对知识理论的掌能情况</td></tr>
<tr><td rowspan="2">期末成绩</td><td rowspan="2">35</td><td>纸笔考试 B1E1</td><td>25</td><td>考查学生对知识理论的掌能情况</td></tr>
<tr><td>案例分析测试（评分标准见附件）（B1D2E1）</td><td>10</td><td>考查学生运用知识调整自己、帮助他人的能力</td></tr>
<tr><td rowspan="6">J
进度表</td><td>次别</td><td colspan="3">单元名称与内容</td><td>能力指标代码</td></tr>
<tr><td>3</td><td colspan="3">中华古典诗词品格与修养与现代社会概论</td><td></td></tr>
<tr><td>3.1</td><td colspan="3">1. 国家之爱</td><td>B2C1D2</td></tr>
<tr><td>3.2</td><td colspan="3">2. 理想之爱</td><td>B2C1D2</td></tr>
<tr><td>3.3</td><td colspan="3">3. 自信之爱</td><td>B2C1D2</td></tr>
<tr><td>3.4</td><td colspan="3">4. 自然之爱</td><td>B2C1D2</td></tr>
<tr><td>K
建议教材</td><td colspan="5">中国古典诗词名篇诵读，季羡林，世界图书出版公司，2017</td></tr>
<tr><td>L
参考书籍</td><td colspan="5">《大学语文》华东师范大学出版社，2013 年 8 月</td></tr>
<tr><td>M
先修课程</td><td colspan="5">无</td></tr>
</table>

续表

N 教学资源	教材（学校发）、影视视频（网络检索）					
O 注意事项	1. 本课程大纲进度表部分可根据教学需要进行调整					
P 课程分析与评估	平均成绩		及格率		修课人数	
	1. 学习成效分析					
	2. 核心能力检讨					
	3. 其他					

备注：

1. 课程大纲 A—G 项由所在部门和相关课程委员会编写并审核通过，教师不能自行更改；
2. 本课程大纲 H—P 项同一课程不同授课教师应协同讨论研究达成共同核心内涵，教师不宜自行更改；
3. 评价方式，可参酌下例方式：

（1）纸笔测验：小考、期中纸笔测验、期末纸笔测验

（2）实作评量：作业、日常表现、表演、观察、轶事记录

（3）档案评量：书面报告、专题档案

（4）口语评量：口头报告、口试

附件 14 -1

评价目标：主要通过出勤率来衡量学生遵守学生守则的情况，评价学生上课过程中的学习态度，以及在学习过程中与同学合作，关爱同学等情况。

表 1　学生课堂表现评价标准

项目	优秀 （90—100 分）	良好 （75—89 分）	及格 （60—74 分）	不及格 （59 分以下）
出勤率 20%	考核出勤率 10 分，基本分 10 分，迟到一次扣 1 分、请假一次扣 0.5 分、旷课一次扣 2 分			
学习态度 40%	上课认真听讲，积极参与各种练习内容，且能够高质量完成内容	上课基本能认真听讲，也能配合老师完成练习内容，但是完成质量一般	上课无心听讲，不配合老师完成练习内容，完成质量一般	经常迟到早退、无故缺课，且上课时扰乱正常教学秩序
善于与人合作 40%	善于与人合作，积极主动带领同学完成各种练习，并能关心同学	能与人合作，能配合同学完成各种练习	缺乏与人合作的思维，较少配合同学一起完成练习内容	将自己孤立，从不跟同学交流沟通，也不按要求完成各种练习

附件 14－2

评价目标：主要考查学生读后感的中心主旨、语言格式等方面内容

成绩等级	评分标准			得分
	中心内容	语言表达	书写	
优秀（90—100 分）	围绕作家的代表性品格，分析到位，理论与实际相结合，观点鲜明	语句通顺、结构清晰，能对诗词及作家的品格与修养进行分析，有一定的文采	字迹清楚、美观、无涂改	
良好（75—89 分）	围绕作家的代表性品格，分析到位，理论能与社会实际相结合，观点较为明确	语句通顺、基本能围绕主题进行分析	字迹工整、语句略有涂改	
合格（60—74 分）	中心基本明确	分析问题思路教较清晰，有一定条理，表述流畅	语句有局部涂改	
不合格（59 分以下）	偏离题意，中心欠明确，内容不具体	语言不通顺，语病较多	语句涂改较多	
总分				

附件 14－3

评价目标：主要考查学生介绍内容、口语表达、仪容仪态等方面内容

作家专题介绍评量规准

符号	A	B	C	D	E
（1）内容 30 分	观点明确，内容切题；论据贴切，分析到位；联系实际，有感而发；结构完整，条理清晰（30）	观点明确，内容切题；联系实际，有感而发（25）	论据贴切，分析到位；结构完整，条理清晰（15）	观点与结构、条理均欠佳（10）	缺席（0）

续表

符号	A	B	C	D	E
（2）表达 30分	语音标准，用语规范；节奏合理，表达流畅；表现力强，有感染力；思维敏捷，应变力强（30）	语音标准，用语规范；表现力强，有感染力（25）	语音，用语规范或表现力欠佳（15）	语音，用语规范及表现力均欠佳（10）	缺席（0）
（3）仪态 20分	仪态大方，动作适度；表情自然，情声协调（20）	仪态大方、情声协调（15）	动作适度、表情自然（10）	仪态、动作、表情均欠佳（5）	缺席（0）
（4）整体效果 20分	话语自然，表现力强；举止得体，整体和谐（20）	话语自然，表现力强（15）	举止得体，整体和谐（10）	话语、表现力、举止均欠佳（5）	缺席（0）

附件 14－4

一、朗诵过程评量规则

符号向度	A	B	C	D	E
1. 考察有声语言（80分）	朗诵时，能根据朗诵内容准确运用语速、语调、重音、停顿的朗诵技巧，音质流畅自然	朗诵时，能根据朗诵内容注意运用语速、语调、重音、停顿四种朗诵技巧	朗诵时，能根据朗诵内容注意到语速、语调、重音、停顿四个朗诵技巧中的三种技巧	能根据朗诵内容注意到语速、语调、重音、停顿四个朗诵技巧中的二种技巧	不能运用任何有声语言的技巧
2. 考察态势语言（10分）	能正确、综合运用眼神、面部表情、手势、站姿等多种态势语言	能正确运用眼神、手势、面部表情三项常用态势语言	朗诵时能注意的眼神、面部表情，恰当运用手势	朗诵时能注意运用眼神、表情	不能运用任何态势语言
3. 考察朗诵稿（10分）	流畅背诵朗诵稿，能脱稿朗诵。有强烈的说服力和感染力	朗诵时能脱稿朗诵，较为流畅背诵	基本能脱稿朗诵	不能脱稿朗诵	弃权

附件 14 – 5

衢职职业技术学院单元教学活动设计

<table>
<tr><td>分院</td><td>* * *</td><td>专业</td><td>* * *</td><td>设计者</td><td colspan="2">龚慧兰</td></tr>
<tr><td>科目名称</td><td colspan="2">中华诗词中的品格与修养</td><td>学年</td><td>2018—2019</td><td>学期</td><td>1</td></tr>
<tr><td>授课类型</td><td colspan="6">□理论型，　□理实一体型，　□实践型</td></tr>
<tr><td>单元名称</td><td colspan="2">自信之爱</td><td>班级</td><td>* * *</td><td>人数</td><td>* * *</td></tr>
<tr><td>教材来源</td><td colspan="2">中国古典诗词名篇诵读，季羡林，世界图书出版公司，2017</td><td>授课学时</td><td colspan="3">6</td></tr>
<tr><td>学生学习条件分析</td><td colspan="6">1. 起点分析：
（1）具备一定的诗词鉴赏的理论水平
（2）具备自主学习能力，能通过网络等手段查阅资料预习
2. 重点分析：
（1）掌握苏轼词的思想内容及艺术特色
3. 难点分析：
（1）儒、释、道三家对苏轼的影响
（2）掌握苏词的艺术特色</td></tr>
<tr><td>教学方法与手段</td><td colspan="6">1. 教学方法：
讲演法、演示法、小组讨论法，模拟练习
2. 教学手段：
PPT、超星课堂</td></tr>
<tr><td>教学资源</td><td colspan="6">个人资源：教材、诗词中国号
学校资源：图书馆学术资源平台
网络（出版社）资源：《经典咏流传》《诗词大赛》等节目
企业资源：无</td></tr>
<tr><td>能力指标</td><td colspan="6">1 能有感情地朗诵苏轼的作品
2 能口头具体表达出对苏轼的理解
3 能准确书写自己对作家、作品的理解</td></tr>
<tr><td>教学目标</td><td colspan="6">1 知识
1.1 掌握意象、意境等文学鉴赏的理论知识
1.2 熟悉苏轼的人生历程及创作特点
2 技能
2.1 能使用意象、意境等文学理论知识鉴赏诗词
2.2 能有感情地朗诵苏轼的作品
2.3 能正确理解作品的含义
2.4 能口头具体表达出对苏轼作品的理解
2.5 能准确书写自己对苏轼、作品的敬意
3. 素质
3.1 具备宽宏坚毅、爱与关怀的素养
3.2 具备一定的人文底蕴</td></tr>
</table>

续表

<table>
<tr><td>教师课前准备</td><td colspan="4">准备好课件、单元设计
设计学生课前预习内容
设计好教学环节
检查多媒体设备</td></tr>
<tr><td>学生课前准备</td><td colspan="4">学生需要在课前预习章节内容</td></tr>
<tr><td rowspan="5">活动历程（强调成果导向、主要教学法的历程，含辅助手段、时间分配）</td><td>步骤</td><td>教学内容</td><td>教学手段</td><td>时间（分钟）</td></tr>
<tr><td rowspan="4">1</td><td>一、准备活动（5 分钟）
1. 活跃课堂气氛，学习通签到、点名（2 分钟）
2. 复习上节课学习过的课程重点（2 分钟）
3. 简要介绍本节课的学习内容、重点及难点（1 分钟）</td><td colspan="2" rowspan="2">第一节课</td></tr>
<tr><td>二、研习活动（90 分钟）
任务 1：从《自题金山画像》这一首开始导入，苏轼对自己一生的评价，这几个地方和苏轼有什么关系？学生回忆高中、中职语文学习中苏轼的作品，并画出苏轼画像，10 分钟
任务 2：学生回忆、朗读《念奴娇》《定风波》10 分钟
任务 3：苏轼生平介绍
学生介绍：大致生平、贬谪遭遇、理想志趣 20 分钟</td></tr>
<tr><td>任务 4：研习《定风波》45 分钟
思考 1：结合注释谈谈这首词的上下阕分别写了什么内容？
小序中的“同行皆狼狈，余独不觉”，能够体现出作者对途中突然遇雨这件事怎样的态度？
学生小组讨论，找出生活中遇到的不合理信念实例
思考 2：词的上片刻画了怎样的抒情主体形象？表现了词人怎样的精神？学生根据词句分析。
思考 3：“谁怕？一蓑烟雨任平生”是上片的点睛之笔，说说这句话的含义，表现了作者怎样的品质？
思考 4：“怀坎壈于时，遇事有可尊主泽民者，便忘躯为之，祸福得丧，付与造物。”《与李公泽书》如何理解苏轼在这封书信中的尊主泽民，引导学生将个人的宠辱得失上升到国家境界，视频导入《百家讲坛》</td><td colspan="2">第二节课</td></tr>
</table>

续表

	步骤	教学内容	教学手段	时间（分钟）
活动历程（强调成果导向、主要教学法的历程，含辅助手段、时间分配）		三、朗诵活动（90分钟） 任务5：学生集体诵读、单个朗诵苏轼词（90分钟）评价表见附件	第三、四节课	
		四、书写活动（90分钟） 任务6：书写读后感（45分钟） 任务7：学生交流作品，教师总结 评价表见附件	第五、六节课	
学习评量	1. 单元100分，如何评分：考勤10% + 课堂讨论20% + 课后作业20% + 期末测试50% 2. 纸笔测试。期末统一考试			
课后作业	1. 写一篇关于苏轼的读后感			
教学后记	1. 教学方法符合学生学习规律和要求，教师本着“理论结合实践”的原则进行教学，学生参与度较高 2. 本单元教学内容安排合理，课时内基本完成教学内容 3. 课后作业设计比较灵活，加深了学生对苏轼人格的认识 4. 反思：本单元知识内容较多，重点内容为中华诗词中的豁达自信，学生在课堂中的理论学习还不够，在课后需继续领悟			

《生活与美学》课程大纲

一、设计理念

日渐紧张的生活节奏，让人们忘却了生活中的审美。为了提高学生的美学觉悟，让美学从书本走向日常生活，赋予人们一双发现美的眼睛，为混沌的感官生活提供一个新鲜的视角，使人们重新发现“作为生活本身”的生活，充满审美情调的“生活”，做一个真正感到“幸福的人”，学校开设了本门课程。

二、教学特色

1. 课堂上把学生“带进来”，让学生感受作品的情趣。在教学导入部分，要有情趣，抓住学生的心理。教学设计中，提前布置学生准备几张自己觉得很有趣的照片，选择其中部分有代表性的照片运用到课件中。展示学生提供的有趣的照片，和同学们一起分享生活中的趣事，对提供作品的学生给予肯定，表扬这些学生都是生活中的有心人，捕捉到这么生动有趣的照片。看看艺术家是如何表现富有情趣的作品的。

2. 引导学生从细节感受作品的情趣，训练学生自主学习感悟作品的美。比如从画面的构图、构思及不同寻常的方面引导学生分析理解。

3. 以问题的方式引领学生，让学生围绕问题展开讨论。

衢州职业技术学院生活与美学 课程大纲

＿＊＊＿学年度第＿＊＿学期＿＊＊＿专业（＿＊＊＿班）

课程名称	生活与美学			课程代号	＊＊＊
课程类型	☑素质通识☑专业核心 □专业选修 ☑专业方向			授课教师	＊＊＊
修读方式	☑必修 ☑必选 □选修			学分	2
开课学期	第一学期第二学期	总学时	32	实践学时	0
办公地点	＊＊＊	课外答疑时间	＊＊＊	联系方式	＊＊＊
A 课程描述	通过本课程的学习，使学生了解与美学理论相关的基础理论和基本知识，美学理论中的一般概念、原理、原则及有关知识。从而提高认识美、发现美、创造美的能力；树立高尚的审美观念和审美理想，从而自觉地按照美的规律改造客观世界和美化自身，为人的全面发展奠定基础。塑造一个完美健康、具有高尚人格、优雅情操和审美能力的人				
B 课程教学目标 （标注能力指标）	1. 知识 理解审美心理过程和直觉、认识、情绪感受；B1 掌握色彩及其心理感受；B1 2. 技能 （1）能够分析审美与社会及心理的关系，分析西方古典派和激烈派现代主义主要观念；C1 （2）能够进行色彩调查，分析当代大学生们对色彩的喜好；E1 3. 素质 （1）培养学生良好的审美情趣，提高审美感受；B1 （2）学会运用美学欣赏修复负面的情绪，弥补心理问题，维护正面情绪和健康心理。B1				

C 核心能力	A 尚德弘毅		B 健康关怀		C 专业知识		D 熟用技能		E 沟通协作		F 问题解决		备注
D 课程权重	A1	A2	B1	B2	C1	C2	D1	D2	E1	E2	F1	F2	合计 100%
			60		20				20				

E 学分数分配权重	数学（信息或专业）相关课程	专业课程－理论	专业课程－设计实作	通识	其他	合计
				100%		2

续表

<table>
<tr><td rowspan="11">F
教材内容
大纲</td><td colspan="3" rowspan="2">章节教材内容（能力指标）</td><td colspan="3">分时分配</td></tr>
<tr><td>理论</td><td>实践</td><td>合计</td></tr>
<tr><td colspan="3">1. 从“散步”“游心”到“畅神”B1</td><td>3</td><td></td><td>3</td></tr>
<tr><td colspan="3">2. 我们误用了“美言美语”B1</td><td>3</td><td></td><td>3</td></tr>
<tr><td colspan="3">3. 爱美之“心”，人皆有之 B1E1</td><td>3</td><td></td><td>3</td></tr>
<tr><td colspan="3">4. “身体”是心灵的最佳图画 B1E1</td><td>6</td><td></td><td>6</td></tr>
<tr><td colspan="3">5. “我看青山多妩媚，青山看我亦如是”B1</td><td>6</td><td></td><td>6</td></tr>
<tr><td colspan="3">6. 从生活到艺术，再从艺术到生活 B1C1</td><td>3</td><td></td><td>3</td></tr>
<tr><td colspan="3">7. 设计“为人民大众服务”C1E1</td><td>6</td><td></td><td>6</td></tr>
<tr><td colspan="3">8. “能移动世界”的文化美化 B1C1</td><td>2</td><td></td><td>2</td></tr>
<tr><td colspan="3">合计</td><td>32</td><td></td><td>32</td></tr>
<tr><td>G
课程要求</td><td colspan="6">1. 通过学习体验感受美术作品的情趣和意境，了解美术作品表现情趣和意境的艺术方法，能对相关的美术作品情趣和意境进行欣赏评述
2. 通过对美术作品中的情趣和意境进行体验分析、欣赏评述，进一步探讨艺术美与生活美的区别与联系
3. 通过体验分析、欣赏评述，丰富学生的生活和艺术情感，培养学生对生活的热情，对美好快乐的向往</td></tr>
<tr><td>H
教学方式</td><td colspan="6">☑讲授 ☑讨论或座谈 ☑问题导向学习 ☑分组合作学习 □专题学习
□实作学习 发表学习 □实习 □参观访问 □其他（ ）</td></tr>
<tr><td rowspan="5">I
学习评价</td><td>成绩
项目</td><td>配分</td><td>配分评价方式
（呼应能力指标）</td><td>细项
配分</td><td colspan="2">说明</td></tr>
<tr><td rowspan="2">平时
成绩</td><td rowspan="2">30</td><td>实作评价 B1</td><td>10</td><td colspan="2">迟到 1 次扣 1 分、旷课 1 次扣 2 分；迟到 5 次或旷课 3 次以上扣 10 分</td></tr>
<tr><td>实作评价 B1E1</td><td>10</td><td colspan="2">积极互动，上课主动回答问题或提问，每次加 1 分</td></tr>
<tr><td rowspan="2">期末
成绩</td><td rowspan="2">70</td><td>纸笔考试 C1</td><td>25</td><td colspan="2">考查学生对知识理论的掌握情况</td></tr>
<tr><td>案例分析测试（评分标准见附件）（B1C1）</td><td>40</td><td colspan="2">考查学生根据不同审美需求，提取对应的形态、造型和色彩元素设计产品的能力</td></tr>
</table>

续表

	次别	单元名称与内容	能力指标代码
J 进度表	1	单元1：从“散步”“游心”到“畅神” 任务1：1“看《蒙娜丽莎》，请上二楼！” 任务2：“视而不见” ＋ “充耳不闻” 任务3：“事必常饱，然后求美” 任务4：“慢慢走”，才能“欣赏呀！” 任务5：“养眼”“养心”“养神” 任务6：“从心所欲”与“逍遥游心”	B1
	2	单元2：我们误用了“美言美语” 任务1：“味道美极了！” 任务2：从“传为美谈”到“尽善尽美” 任务3：“你真美呀！请停留一下！” 任务4：岂能一个“美”字了得？ 任务5：“羊大”还是“羊人”为美？ 任务6：“家族相似”的“美”家族	B1
	3	单元3：爱美之“心”，人皆有之 任务1：既在舞台上，又在观众中 任务2：“距离”产生了审美？ 任务3：有这样两种“冰山理论” 任务4：北斗星怎么形如“北斗”？ 任务5：你在我“心”中是“最美” 任务6：“各美其美，美美与共”	B1E1
	4	单元4：“身体”是心灵的最佳图画 任务1：从中韩日明星的脸型谈起 任务2：“四大美女”与“政治美学” 任务3：美发·美容·美体·美甲 任务4：对身体进行“审美化塑造” 任务5：“人造美女”还是美女吗？ 任务6：体育运动也可以成为美学	B1E1
	5	单元5：“我看青山多妩媚，青山看我亦如是” 任务1：中国最美的地方在哪儿？ 任务2：哪种标准能评判自然之美？ 任务3：“自然皆动”与“动中审美” 任务4：自然是“风景”还是“环境”？ 任务5：从“美化环境”到“城市美化” 任务6：作为“生活景观”的公共艺术 任务7：行、望、游、居的“栖居美学”	B1

续表

	次别	单元名称与内容	能力指标代码
J 进度表	6	单元6：从生活到艺术，再从艺术到生活 任务1：西方舶来的艺术观脱离生活 任务2：建构回归生活的中国艺术观 任务3：“政治生活美学”与现实主义 任务4：“精英生活美学”与现代主义 任务5：“日常生活美学”与当代主义 任务6：艺术终结于观念、身体与自然	B1C1
	7	单元7：设计“为人民大众服务” 任务1：现代设计的“商业幽灵” 任务2：“庸俗设计美学”批判 任务3：设计以“人”还是“物”为本？ 任务4：为“大众”或“小众”而设计？ 任务5：介于审美自律与社会他律之间	C1E1
	8	单元8：“能移动世界”的文化美化 任务1：“大众文化”的流行美学 任务2：“文化工业”的生产机制 任务3：“创意产业”的中国模式 任务4：娱乐的“卡拉永远 OK” 任务5：美术馆开放为“黄盒子” 任务6：电视时代里的《红楼梦》 任务7：景观社会中的《阿凡达》 任务8：商业开发的“美学思维”	B1C1
K 建议教材	李乐山著《美学与设计》，西安交通大学出版社，2010		
L 参考书籍	黑格尔著.《美学》，商务印书馆；宗白华著.《美学散步》，上海人民出版社		
M 先修课程	无		
N 教学资源	教材（学校发）、影视视频（网络检索）		
O 注意事项	1. 本课程共11周课程学习； 2. 本课程大纲进度表部分可根据教学需要进行调整		

续表

P 课程分析 与评估	平均成绩		及格率		修课人数	
	1. 学习成效分析					
	2. 核心能力检讨					
	3. 其他					

备注：
1. 课程大纲 A—G 项由所在部门和相关课程委员会编写并审核通过，教师不能自行更改；
2. 本课程大纲 H—P 项同一课程不同授课教师应协同讨论研究达成共同核心内涵，教师不宜自行更改；
3. 评价方式，可参酌下例方式：
（1）纸笔测验：小考、期中纸笔测验、期末纸笔测验
（2）实作评量：作业、实作成品、日常表现、表演、观察、轶事记录
（3）档案评量：书面报告、专题档案
（4）口语评量：口头报告、口试

附件 15 -1

评价目标：主要通过出勤率来衡量学生遵守学生守则的情况，评价学生上课过程中的学习态度，以及在学习过程中与同学合作，关爱同学等情况。

表 1　学生课堂表现评价标准

项目	优秀 （90—100 分）	良好 （75—89 分）	及格 （60—74 分）	不及格 （59 分以下）
出勤率 20%	考核出勤率 10 分，基本分 10 分，迟到一次扣 1 分、请假一次扣 0.5 分、旷课一次扣 2 分			
学习 态度 40%	上课认真听讲，积极参与各种练习内容，且能够高质量完成内容	上课基本能认真听讲，也能配合老师完成练习内容，但是完成质量一般	上课无心听讲，不配合老师完成练习内容，完成质量一般	经常迟到早退、无故缺课，且上课时扰乱正常教学秩序
善于与 人合作 40%	善于与人合作，积极主动带领同学完成各种练习，并能关心同学	能与人合作，能配合同学完成各种练习	缺乏与人合作的思维，较少配合同学一起完成练习内容	将自己孤立，从不跟同学交流沟通，也不按要求完成各种练习

附件 15 －2

案例分析测试评分表

<table>
<tr><td>姓名：</td><td></td><td>学号：</td><td></td><td>班级：</td><td></td><td>测试时间</td><td></td></tr>
<tr><td rowspan="2">项目</td><td colspan="6">评分标准</td><td rowspan="2">得分</td></tr>
<tr><td colspan="2">优秀</td><td colspan="2">良好</td><td colspan="2">不及格</td></tr>
<tr><td>问题分析（40%）
优秀（32—40）
良好（24—31）
不及格（0—24）</td><td colspan="2">判断准确，能抓住问题的关键，分析到位，理论与实际相结合，观点明确</td><td colspan="2">能基本抓住问题的重点，能对案例中的问题进行分析，提出正确的观点和判断</td><td colspan="2">不能抓住问题的重点，分析不到位，不能做到理论结合实际，观点不准确</td><td></td></tr>
<tr><td>问题解决（40%）
优秀（32—40）
良好（24—31）
不及格（0—24）</td><td colspan="2">熟悉案例相关的美学知识，能正确运用所学技术解决案例中问题；对其他同学处理类似问题有良好的示范性和指导性</td><td colspan="2">对相关知识和理论基本熟悉，对案例中的问题可以选择正确的技术应对，对其他同学处理类似问题有一定的示范性和指导性</td><td colspan="2">对相关美学知识不熟悉，不能运用正确的方式处理案例中的问题</td><td></td></tr>
<tr><td>个人表现（20%）
优秀（16—20）
良好（12—15）
不及格（0—12）</td><td colspan="2">分析问题思路清晰，条理清楚，表述流畅</td><td colspan="2">分析问题思路教较清晰，有一定条理，表述流畅</td><td colspan="2">分析问题思路不清晰，无条理，表达不流畅</td><td></td></tr>
<tr><td>总分</td><td colspan="2"></td><td colspan="2"></td><td colspan="2"></td><td></td></tr>
</table>

附件 15 －3

衢职职业技术学院单元教学活动设计

<table>
<tr><td>分院</td><td>机电工程学院</td><td>专业</td><td colspan="2">机电一体化技术</td><td>设计者</td><td colspan="2">邓玉娟</td></tr>
<tr><td>科目名称</td><td colspan="2">生活与美学</td><td>学年</td><td colspan="2">2018—2019</td><td>学期</td><td>2</td></tr>
<tr><td>授课类型</td><td colspan="7">□理论型，　□理实一体型，　□实践型</td></tr>
<tr><td>单元名称</td><td colspan="2">从生活到艺术，再从艺术到生活</td><td>班级</td><td colspan="2">* * *</td><td>人数</td><td>* * *</td></tr>
<tr><td>教材
来源</td><td colspan="2">李乐山著《美学与设计》，西安交通大学出版社</td><td>授课
学时</td><td colspan="4">3</td></tr>
</table>

续表

学生学习条件分析	1. 起点分析： 了解高中、中职时社会生活及个人成长中关于美学知识教育相关内容 2. 重点分析： 通过作品分析感受不同作品中所体现的情趣和意境，并且能从表现方法和画家个人感情方面理解作品，同时能运用学到的方法赏析其他作品，从作品中的情趣和意境方面对相关美术作品进行欣赏评述 3. 难点分析： 引导学生感悟作品的美和价值。中国画尤其追求意境的表现，这也是中国传统美学思想的重要组成部分，通过欣赏学习引导学生感受作品的情趣和意境，体会画家的思想、感情和文化修养
教学方法手段	1. 教学方法： 讲演法、演示法、小组讨论法，模拟练习 2. 教学手段： PPT、超星课堂
教学资源	个人资源：教材、PPT 学校资源：超星慕课平台、图书馆学术资源平台 网络（出版社）资源：美学欣赏的视频及图片 企业资源：无
能力指标	学会关爱社会、关注人类发展； 培养学生良好的审美情趣，提高审美感受； 学会运用美学欣赏修复负面的情绪，弥补心理问题，维护正面情绪和健康心理
教学目标	知识 通过学习体验感受美术作品的情趣和意境，了解美术作品表现情趣和意境的艺术方法。 能力 通过对美术作品中的情趣和意境进行的体验分析、欣赏评述，进一步探讨艺术美与生活美的区别与联系。 素质 通过体验分析、欣赏评述，丰富学生的生活和艺术情感，培养学生对生活的热情，对美好快乐的向往
教师课前准备	研究和准备教学内容、准备教具与教学媒体
学生课前准备	学生需要在课前预习章节内容，观看影片《头脑特工队》

续表

	步骤	教学内容	教学手段	时间（分钟）
活动历程（强调成果导向、主要教学法的历程，含辅助手段、时间分配）	1	通过生动的图文、音乐、视频案例的引入，让学生体会各种直觉、认识、情绪感受。以问题的方式带动学生观察和思考，感受教学主题。用作品对比的方式，让学生对中西艺术的表达方式有一个初步的了解	课件展示 互动讨论	15
	2	知识讲解： 1. 西方舶来的艺术观脱离生活 2. 建构回归生活的中国艺术观 3. “政治生活美学”与现实主义	课件展示	20
	3	操练：通过审美感受分析，让学生用语言、图文、设计方案表达各种审美观念	互动讨论	20
	4	知识拓展与延伸展示，以资料呈现的方式，通过直观教学，强化学生对作品的了解	课件展示	20
	5	知识讲解： 1. “精英生活美学”与现代主义 2. 日常生活美学”与当代主义 3. 艺术终结于观念、身体与自然 学生小组讨论，谈谈自己的目标	课件展示	25
	6	案例分析：出示作品，小组探讨对作品的理解。以“猜一猜”的方式走进大师的思想，了解艺术源于生活，尤其与艺术家的情感和现实生活有关。生活中，美无处不在，但是，你必须有一双审美的眼睛才能感受它的存在；生活的情趣也处处可见，积极乐观、热爱生活、用心生活的人就能感受得到，能捕捉到生活中情趣，并通过巧妙的方式表现出来。从具体的问题进行教学总结，引导学生初步建立欣赏作品的艺术态度，深化教学主题	小组模拟 练习讨论	25
	7	小结：对学生提出的观点进行分析总结，引导学生从作品中感受作品的情趣		10

续表

	步骤	教学内容	教学手段	时间（分钟）
活动历程（强调成果导向、主要教学法的历程，含辅助手段、时间分配）	8	课后拓展与思考：在感受不同绘画语言独特的艺术美感的同时，尝试了解画家是怎样通过自己的情感体验表达自己的想法的，将生活中的感受艺术化。激发学生关注中西美术作品在构思上的异同，从社会以及生活的角度欣赏美术作品		

《急救技能》课程大纲

一、设计理念

2019 年 1 月 24 日，国务院印发《国家职业教育改革实施方案》。该方案明确制定了总体要求和目标："深化办学体制改革和育人机制改革，以促进就业和适应产业发展需求为导向，着力培养高素质劳动者和技术技能人才。"

《急救技能》依托《国家职业教育改革实施方案》的总体要求和目标，确立体育教学改革与发展方向，树立"以人为本、全面发展、健康第一、终身受益"的教育理念，实现"素质教育""健康教育"和"终身体育教育"相统一的教学目标，促进学生身心健康、全面发展，使其成为能够适应现代社会和未来发展需要的优秀人才。《急救技能》主要包含医疗急救技能相关知识，主要目标是使学生掌握基本的运动损伤救护技能；掌握心肺复苏、火灾、地震等急救技能，具备处理应急突发事件的能力。让学生深刻理解生命的珍贵，在爱自己的同时能够珍爱他人的生命、维护生命，拥有一颗仁爱、感恩和回馈社会之心，做一个懂得感恩社会，具备高尚情操的人。

二、教学特色

1. 通过"汶川地震""生命诠释最美师德——李永刚老师先进事迹"等生动案例及视频、文稿分享，激发学生关爱生命、珍惜生命及救治生命的意识及责任感，强化学生对生命的感悟，更好地珍惜、热爱自己及他人的生命。

2. 为不同专业学生设计适应专业特性的应急救护培训，树立"热爱生命、珍惜生命”的健康意识，养成良好的生活习惯。

3. 依托“健康中国2020”发展规划，以学生为中心，教授急救常识和急救技能，使学生能够掌握基本的急救技能，深刻理解生命的可贵，爱惜自己及他人的生命，树立生命至上的理念。

衢州职业技术学院《急救技能》课程大纲

＊＊学年度第＊学期＊＊专业（＊＊班）

<table>
<tr><td>课程名称</td><td colspan="10">急救技能</td><td colspan="2">课程代号</td><td></td></tr>
<tr><td>课程类型</td><td colspan="10">☑素质通识　☐专业核心　☐专业选修　☐专业方向</td><td colspan="2">授课教师</td><td>周敏</td></tr>
<tr><td>修读方式</td><td colspan="10">☑必修　☐必选　☐选修</td><td colspan="2">学分</td><td>0.5</td></tr>
<tr><td>开课学期</td><td colspan="4">第四学期</td><td colspan="4">总学时</td><td colspan="2">10</td><td colspan="2">实践学时</td><td>8</td></tr>
<tr><td>办公地点</td><td colspan="3">＊＊</td><td colspan="3">课外答疑时间</td><td colspan="2"></td><td colspan="2">联系方式</td><td colspan="3"></td></tr>
<tr><td>A
课程描述</td><td colspan="13">本课程旨在引领学生掌握基本的应急救护知识、熟用心肺复苏急救知识以及懂得火灾、地震等逃生技能；提升处理突发事件的能力；具备关爱自己、关爱他人的素质</td></tr>
<tr><td>B
课程教学目标
（标注能力指标）</td><td colspan="13">1. 知识
1.1 掌握火灾、地震等突发事件的逃生方法 C1
1.2 掌握高质量心肺复苏的要点 C1
2. 技能
2.1 熟用心肺复苏急救技能 D1
2.2 具有较强的处理突发事件的能力，如规范拨打 120F1
3. 素质
3.1 具备关爱自己、关爱他人的素质 B1</td></tr>
<tr><td>C
核心能力</td><td colspan="2">A 尚德弘毅</td><td colspan="2">B 健康关怀</td><td colspan="2">C 通用知识</td><td colspan="2">D 基本技能</td><td colspan="2">E 沟通协作</td><td colspan="2">F 问题解决</td><td>备注</td></tr>
<tr><td rowspan="2">D
课程权重</td><td>A1</td><td>A2</td><td>B1</td><td>B2</td><td>C1</td><td>C2</td><td>D1</td><td>D2</td><td>E1</td><td>E2</td><td>F1</td><td>F2</td><td rowspan="2">合计 100%</td></tr>
<tr><td></td><td></td><td>10</td><td></td><td>15</td><td></td><td>65</td><td></td><td></td><td></td><td>10</td><td></td></tr>
<tr><td rowspan="2">E
学分数分配权重</td><td colspan="4">数学及基础科学等相关课程</td><td colspan="2">专业课程－专业/实务</td><td colspan="2">专业课程－设计实作</td><td colspan="2">通识或共同科目（不含数学）</td><td colspan="2">其他</td><td>总学分数</td></tr>
<tr><td colspan="4"></td><td colspan="2"></td><td colspan="2"></td><td colspan="2">0.5</td><td colspan="2"></td><td>0.5</td></tr>
<tr><td rowspan="7">F
教材内容大纲</td><td colspan="10" rowspan="2">章节教材内容（能力指标）</td><td colspan="3">分时分配</td></tr>
<tr><td>理论</td><td>实践</td><td>合计</td></tr>
<tr><td colspan="10">1. 心肺复苏急救技能理论知识 C1</td><td>1</td><td>0</td><td>1</td></tr>
<tr><td colspan="10">2. 心肺复苏急救技能 D1</td><td>0</td><td>6</td><td>6</td></tr>
<tr><td colspan="10">3. 火灾、地震逃生技能 D1</td><td>1</td><td>1</td><td>2</td></tr>
<tr><td colspan="10">4. 消防应急逃生演练 F1</td><td>0</td><td>1</td><td>1</td></tr>
<tr><td colspan="10">合计</td><td>2</td><td>6</td><td>10</td></tr>
</table>

续表

<table>
<tr><td>G
课程要求</td><td colspan="5">学生通过学习和掌握基本的应急救护知识，提升学生应急能力，提高珍爱生命的意识</td></tr>
<tr><td>H
教学方式</td><td colspan="5">☑讲授 □讨论或座谈 ☑问题导向学习 ☑分组合作学习 □专题学习
☑实作学习 □发表学习 □实习 □参观访问 □其他（ ）</td></tr>
<tr><td rowspan="3">I
学习评价</td><td>成绩项目</td><td>配分</td><td>配分评价方式
（呼应能力指标）</td><td>细项配分</td><td>说明</td></tr>
<tr><td>平时成绩</td><td>20</td><td>实作评量
C1</td><td>20</td><td>出勤率（20%）、学习态度（40%）、与人合作（40%）
评价表详见附件 13 - 1</td></tr>
<tr><td>期末成绩</td><td>80</td><td>实操考量
D1F1</td><td>80</td><td>2. 心肺复苏实操考量表详见附件 13 - 2</td></tr>
<tr><td rowspan="9">J
进度表</td><td>次别</td><td colspan="3">单元名称与内容</td><td>能力指标代码</td></tr>
<tr><td>1</td><td colspan="3">单元一：心肺复苏急救技能理论知识</td><td>C1</td></tr>
<tr><td>2</td><td colspan="3">单元二：心肺复苏急救技能实操 任务一
内容：规范拨打 120 电话</td><td>D1</td></tr>
<tr><td>3</td><td colspan="3">单元三：心肺复苏急救技能实操 任务二
内容：高质量心肺复苏</td><td>D1</td></tr>
<tr><td>4</td><td colspan="3">单元四：心肺复苏急救技能实操 任务三
内容：快速启动 AED</td><td>D1</td></tr>
<tr><td>5</td><td colspan="3">单元五：心肺复苏急救技能实操 任务四
内容：团队协作（CPR + AED）</td><td>F1
B1</td></tr>
<tr><td>6</td><td colspan="3">单元六：应急逃生技能
1. 火灾应急逃生技能
2. 地震应急逃生技能</td><td>D1</td></tr>
<tr><td>7</td><td colspan="3">单元七：消防应急逃生演练
全体大二学生消防应急逃生实践演练</td><td>D1</td></tr>
<tr><td>8</td><td colspan="3">单元八：期末考试（心肺复苏实操）见附件 13 - 3</td><td>C1</td></tr>
<tr><td>K
建议教材</td><td colspan="5">《生命健康安全教育》</td></tr>
<tr><td>L
参考书籍</td><td colspan="5">《户外拓展教程》</td></tr>
<tr><td>M
先修课程</td><td colspan="5">基础体能课及体育选项课</td></tr>
</table>

续表

N 教学资源	微信群、理论课程 PPT、心肺复苏实操假人					
注意事项	1. 上课安全守则，做好户外人身安全提示 2. 尊重知识产权，网络资源只限用于教学					
P 课程分析 与评估	平均成绩		及格率		修课人数	
	1. 学习成效分析					
	2. 核心能力检讨					
	3. 其他					

备注：

1. 课程大纲 A—G 项由所在部门和相关课程委员会编写并审核通过，教师不能自行更改；
2. 本课程大纲 H—P 项同一课程不同授课教师应协同讨论研究达成共同核心内涵，教师不宜自行更改；
3. 评价方式，可参酌下例方式：

（1）纸笔测验：小考、期末纸笔测验

（2）实作评量：作业、实作成品、日常表现、表演、观察、轶事记录

（3）口语评量：口头报告、口试

附件 16 -1

评价目标：主要通过出勤率来衡量学生遵守学生守则的情况，评价学生上课过程中的学习态度，以及在学习过程中与同学合作，关爱同学等情况。

表 1　学生课堂表现评价标准

项目	优秀 （90—100 分）	良好 （75—89 分）	及格 （60—74 分）	不及格 （59 分以下）
出勤率 20%	考核出勤率 10 分，基本分 10 分，迟到一次扣 1 分、请假一次扣 0.5 分、旷课一次扣 2 分			
学习 态度 40%	上课认真听讲，积极参与各种练习内容，且能够高质量完成内容	上课基本能认真听讲，也能配合老师完成练习内容，但是完成质量一般	上课无心听讲，不配合老师完成练习内容，完成质量一般	经常迟到早退、无故缺课，且上课时扰乱正常教学秩序
善于与人 合作 40%	善于与人合作，积极主动带领同学完成各种练习，并能关心同学	能与人合作，能配合同学完成各种练习	缺乏与人合作的思维，较少配合同学一起完成练习内容	将自己孤立，从不跟同学交流沟通，也不按要求完成各种练习

附件 16－2

评价目标：考查学生心肺复苏技能掌握程度。

＊＊＊＊/＊＊＊＊　学年第＊＊学期单人心肺复苏（成人）操作考核评分表

班级＿＿＿＿＿姓名＿＿＿＿＿学号＿＿＿＿＿得分＿＿＿＿＿

项目		项目总分	操作要求	满分	评分1	评分2
操作前准备		1	仪表整齐、纱布（或呼吸膜）	1		
操作过程	评估识别	8	评估环境：环视，（口述）环境是否安全	1		
			判断意识：确认无反应；（大声呼叫、轻拍肩）	2		
			判断脉搏及呼吸：触摸同侧颈动脉，位置正确（食中指从喉结正中滑向同侧2—3厘米）	2		
			眼看胸廓，无呼吸或仅仅是喘息	2		
			评估时间：5—10秒	1		
	启动EMSS	3	高声呼救，寻求帮助	2		
			设法拿到AED或除颤器	1		
	安置体位	3	仰卧于硬质平面，头、颈、躯干在同一轴线	2		
			松解衣扣暴露前胸、松腰带	1		
	C 胸外按压	40	＊按压部位：两乳头连线中点的胸骨上	4		
			＊按压手法：一手掌根部放在胸骨上，另一手重叠在手背上，手指抬离胸壁	4		
			＊垂直下压：双臂内收，肘部伸直，以髋关节为支点，利用上身重力，垂直下压	4		
			＊按压速率：100—120次/分，（30次，15—18秒）	5		
			＊按压幅度：成人5—6厘米（错误≤5次不扣分）	15		
			＊按压：放松比为1∶1（掌跟贴紧皮肤）	4		
			＊胸廓回弹：保证每次按压后胸廓充分回弹	4		
	A 开放气道	8	查看口腔，如有分泌物异物等，予以清除	3		
			＊仰头举颏法：左肘着地，手掌小鱼际压前额，右手食、中指托起下颌骨，开放气道	5		
	B 人工呼吸	20	＊口对口吹气2次：正常吸气后，张口完全紧紧包住患者的口部进行吹气	3		
			捏放鼻：吹气时拇食指捏闭鼻孔，呼气松开并观察胸廓情况	2		
			＊吹气时间：每次吹气≥1秒	5		
			＊送气量：能使胸廓抬起，约500—600毫升	10		

续表

项　目		项目总分	操　作　要　求	满分	评分1	评分2
操作过程	复苏程序	12	复苏程序：C－A－B（按压—气道—呼吸） 按压—通气比率：成人 30∶2 按压中断：尽可能控制在 <10 秒 评估：5 个循环或 2 分钟后评估脉搏和呼吸；若有脉搏、呼吸，继续评估瞳孔、面色……（口述） 整理：	2 2 2 5 1		
质量控制		5	人文关怀、操作熟练程度	5		

注：＊为质量管理关键点

评分教师__________　　　　评分日期______年____月____日

附件 16－3

衢职职业技术学院单元教学活动设计

分院		专业		设计者	周敏
科目名称	急救技能	学年	＊＊＊＊—＊＊＊＊	学期	2
授课类型	□理论型，☑理实一体型，　□实践型				
单元名称	心肺复苏急救技能实操	班级		人数	40
教材来源	引用： 中国红十字会总会著《“生命健康安全教育”救护系列教材》，人民卫生出版社	授课学时	2		
学生学习条件分析	1. 起点分析： 已了解高中、中职素质教育拓展课程中的心肺复苏相关内容 2. 重点分析： （1）熟练操作高质量的 CPR （2）熟练操作 AED 快速除颤的四大步骤 3. 难点分析： （1）判别心脏骤停 （2）展现高质量的 CPR				
教学方法手段	1. 教学方法： 讲演法、示教法 2. 教学手段： PPT、多媒体、安妮心肺复苏模型人、AED、超星课堂				

续表

教学资源	1. 学校资源： 超星慕课平台、图书馆学术资源平台 2. 网络（出版社）资源： 中国红十字会、浙江红十字会、衢州市红十字会微信公众号；《“生命健康　安全教育”救护系列教材》 3. 企业资源：无
能力指标	掌握心肺复苏的基本技能。 D1
教学目标	1. 知识 1.1 掌握火灾、地震等突发事件的逃生方法 C1 1.2 掌握高质量心肺复苏的要点 C1 2. 技能 2.1 熟用心肺复苏急救技能 D1 2.2 具有较强的处理突发事件的能力，如规范拨打 120F1 3. 素质 3.1 具备关爱自己、关爱他人的素质 B1
教师课前准备	研究和准备教学内容、准备教具（课件、模型人、AED、手机微信关注超星课堂）与教学媒体
学生课前准备	学生需要在课前查阅上海卫视纪录片《人间世》；上网自行查找关于心脏骤停的新闻报道；观看浙江省红十字会第一章视频内容
活动历程（强调成果导向、主要教学法的历程，含辅助手段、时间分配）	一、应急救护（7 分钟） （一）学习急救的原因 问题导入： 发生意外，120 急救车多久能到现场？——学习急救的重要性 发生心脏骤停呢？急救车多久能到现场？——学习急救的紧迫性 （二）应急救护的定义 1. 案例导入：汶川地震，举国上下共同救援 2. 引出定义：应急救护是院前急救的重要组成部分，指在突发伤病或灾害事故现场，专业医护人员到达前，为伤病员实施初步、及时、有效的救护，也包括对伤病员的心理支持 （三）应急救护的原则 理论讲解：保证安全；挽救生命；防止恶化；心理支持；协同救护 二、院外心脏骤停“生存链”（8 分钟） 1. 问题导入：作为第一目击者，你看到一个人突然倒地，呼叫没反应，你会首先做什么？——引出拨打急救电话 120 2. 情景模拟：如何正确拨打 120 急救电话？邀请同学做打电话者，老师作为 120 接线员

续表

<table>
<tr><td>活动历程（强调成果导向、主要教学法的历程，含辅助手段、时间分配）</td><td>3. 总结正确拨打120急救电话的要点（4W1H1N原则）
Who：我是谁（求救者信息）
What：什么事
When：出事时间；急救车到达时间
Where：出事地点（标志性建筑）
How：伤病员性别、人数、伤情
Number：联系方式
Last：让接线员先挂电话
4. 院外心脏骤停“生存链”的5个链条
①识别和启动应急反应系统（拨打120电话）
②即时高质量心肺复苏
③快速除颤
④基础及高级急救医疗服务
⑤高级生命维持和骤停后护理
三、心肺复苏（4分钟）
1. 图片引入
生命之吻（1968年度获美国新闻最高奖——普利策新闻摄影奖）
2. 启发思考
你伸手，救活的不仅仅是一条生命，而是一个完整而幸福的家
深情讲解：你救活的可能是两个孩子的父亲；你救活的可能是一个伟大的母亲；你救活的可能是家庭中唯一的孩子；你救活的可能是一个高中班级的班主任；你救活的是整个家庭，是支柱，是希望！
3. 视频讲解心肺复苏的意义
心肺复苏（CPR）是最基本和最重要的抢救呼吸、心脏骤停者生命的医学方法
4. 黄金急救时间
时间轴阐述随着时间的流逝，心脏骤停者的身体变化趋势
谨记黄金抢救4分钟
时间就是生命、争分夺秒抢救生命
四、心脏骤停（45分钟）
1. 案例引入
马拉松运动现场，一位运动员发生意外，观看视频
2. 识别心脏骤停
①无反应（无意识）
②无呼吸或仅有喘息样呼吸
③无脉搏（由专业人员检查）
3. 分步骤演示：心肺复苏的关键步骤（CAB）
C：胸外心脏按压（演示手法，两手掌重叠、十指相扣）
A：开放气道（演示仰头抬颏手法）
B：人工呼吸（演示如何缓慢均匀的做人工呼吸，潮气量500—600毫升）
4. 完整演示：心肺复苏的完整流程
教师演示，学生围观</td></tr>
</table>

续表

活动历程（强调成果导向、主要教学法的历程，含辅助手段、时间分配）	流程如下：观察环境；翻转体位；判断意识；判断呼吸； 高声呼救；胸外心脏按压；开放气道；人工呼吸 5. 分步骤详细讲解 教师分步骤，细致地一步步讲解流程 ①观察环境：任何人对伤病员实施救护之前都应观察环境，做好自我保护 ②翻转体位：头颈躯干为同一条直线，双手放两侧、身体无扭曲 ③判断意识：轻拍重喊，轻拍两侧肩膀，在两耳旁呼喊 ④判断呼吸：5—10 秒内巡视胸廓起伏 ⑤高声呼救：表明身份，请周围人帮忙拨打 120 电话及取 AED ⑥胸外心脏按压：按压位置；按压深度；按压频率；胸廓回弹 ⑦开放气道：仰头抬颏手法 ⑧人工呼吸：两次人工呼吸 6. 讲解抢救过程中运用 CPR 的注意事项 7. 高质量的心肺复苏 8. 停止心肺复苏的指征 9. 禁忌症与并发症 10. 观看教学视频（成人、儿童、婴儿心肺复苏） 11. 总结成人、儿童、婴儿心肺复苏的异同点 五、AED 的使用（13 分钟） 1. 案例引入：杭州东高铁站乘客心脏骤停，使用 AED 抢救成功 2. 图片展示：各式各样的 AED 3. 社会公众场所的 AED 4. AED 的工作原理 5. 启发思考： ①向大家展示 AED，邀请同学上台拿着 AED，观察 AED 的构造 ②邀请同学自己琢磨使用 AED ③教师总结：AED 的使用人群是社会大众，设计简单，随拿随会 6. 教师演示如何使用 AED ①一开电源 ②二贴片 ③三插插头 ④四除颤 7. 观看视频：强化 AED 的使用 六、CPR 和 AED 的结合运用（10 分钟） 1. 理论讲解：如何团队协作进行 CPR 和 AED 的结合 2. 示教演示：辅带教老师和教师一起，一人负责 CPR，一人负责 AED 3. 启发思考：邀请同学们回答该生所观察到的合作与分工 4. 观看视频：强化 CPR 和 AED 的使用 七、总结（8 分钟） 1. 如何识别心脏骤停患者 2. 如何开启应急反应系统

续表

活动历程（强调成果导向、主要教学法的历程，含辅助手段、时间分配）	3. 如何实施高质量的心肺复苏 4. 如何正确使用 AED 5. 团队协作，共同实施 CPR 和 AED 6. 有效沟通、安慰患者及其家属
学习评量	1. 超星平台（45%） ①超星平台课程视频（20%）详见附件 13－3 ②访问次数（10%）详见附件 13－4 ③随堂作业（15%）详见附件 13－5 ④超星课程理论考试（15%）详见附件 13－6 2. 课堂表现（5%）：考勤＋课堂讨论 3. 实训考试（50%） CPR（50%）附件 13－2 附：超星随堂作业如何计分、评分： ①优秀 5 分（知识点、技能点、态度点、有效沟通、人文关怀） ②优良 4 分（具备 1—2 项） ③一般 3 分（修改后能完成 1—2 项）
课后作业	1. 超星平台完成相应的观看视频、选择题、简答题； 2. 学生认真挑选《人间世》中某一片段，仔细观察并记录抢救过程
教学后记	1. 能力目标达成度：掌握了 CPR 和 AED 的使用 2. 省思学习内容：通过教学活动和学生学习成效反映，本单元教学设计的学习内容较合理 3. 学生学习表现：多数学生主动参与学习，小组合作意识较强，有少数学生不积极 4. 学习方法：本单元采用分组讨论法及自主学习法，能够激发学习兴趣，培养小组合作意识

附件 16 -4

1. 超星平台教学视频（部分内容截图）

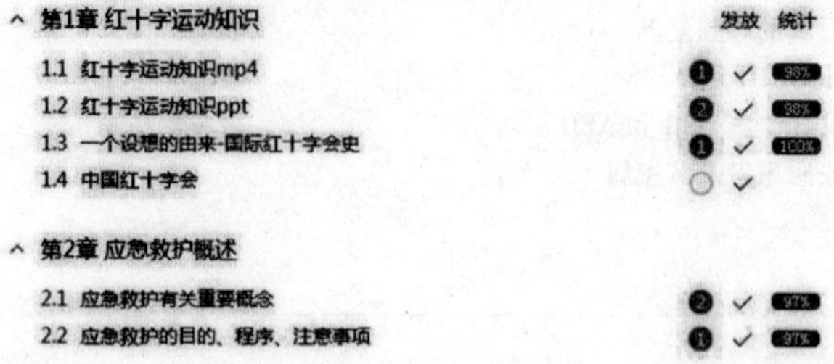

2. 访问次数

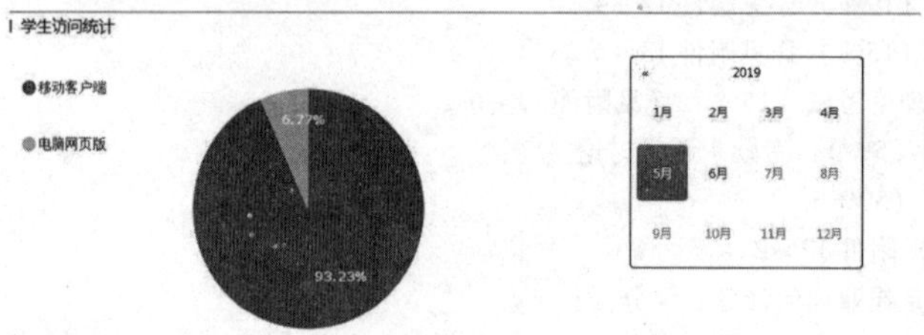

3. 随堂作业

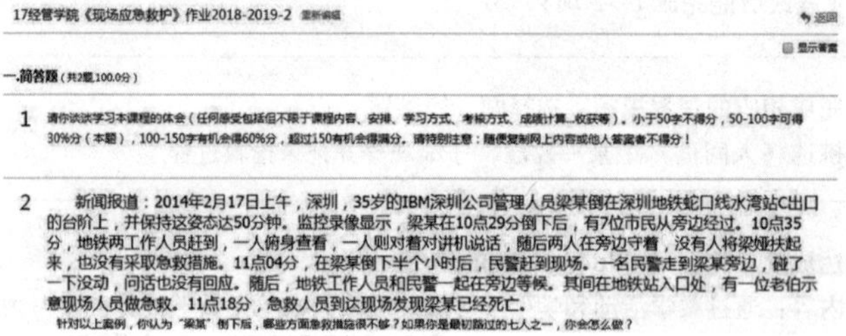

17经管学院《现场应急救护》作业2018-2019-2

一.简答题（共2题,100.0分）

1 请你谈谈学习本课程的体会（任何感受包括但不限于课程内容、安排、学习方式、考核方式、成绩计算...收获等）。小于50字不得分，50-100字可得30%分（本题），100-150字有机会得60%分，超过150有机会得满分。请特别注意：随便复制网上内容或他人答案者不得分！

2 新闻报道：2014年2月17日上午，深圳，35岁的IBM深圳公司管理人员梁某倒在深圳地铁蛇口线水湾站C出口的台阶上，并保持这姿态达50分钟。监控录像显示，梁某在10点29分倒下后，有7位市民从旁边经过。10点35分，地铁两工作人员赶到，一人俯身查看，一人则对着对讲机说话，随后两人在旁边守着，没有人将梁娅扶起来，也没有采取急救措施。11点04分，在梁某倒下半个小时后，民警赶到现场。一名民警走到梁某旁边，碰了一下没动，问话也没有回应。随后，地铁工作人员和民警一起在旁边等候。其间在地铁站入口处，有一位老伯示意现场人员做急救。11点18分，急救人员到达现场发现梁某已经死亡。

针对以上案例，你认为“梁某”倒下后，哪些方面急救措施很不够？如果你是最初路过的七人之一，你会怎么做？

4. 理论考试（部分内容截图）

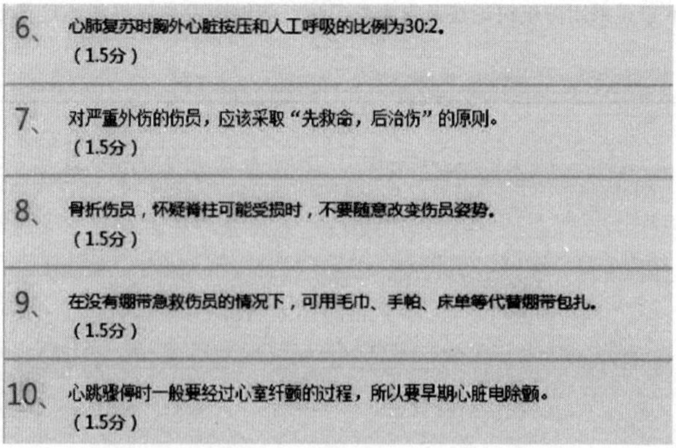

6、心肺复苏时胸外心脏按压和人工呼吸的比例为30:2。（1.5分）

7、对严重外伤的伤员，应该采取“先救命，后治伤”的原则。（1.5分）

8、骨折伤员，怀疑脊柱可能受损时，不要随意改变伤员姿势。（1.5分）

9、在没有绷带急救伤员的情况下，可用毛巾、手帕、床单等代替绷带包扎。（1.5分）

10、心跳骤停时一般要经过心室纤颤的过程，所以要早期心脏电除颤。（1.5分）

附件 16 –5

＊＊＊＊/＊＊＊＊ 学年第＊＊学期单人心肺复苏（成人）操作考核评分表

班级________姓名________学号________得分________

<table>
<tr><th colspan="2">项　目</th><th>项目总分</th><th>操　作　要　求</th><th>满分</th><th>评分1</th><th>评分2</th></tr>
<tr><td colspan="2">操作前准备</td><td>1</td><td>仪表整齐、纱布（或呼吸膜）</td><td>1</td><td></td><td></td></tr>
<tr><td rowspan="6">操作过程</td><td>评估识别</td><td>8</td><td>评估环境：环视，（口述）环境是否安全
判断意识：确认无反应（大声呼叫、轻拍肩）
判断脉搏及呼吸：触摸同侧颈动脉，位置正确（食中指从喉结正中滑向同侧 2—3 厘米）
眼看胸廓，无呼吸或仅仅是喘息
评估时间：5—10 秒</td><td>1
2
2
2
1</td><td></td><td></td></tr>
<tr><td>启动 EMSS</td><td>3</td><td>高声呼救，寻求帮助
设法拿到 AED 或除颤器</td><td>2
1</td><td></td><td></td></tr>
<tr><td>安置体位</td><td>3</td><td>仰卧于硬质平面，头、颈、躯干在同一轴线
松解衣扣暴露前胸、松腰带</td><td>2
1</td><td></td><td></td></tr>
<tr><td>C 胸外按压</td><td>40</td><td>＊按压部位：两乳头连线中点的胸骨上
＊按压手法：一手掌根部放在胸骨上，另一手重叠在手背上，手指抬离胸壁
＊垂直下压：双臂内收，肘部伸直，以髋关节为支点，利用上身重力，垂直下压
＊按压速率：100—120 次/分，(30 次 15—18 秒)
＊按压幅度：成人 5—6 厘米（错误≤5 次不扣分）
＊按压：放松比为 1∶1（掌跟贴紧皮肤）
＊胸廓回弹：保证每次按压后胸廓充分回弹</td><td>4
4
4
5
15
4
4</td><td></td><td></td></tr>
<tr><td>A 开放气道</td><td>8</td><td>查看口腔，如有分泌物异物等，予以清除
＊仰头举颏法：左肘着地，手掌小鱼际压前额，右手食、中指托起下颌骨，开放气道</td><td>3
5</td><td></td><td></td></tr>
<tr><td>B 人工呼吸</td><td>20</td><td>＊口对口吹气 2 次：正常吸气后，张口完全紧紧包住患者的口部进行吹气
捏放鼻：吹气时拇食指捏闭鼻孔，呼气松开并观察胸廓情况
＊吹气时间：每次吹气≥1 秒
＊送气量：能使胸廓抬起，约 500—600 毫升</td><td>3
2
5
10</td><td></td><td></td></tr>
</table>

续表

项目		项目总分	操作要求	满分	评分1	评分2
操作过程	复苏程序	12	复苏程序：C－A－B（按压—气道—呼吸）	2		
			按压—通气比率：成人 30：2	2		
			按压中断：尽可能控制在 <10 秒	2		
			评估：5 个循环或 2 分钟后评估脉搏和呼吸；若有脉搏、呼吸，继续评估瞳孔、面色……（口述）	5		
			整理：	1		
质量控制		5	人文关怀、操作熟练程度	5		

注：* 为质量管理关键点

评分教师__________________　　　评分日期______年____月___日